海洋法学研究

LAW OF THE SEA REVIEW

薛桂芳 主编

第三辑

上海交通大学出版社
SHANGHAI JIAO TONG UNIVERSITY PRESS

内容提要

　　《海洋法学研究》第三辑，共设"专题研讨""南海聚焦""域外视角""实践动态"栏目。党的十九大报告明确指出：坚持陆海统筹，加快建设海洋强国。在新时代，我国应如何全面、深入地参与全球海洋治理，切实维护国家海洋权益，是理论界需要予以回应的重大命题。"专题研讨"五篇论文对全球海洋治理和我国海洋强国建设作了深入探讨。近期，南海形势发展呈现诸多新的特点，但我国与南海相关国家的分歧仍然存在。"南海聚焦"精选了三篇论文来分析探讨南海形势特点及未来走向，以及我国南海维权所面临的挑战。"域外视角"选取两篇文章，分别探讨了 1982 年《联合国海洋法公约》作为"海洋宪法"的批判以及美国政府对北极气候资源政策的转向问题。"实践动态"重点探讨了亚洲国际法发展的重大问题和亚洲国家的国际法实践。

图书在版编目（CIP）数据

海洋法学研究. 第三辑／ 薛桂芳主编. 一上海：
上海交通大学出版社，2018
ISBN 978 - 7 - 313 - 20012 - 9

Ⅰ. ①海…　Ⅱ. ①薛…　Ⅲ. ①海洋法—研究　Ⅳ.
①D993.5

中国版本图书馆 CIP 数据核字（2018）第 195814 号

海洋法学研究（第三辑）

主　　编：薛桂芳
出版发行：上海交通大学出版社　　　　　　　地　　址：上海市番禺路 951 号
邮政编码：200030　　　　　　　　　　　　　电　　话：021 - 64071208
出 版 人：谈　毅
印　　制：江苏凤凰数码印务有限公司　　　　经　　销：全国新华书店
开　　本：710 mm×1000 mm　1/16　　　　印　　张：13.5
字　　数：224 千字
版　　次：2018 年 9 月第 1 版　　　　　　　印　　次：2018 年 9 月第 1 次印刷
书　　号：ISBN 978 - 7 - 313 - 20012 - 9/D
定　　价：68.00 元

海洋法学研究·第三辑

目　录

【专题研讨】

● 海权视阈下的"一带一路"倡议与中国海洋强国

　建设 ………………………………………… 杨　震　刘美武（3）

● 积极开展海上溢油应急区域合作，助力 21 世纪海上丝绸

　之路建设 ……………………………………………… 张良福（18）

● 新时代深度参与全球海洋治理之路探索 ……………… 张文亮（33）

● 人类命运共同体与南极治理：南极治理机制危机挑战与

　制度因应 ……………………………………………… 金　璐（49）

● 南极海洋保护区建设进程对于《联合国海洋法公约》下国家

　管辖外海域生物多样性养护和可持续利用国际协定的

　启示 …………………………………………………… 陈冀俍（62）

【南海聚焦】

● 南海问题的起源、发展及演变 ………………………… 吴士存（83）

● 南海军地联合维权执法：思考与建议 ………………… 陈　伟（99）

● 中国在南海历史性权利的证明模式——以考古证据的

　相关性为视角 ………………………………………… 覃冠文（109）

【域外视角】

● 对 1982 年《海洋法公约》作为海洋宪法的批判性研究

　——法国的国家惯例（政府法律咨询）与理论 ……… 安东尼·卡蒂（129）

● 从气候治理到资源开发：特朗普北极气候资源政策的

　　转向 ……………………………………………… 杨松霖（151）

【实践动态】

● 从朝鲜半岛视角看国际法 ………………… 李硕宇　李熙英等（167）

● 韩日关系的历史遗留问题与韩国法院对"慰安妇"问题的

　　裁决 ………………………………………………… 康炳根（195）

● 机构简介 ……………………………………………………（205）

● 征稿启事 ……………………………………………………（207）

专题研讨

海权视阈下的"一带一路"倡议与
中国海洋强国建设

杨 震 刘美武*

摘 要：中国作为世界上最大的陆海复合型国家,在冷战结束后开始将地缘重心从陆地转向海洋,海权建设成为中国地缘政治的重心。随着中国面临的地缘政治格局的转变以及国内生产力的发展,建设海洋强国以及响应"一带一路"倡议开始成为中国地缘战略的重要组成部分。建设海洋强国为"一带一路"倡议,特别是"21 世纪海上丝绸之路"提供了坚实的海权保障,而"21 世纪海上丝绸之路"则为强国战略提供了稳定的海洋安全环境、经济全球化的物流手段以及维护海外利益的通道。

关键词：一带一路;海权;建设;海洋强国

当今世界正处于经济全球化蓬勃发展的时代。作为全球第二大经济体、第一大工业国的中国是全球化的最大受益者之一。改革开放 30 年后,我国迅速转型成为"依赖海洋交通的外向型经济结构"的现代海洋国家。随着生产力的发展,中国对海外市场、原料、能源的依赖越来越大。有鉴于此,中国的地缘政治重心从陆地转向海洋,与时俱进地提出建设"海洋强国"的战略目标,并推

---

* 杨震,国际关系专业博士,北京大学海洋战略研究中心特约研究员。主要研究方向：海权理论。
刘美武,国际关系专业博士,云南财经大学国际工商学院副教授。主要研究方向：国际机制。

行"一带一路"倡议。中国推行"一带一路"倡议的目的在于建立中国与东南亚、中亚、中东、欧洲更加紧密的经贸联系,寻求更加深入的合作与更加广阔的发展空间,通过输出资金、技术推动区域内国家发展与繁荣,带动中国经济的升级与再平衡。① "一带一路"倡议中的"一路"是指"21 世纪海上丝绸之路"。如何使"建设海洋强国"与实施"一带一路"倡议相互协调并互为补充,成为摆在中国面前的一个迫在眉睫的问题。

一、后冷战时代中国发展海权的必要性

中国本是一个陆权国家,发展海权是一个重大的战略举措。这种地缘政治重心的转移是多种因素共同作用的结果,具体而言,是地缘政治形势的转变、海上安全形势严峻、中国融入经济全球化的需要等诸多因素使中国发展海权显得非常必要和迫切。

(一)地缘政治形势的转变

冷战结束后,中国的地缘政治形势发生了巨大而影响深远的变化。② 进入后冷战时期,由于北向苏联解体,俄罗斯自顾不暇;南向美国早已撤除在东南亚的军事存在,加之中越关系的改善,南北方向的地缘政治威胁基本上消失或大幅度减弱。但与此同时,非常值得注意的是,中国在东西方向面对的地缘政治威胁却在明显增长。在东向,中国面临的地缘政治挑战主要来自美日安全同盟强化、朝鲜半岛危机和台海局势紧张及潜在的东海问题等重要事态;在西向,则主要来自苏联解体、北约东扩、中亚地区关系重组和美国进军中亚等连锁性事件。由此观察,伴随中国原来面临的那些旧的地缘交集点在南北方向的消失或大幅度减弱,在东西方向一些新的地缘交集点已经大量出现并强势成长。中国的地缘政治主轴实际上已由南北方向转到了东西方向,由是,中国所面临的海陆关系被集中起来,并且具有相当的开放性。③ 考虑到中国经济发展和能源消耗对海洋资源的需求越来越大,中国海区和沿海岛屿蕴藏的丰富资源已成为经济可持续发展的重要支撑,同时,它们作为太平洋经济圈的主要通道、国际航道要冲和军事要地对中国的战略价值日益凸显,而这些仅仅依靠

---

① 刘海泉:《"一带一路"战略的安全挑战与中国的选择》,载《太平洋学报》2015 年第 2 期,第 77 页。

② 杨震、周云亨、朱漪:《论后冷战时代中美海权矛盾中的南海问题》,载《太平洋学报》2015 年第 4 期,第 35 页。

③ 李义虎:《从海陆二分到海陆统筹——对中国海陆关系的再审视》,载《现代国际关系》2007 年第 8 期,第 3 页。

陆权是不能加以保证的,所以,发展海权是一个事关中国发展前景和安全保障的战略问题。不仅如此,发展海权还是一个十分现实的课题。在后冷战时期,北约东扩、美日安全同盟强化和美国进入中亚,加之苏联解体所造成的欧亚大陆"黑洞"问题,已使海权和陆权之间的关系严重失衡。在某种意义上而言,中国在陆权方面的难题不在于俄罗斯衰落所引发的种种问题,而在于作为海权势力的美国直接进入了欧亚大陆腹地;中国在海权方面所受到的限制更是与美国在海洋方向的布局有关。因此,海陆关系中的最新问题涉及如何发展中国的海权,以对应陆权和海权之间的不平衡。① 由于保卫海洋国土和保证海洋权益与中国的崛起有着越来越密切的关系,必须有自己强大的海权来加以保证,因此,中国应该加强海权的实体建设,并使之与已有的陆权优势相匹配。当然,处理海陆关系应力求在海权和陆权之间取得全方位的平衡,既不偏重于一面而忽视另一面,也不搞平均主义。所谓全方位的平衡,首先,需要保持强大的陆权,其次,发展强大的海权;但在一定时期,发展强大的海权可以放在更优先的地位。② 保护海洋资源,意义重大。③ 因此,可以说,地缘政治形势的转变是中国发展海权、建设海洋强国的动力之一。

(二)海洋安全形势的日趋严峻

进入 21 世纪以来,在经济全球化和"海洋世纪"的双重作用下,海洋逐渐成为国家生存发展的重要战略空间,世界各国围绕海洋展开的竞争与争夺更加激烈。

第一,我国与部分海上邻国存在海洋领土和权益争端。在美国等外力推动下,我国的海上安全形势趋于严峻。台海形势稳中存变。2008 年以来,随着大陆一系列对台政治、经济、外交策略的正确实施,两岸关系保持着和平发展的良好势头。但是台海安全形势仍然较为严峻。按照《联合国海洋法公约》的规定,我国拥有近 300 万平方公里的管辖海域,但有超过 150 万平方公里的海域与周边邻国有争议,岛礁归属争端尖锐,海域划界分歧严重,资源开发矛盾激烈。东海苏岩礁及中韩渔业问题、东海钓鱼岛及"春晓"油气田问题和南海

---

① 李义虎:《从海陆二分到海陆统筹——对中国海陆关系的再审视》,载《现代国际关系》2007 年第 8 期,第 5 页。
② 李义虎:《从海陆二分到海陆统筹——对中国海陆关系的再审视》,载《现代国际关系》2007 年第 8 期,第 6 页。
③ 李人达、黄海蓉:《海岛生态立法新探》,载《湘湖论坛》2015 年第 1 期,第 112 页。

岛礁主权争端等问题,①都将是长期影响我国海洋安全、制约国家长远发展的重要因素。

第二,我国海外利益面临多种潜在威胁。随着经济持续快速发展,我国海外利益不断拓展,已经成为国家利益增长最快、对国家综合国力贡献最大、对经济发展促进作用最明显的部分,但也面临严峻挑战:海外华人人身安全受到不同程度的威胁,海外资产屡遭侵害,海上战略通道安全危机潜伏,等等。我国海外利益涉及国家多、地域广、问题尖锐、形势十分复杂。

第三,我国海上非传统挑战日益突出。我国深受海上非传统安全威胁的影响,例如,日本遭受特大地震、海啸、核泄漏三重灾害;南亚地区海上走私、贩毒、偷渡、贩运武器活动猖獗,东南亚飓风、洪灾持续不断;能源资源和航道安全受制于人,这些均对我国经济可持续发展构成新的挑战。②

(三)中国融入经济全球化的必然趋势

总结中国 30 多年改革开放的经验,其中,比较重要的一条就是执行了面向海洋的发展战略。首先,从沿海地区开始,向海外开放,向以英美等海洋国家主导的世界体系靠拢,大量引进外资,通过海外贸易拉动。一方面,发挥了海洋的通道作用。海洋空间与陆地空间不同,其大部分区域是不受政治实体主权覆盖的可以自由活动的公共区域,而且,其通达性与机动性远强于陆地空间,海洋通道在世界运输中起着远超过陆地的作用。另一方面,海洋环境面向开放的海域,面向海洋的经济天然是以交换为目的的商品经济。这种依赖海洋通道的外向型市场经济对全球资源的整合和对生产要素的配置远胜于以自给自足为主的大陆经济,这也是世界上大部分繁荣发达的地区都集中在江河两岸、海洋四周,以及人类创造的财富和文明 80% 以上都集中在这里的原因。对外开放和经济发展增大了对海外的依赖性,最终形成"以海洋为通道的外向型经济",这种经济一旦形成,迟早要呼唤强大的海权,并引导中国走向海洋国家。③ 当今世界,经济全球化的浪潮席卷全球,全球化绝对有赖于畅通无阻的海洋航运。因此,它本质上是海洋性的,这使它与海军有了特别的关系。国际海运,特别是集装箱航运,提高了世界贸易的收益前景,但要做到这一点,国际海运必须可预期和有迹可循,需遵守详细的提货和配送日程,国际海运的航行通

---

① 杨震、蔡亮:《论中日海权矛盾中的南海问题》,载《东北亚论坛》2017 年第 6 期,第 5 页。

② 杜博、冯梁、蒿兴华:《我国海洋安全:问题、原因与策略》,载《唯实》2013 年第 8 期,第 91 页。

③ 刘静波:《21 世纪初中国国家安全战略》,时事出版社 2006 年版,第 73 页。

道必须保证安全。这既是机遇,也是挑战,特别是考虑到以海洋为基础的全球化很容易被打断。① 作为全球经济体系重要一员的中国,必须大力发展海权。

此外,中国是一个公认的新兴大国。进入 21 世纪,中国总体国际战略开始由主要为自己的发展利益服务的和平环境战略转向于世界谋求共同发展与安全的战略,这一战略转变以经济主义和地区主义为基点,以积极参与国际事务、加强国际合作为途径,以拓展国家战略利益、发挥负责任大国作用为目标。自 1997 年起,中国将"负责任大国"作为其国际地位的标志,积极提供全球性和地区性公共产品,逐步树立起负责任、建设性、可预期的国际形象。② 随着海洋领域现在越来越成为国际斗争的焦点,当代海洋问题国际性和跨国性的特点在逐步加强,既有传统的国与国之间关于海洋空间、海洋通道和海洋资源的控制、利用和管辖等方面的矛盾,也有非传统性质的海上威胁,如海上恐怖主义、生态环境、疾病蔓延、跨国犯罪、走私贩毒、非法移民、海盗等。随着全球化趋势的发展,尤其是美国"9·11"事件之后,非传统安全领域的问题在海洋领域越来越突出,并呈现多元化、复杂化的特征。在此背景下,单凭某一大国的力量是无法应对这些问题的,它需要发挥强国,尤其是有实力的海洋强国的作用。历史上,霸权国对海上公共产品的提供与他们的海上霸权是联系在一起的,并且,从冷战后的国际形势来看,作为拥有超强实力的美国越来越多地实行单边主义,而对提供公共产品方面的积极性相对下降,这迫切需要有新的大国来向国际社会提供更多的海上公共产品,使海上公共产品的供给来源实现多元化。随着中国海洋力量的增强,中国将肯定在为国际社会提供海上公共安全产品方面扮演积极的角色,从而促进国际安全与世界的和平。③ 中国可以在提供海上安全产品的基础上建立新型国际海洋机制,并进而建立国际海洋新秩序。这不仅可以提升中国的国际形象,而且还可体现中国作为一个负责任大国的风范。④

二、"海洋强国"战略的提出及界定

2002 年,党的十六大报告中提出了"实施海洋开发"的战略,并制定了中国未来要成为海洋石油天然气开采强国和海运业强国等海洋经济开发的战略目

① [英]杰弗里·蒂尔:《21 世纪海权指南》(第 2 版),师小芹译,上海人民出版社 2013 年版,第 4 页。
② 门洪华:《中国国际战略导论》,清华大学出版社 2009 年版,第 120 页。
③ 石家铸:《海权与中国》,上海三联书店 2008 年版,第 273 页。
④ 杨震、周云亨:《关于中国海权的几点思考》,载《世界地理研究》2012 年第 3 期,第 24 页。

标。2003 年,国家发改委、国土资源部和国家海洋局共同制定《全国海洋经济发展计划纲要》,第一次明确提出:"提高海洋实力(由海军力量、海洋经济实力和科技实力等构成)","逐步把我国建设成为海洋强国"的目标。2006 年 2 月,国务院发布《国家中长期科学和技术发展规划纲要》,把海洋技术列为中国中长期科技发展的五个战略重点任务之一。2007 年,十届全国人大五次会议和全国政协十届五次会议提出"十一五"规划要在现有五个统筹的基础上,确定并实施"海陆统筹",推动中国海洋开发和陆地发展齐头并进。2010 年通过的国家"十二五"计划更加明确提出:坚持陆海统筹,制定和实施海洋发展战略,提高海洋开发、控制、综合管理能力。2012 年 11 月,党的十八大报告进一步明确了以海富国、以海强国的目标,提出:提高海洋资源开发能力,发展海洋经济,保护海洋生态环境,坚决维护海洋权益,建设海洋强国。2013 年 7 月 30日,习近平总书记在主持中央政治局就建设海洋强国研究第八次集体学习时强调指出:我们要着眼于中国特色社会主义事业发展全局,统筹国内国际两个大局,坚持陆海统筹,坚持走依海富国、以海强国、人海和谐、合作共赢的发展道路,通过和平、发展、合作、共赢的方式,扎实推进海洋强国建设。海洋强国目标要求的提出,表明开发、利用和保护海洋,建设海洋强国,已经成为国家重要发展战略。① 2017 年 10 月召开的中国共产党第十九次全国代表大会明确提出:要坚持陆海统筹,加快建设海洋强国。

关于海洋强国的界定,国内学者从多个角度进行分析与研究,并取得了比较一致的意见。金永明指出,中国建设海洋强国目标的基本特征,主要为五点:海洋经济发达;海洋科技先进;海洋生态环境优美;具有构建海洋制度及其体系的高级人才队伍;海上国防力量强大。② 胡波认为,强弱是相对而言的,离不开纵向和横向的比较。海洋强国之所以强,至少必须满足两大条件:一是与自身相比,实力得到了增强,实现了跨越;二是与世界其他国家相比,在国际体系中的权力地位得到了显著提升,进入了国际海洋政治的强国俱乐部。当前,世界各沿海国纷纷出台海洋战略,大力拓展海洋空间,大举发展海上实力。在世界海洋国家群体性大发展的背景下,第二个指标显然更有意义。换言之,对外追求一定的海洋权力是建设海洋强国的题中应有之义。中国的海

---

① 秦天、霍小勇编著:《悠悠深蓝:中华海权史》,新华出版社 2013 年版,第 292—293 页。

② 金永明:《中国建设海洋强国的路径及保障制度》,载《毛泽东邓小平理论研究》2013 年第 2 期,第82—83 页。

洋强国建设应追求以下三大目标:一是地区性海上力量;二是国际海洋政治大国;三是世界海洋经济强国。① 为了建设海洋强国,中国海权战略任重而道远,大致有三个方面的任务:一是防止强敌从海上对本土的入侵。二是捍卫传统领海主权、收复被外国侵占的岛屿,如南沙群岛、钓鱼岛等,扫清家门口各种历史遗留障碍。三是要具备战时能够保障国家"海上生命线"和"海外重大利益地区"安全的能力,这是成为现代海洋国家后新增的战略任务和战略目标。这第三个战略任务是长期而艰巨的。②

综上所述,这里所谓的海洋强国,是指一个海洋实力与过去相比,实现跨越式发展,并能进入海洋强国俱乐部的国家;这样的国家不仅拥有地区性海上力量,而且是国际海洋政治大国和国际海洋经济强国。就实力角度而言,海洋强国拥有发达的海洋经济、先进的海洋科技、优美的海洋生态环境、具有构建海洋制度及其体系的高级人才队伍和强大的海上防卫力量。就能力而言,既能制止强敌从海上入侵,又能捍卫海洋权益并保障海上生命线和海外利益的安全。

三、"一带一路"倡议的提出及实施

中国已经成为亚洲最重要的增长极,亚洲的地缘格局也进入了一个新的历史阶段。中国提出用"亲、诚、惠、容"的理念处理周边关系,强调义与利平衡发展,并且将国内的"中国梦"扩展为"亚太梦想",寻求以更加长远的眼光看待一时的得失。说到底,理念和价值观比某一时的政策更具生命力和传播效应,对社会力量的渗透更为深远。为了继续推进地区一体化,夯实地区安全的基础,中国领导人提出了"一带一路"倡议,积极支持地区内基础设施建设和互联互通工程,在更大范围、更大产业规模上深化双边互利合作,继续提升亚洲国家在全球事务中的话语权,发出亚洲国家在发展经济、维护社会稳定方面的独特声音。中国以对接周边国家的发展作为核心,推进"一带一路"倡议,为中国政府的外交活动和本国发展道路拓展了合法性;唤醒与周边邻国共同的历史记忆,挖掘彼此之间更多的文化关联和人文纽带,有助于塑造新的地区认同。复兴海陆"丝绸之路",在某种程度上是中国地缘政治身份的重新定义,中国不仅仅只是一个融入现代国际体系的后发国家,

---

① 胡波:《建立符合国情的海洋强国目标体系》,载《中国海洋报》2013年9月15日,第1版。
② 倪乐雄:《太平洋海权角逐的传统与现实》,载《国际观察》2014年第3期,第92页。

而是要从根本上复兴中华民族的历史地位,创造新的发展模式和文明。中国的亚洲地缘视野立足于共同发展,而不是共同威胁。中国强调国家战略目标的动态性和多元性,争取霸权地位并不是中国推行新亚洲战略的核心利益。从这个意义上来说,中国的地缘战略显然超越了麦金德式的、以均势为核心的地缘政治诉求。①

　　2013年9月1日,习近平主席在哈萨克斯坦的纳扎尔巴耶夫大学发表演讲:"为了使欧亚各国经济联系更加紧密、相互合作更加深入、发展空间更加广阔,我们可以用创新的合作模式,共同建设'丝绸之路经济带'。这是一项造福沿途各国人民的大事业,以点带面,从线到片,逐步形成区域的大合作。"②2013年12月,中央经济工作会议提出要"推进'丝绸之路经济带'建设,建设21世纪'海上丝绸之路'",这说明"一带一路"倡议已成为中国扩大开放的新窗口,是提升中国与周边互利共赢合作关系的着力点。按照"一带一路"倡议的布局规划,西北方向"丝绸之路经济带"主要针对中亚、西亚以及欧洲地区,意在挖潜陆地;东南方向"21世纪海上丝绸之路"则基本瞄向东南亚和环印度洋的南亚、阿拉伯半岛,甚至东非等地,着眼拓展海洋。因此,"一带一路"的二维共架方略既是承续历史上丝绸之路"睦邻富邻"的传统情谊,又有"立足亚太、稳定周边"的现实考量,而其中地处东西两线的哈萨克斯坦和印度尼西亚则因分别据守"一带"里的陆路通道和把控"一路"上的水运航线,故对中国筹划和推行东西并举、陆海并重的"一带一路"政策,促进两大战略方向和地缘板块的相互支撑、彼此烘托具有无可替代的重要价值。显然,对角相倚、相向而行的"一带一路"能够将南亚、亚太、中东等各个次区域连接起来,有助于"海上东突"与"陆上西进"的无缝对接,实现中国周边与欧亚板块的联通契合,进而编织起更加紧密交错的利益共同体网络。随着周边互联互通体系的建立,中国终归成为既雄踞欧亚大陆,又涉足太平洋和印度洋的"两洋一陆"国家。③

　　"一带一路"倡议布局的提出并非偶然,而是根据我国当前所处的国际环境和中国的发展需要提出的,目的是以周边为基础加快实施自由贸易区战略,扩大完善投资空间,构建区域经济一体化新格局。"丝绸之路经济带"针对中

---

① 钟飞腾:《超越地缘政治的迷思:中国的新亚洲战略》,载《外交评论》2014年第6期,第39页。
② 阮宗泽:《中国需要构建怎样的周边》,载《国际问题研究》2014年第3期,第18页。
③ 丁工:《中等强国与中国周边外交》,载《世界经济与政治》2014年第7期,第34页。

亚及西亚、中东欧乃至欧洲地区;而"海上丝绸之路"则主要通过东南亚地区辐射南亚、中东,甚至非洲。"一带一路"的提出与实施是我国发展战略的新布局,必将成为中国和平发展、谋求双边与多边共赢、推动中国和平崛起的助力。"一带一路"倡议布局的提出,是中国应对国际经济格局深刻变革、国际金融危机深化的有力举措。在美国"9·11"事件和国际金融危机爆发后,全球经济格局面临重大调整和变革。欧美日等发达国家在金融危机中受到重创,以金砖国家为代表的发展中国家脱颖而出,成为国际经济发展的强劲动力。后危机时代,各大国面临经济复苏的压力,纷纷存在经贸问题政治化倾向,贸易保护主义抬头。中国自改革开放以来,以对外贸易为主导的经济方针受到影响。在这种背景下,"一带一路"布局的提出既是我国全方位开放格局建设的又一抓手,也能跳出西方国家的贸易保护包围圈,另辟蹊径,为中国经济发展创造新的空间和机遇。"一带一路"的具体目标是实现"五通":贸易畅通、道路联通、货币流通、政策沟通、民心相通。① "一带一路"布局的提出,是中国面临经济转型期、实现经济平稳快速发展的保证。目前,中国正处于经济转型期、社会矛盾凸显期、政治改革攻坚期、增长调速换挡期,为了实现经济结构调整,顺利跳出"中等收入国家陷阱",必须保持经济的一定增速。"一带一路"倡议的提出,既可以拉动沿线省市的发展,扩大内需,也将打开对外经贸的新路径。此外,"一带一路"还是全面落实我国西部大开发战略的重要支柱,为打破我国经济发展东西部不平衡、地区不平衡提供了重要支撑。中国从海陆两向加快经济发展,既有着承袭历史上丝绸之路"富邻睦邻"的传统,又有着"立足亚太、立足周边"的现实考虑。这一双向发展格局的安排,避免了陆上发展和海上发展的不平衡,对内考虑内陆区域和沿海地区的需要,对外考虑中亚地区和南亚国家的诉求,并且能有效突破美日的海上岛链封锁,为中国争取更有利的战略环境。②

就地缘角度而言,中国是具有海陆两种地缘优势的大国,背靠欧亚大陆可以向大陆腹地伸张,俯瞰太平洋可以向海洋纵深发展;作为陆权和海权的天然交汇点,能够综合运用陆海两权达到相互制衡的结果。进而言之,横跨"心脏地带"和"边缘地带",尤其是"边缘地带"属性突出,使中国具备整合海陆关系的优势条件。中国在"心脏地带"占有重要地位,是其获取国际政治权力和资

---

① 李向阳:《论海上丝绸之路的多元化合作机制》,载《世界经济与政治》2014年第11期,第9页。
② 肖琳:《海陆统筹共进,构建"一带一路"》,载《太平洋学报》2014年第2期,第1页。

源的主要来源,也是其能对地缘政治全局产生持续性影响的基本条件。而且,地处"边缘地带"还可使其获得其他"心脏地带"大国所不能得到的好处。例如,俄罗斯虽可充分利用"心脏地带"的堡垒作用,但因被封闭于欧亚大陆的中心,常常对"边缘地带"作为海上侵扰和围堵的通道存在着天生的恐惧心理,也常常不得不为反弹外界安全压力而进行耗费国力的扩张。按照斯皮克曼的观点,中国和俄罗斯是欧亚大陆两个最主要的大国,两者间有一种相互替代的关系,俄罗斯的问题在于如何化解自己的不安全感,中国的问题在于国家的发展和统一。由于中国处在"边缘地带"的核心位置,是"边缘地带"最重要的地缘政治力量之一,其战略取向是陆权和海权势力消长的关键因素,可以完整地依托"心脏地带"来保持自己对海权大国的战略优势,可以在欧亚大陆发生冲突时与陆权势力保持某种间隔;不仅如此,中国还具备利用海陆的双重价值,进而整合海陆关系的有利条件。究其原因,乃在于我国"边缘地带"和海陆兼备的地缘现实存在着消解海陆间隔的不利情形,并对之进行整合的内嵌结构。特别是,一旦国家实力强大起来并实现国家统一,中国就将在"边缘地带"上崛起,并以占据"边缘地带"之势激活这种内嵌结构。① 实施"一带一路"可以以中国为中心,向西发挥中国毗邻心脏地带的优势,打造丝绸之路经济带,将欧亚大陆从东到西连接起来;向东发挥中国面向太平洋的优势,建设 21 世纪海上丝绸之路,完成海洋物流交通线的建设。中国是一个海陆兼备的地缘大国,既可以借重陆权制衡海权,又可以借重海权影响陆权。从陆权势力的对比看,尽管中国的领土面积在欧亚大陆次于俄罗斯,但它的陆地空间跨越性很强,可以避免"心脏地带"始终被围堵于内陆的局面,并拥有问鼎大陆腹地和占据大陆边缘的双重优势。这些都给中国发挥陆权大国的作用,并以战略纵深牵制、消耗和阻止外部海权势力的侵扰创造了不可多得的空间条件。同时,中国又正处于亚太地区的中央部分,掌握着欧亚大陆通向太平洋的枢纽,由于海陆度值较高所带来的海陆关系的开放性,具备面向海洋、控制海权的便利位置。这意味着中国显然是一个具有海权潜力的重要国家,并可以海权之便影响和制衡陆权。中国提出"一带一路"(构建丝绸之路经济带和 21 世纪海上丝绸之路)具有三层含义:其一,昭示古代丝绸之路的伟大历史价值和文明交流的历史意义;其二,中国在有意识地重拾古代丝绸之路的伟大历史价值和文明交流的

---

① 李义虎:《从海陆二分到海陆统筹——对中国海陆关系的再审视》,载《现代国际关系》2007 年第 8 期,第 4 页。

历史意义,勇于承担历史所赋予的重新焕发古代丝绸之路文明交流精神的重任;其三,在当今经济全球化和世界文明处于激荡搏击、相互融合的大趋势下,面对欧亚大陆地缘政治经济新情况和新态势,中国理应为重塑欧亚大陆文明交流的新局势做出自己的努力和贡献,使欧亚大陆在整体上形成一个文明的、现代化的、通畅便捷的和友好的交流空间。①

中国提出"一带一路"倡议的最大战略目的是准备与欧亚大陆各国共同构建利益共同体和命运共同体。利益共同体是指由各相关国家为共同分享利益而合作结成的联系体。互利共赢和共知共识是形成利益共同体的基本条件。命运共同体的最大价值在于,每一个国家在追求本国利益时都要兼顾他国利益和利益关切,"利益兼顾"之处即是各国利益交汇之处和利益联结之处。人类进入 21 世纪,经济全球化趋势日渐明显,人员、资本、技术和信息在跨国层次上流动,每一个国家都很难在完全封闭的状态下生活,国家之间相互依存状态日趋显著,相互之间的关联性越来越大,从而形成了复合型的利益纽带。一个国家若要实现自身利益,就必须兼顾其他国家的利益诉求,维护共同的利益纽带。近 20 年以来所发生的多次国际性金融危机已经表明,只有国际社会相互依存、相互倚重,才能渡过国际性金融危机。现有的国际体系和机制有很多不完善之处,不适应经济全球化的趋势,不能有效地遏制各种危机的发生。国际层面的霸权政治威胁着比较脆弱的国际相互依存的关系,损害公正平等的国际原则,从而不可能完全维护国际社会的共同利益。②自 2008 年国际金融危机爆发以来,"一带一路"沿线地区逐渐形成区域性或区域间公共产品供应的新格局。中国通过主导"一带一路"沿线地区公共产品的提供,可改善因美日欧经济停滞所导致的公共产品供应能力的不足,推动沿线各国发展战略的对接与耦合,形成一个以中国为中心节点的合作体系网,③其战略意义巨大。

四、"一带一路"倡议与海洋强国建设

在"一带一路"倡议的指导下,中国的海洋强国建设有了明确的战略方向,

---

① 邢广程:《理解现代丝绸之路战略——中国与世界深度互动的新型链接范式》,载《世界经济与政治》2014 年第 12 期,第 6—7 页。
② 邢广程:《理解现代丝绸之路战略——中国与世界深度互动的新型链接范式》,载《世界经济与政治》2014 年第 12 期,第 16 页。
③ 黄河:《公共产品视角下的"一带一路"》,载《世界经济与政治》2015 年第 6 期,第 139 页。

更有了迫切的战略需求。我们可将中国的海洋强国目标概括为三个方面：一是有效管理、控制、威慑部分海域，影响世界海域，成为地区性海上优势力量；二是拥有雄厚的海洋外交实力，能对地区和世界海洋事务及国际海洋秩序拥有强大的政治影响力；三是合理有效利用主权内外的海洋空间及资源，成为世界海洋经济强国。[①] 笔者认为，从海权的角度来看，建设符合"一带一路"倡议需求的海洋强国，必须做好以下几个方面的工作。

（一）从经济角度而言，要大力发展海洋经济

经济基础决定上层建筑。只有外向型经济的国家才有充足的动力发展海权，建立在外向型经济基础上的海权才能有效利用经济反哺耗资巨大的海军建设并具有持久性。[②] 海洋经济是人类以海洋资源为对象而展开的生产、交换、分配和消费活动，是开发利用海洋的各类产业及相关经济活动的总和。[③] 海洋经济天然是以交换为目的的商品经济，这种依赖海洋通道的外向型市场经济对全球资源的整合和对生产要素的配置远胜于以自给自足为主的大陆经济。所以，世界上大部分繁荣发达的地区都集中在江河两岸和海洋四周，人类创造的 80% 以上的财富和文明都集中在这里。[④] 随着世界性的海洋开发和利用，海洋经济必将成为世界经济的一个新的增长点，世界各国的海洋活动也将日益活跃。[⑤] 海洋经济是一个国家经济发达程度的重要标志，也是大国海权发展的重要目标。丰富的海洋资源为中国发展强大的海洋经济提供了优越的先天条件和物质基础。未来中国应该将造船业、航运业、海洋能源开发、海洋水产开发等作为海洋经济发展的重点，并大力发展海上观光旅游业等海洋经济的第三产业，使海洋经济成为国民经济发展新的增长点的同时实现可持续性发展，并使海洋经济知识化，让海洋经济能够与海洋国防协调发展、相互促进、相互支持、互相转化。可以说，发展海洋经济是建设海洋强国的根本，更是"一带一路"倡议进行有效实施的支撑。

（二）从外交角度而言，要积极提供海上公共安全产品并积极构建国际海洋新秩序

海洋领域也存在公共产品，如：世界海洋公共性、开放性的维护；航海自

---

① 胡波：《2049 的中国海上权力：海洋强国崛起之路》，中国发展出版社 2015 年版，第 33 页。
② 高云、方晓志：《海洋战略视野下的苏联海权兴衰研究》，载《东北亚论坛》2014 年第 6 期，第 69 页。
③ 管华诗：《海洋知识经济》，青岛海洋大学出版社 1999 年版，第 1 页。
④ 卢兵彦：《从大陆到海洋——中国地缘政治的战略取向》，载《太平洋学报》2009 年第 5 期，第 66 页。
⑤ 高月：《而今迈步从头越：中国人的海洋文明与复兴》，载《舰载武器》2007 年第 3 期，第 14 页。

由,打击海盗;维护海洋良好秩序;等等。国际社会需要海洋公共产品的提供者。英国在 19 世纪提供了海上公共产品,美国也在 20 世纪提供了海上公共产品。① 如前所述,美国正在削减提供海上公共安全产品的能力和意愿。随着中国海洋力量的增强,中国将会在为国际社会提供海上公共安全产品方面扮演积极的角色,从而促进国际安全与世界的和平。② 中国可以借提供海上公共安全产品的机会去改造当今世界的不公正、不公平、不合理的国际海洋秩序。所谓海洋秩序,是指人类历史上不同的政治单元,15 世纪以后主要是各民族国家,在争夺海权或维护自身海洋权益的互动中而形成的一种相对稳定的海洋权势分布状态和海洋利益的关切,并得到了国际社会普遍接受或认可的海上国际惯例与实践、海洋法、海洋制度以及保证相关法律和海洋制度有效运作的运行机制。③ 现代海洋利益的争夺已从历史上的通过海洋争夺陆地变为争夺海洋本身。各国海洋观念也发生了重大变化,对海洋权益也更加重视。人类开始进入全面和大规模开发利用海洋的新阶段。随着海洋意识和海洋开发探索的进一步发展,海洋秩序还会根据有关各方的利益和要求做出更完善、更合理的调整。中国为此反复强调指出:中国在维护和拓展合法的海洋权益的同时,并不排斥其他国家合理地追求各自的国家海洋利益。同时,"和谐海洋"的建设需要所有海洋国家的支持和参与,否则将难以实现。自 2008 年末迄今,中国政府应索马里政府和联合国邀请派出舰队到亚丁湾执行护航任务,就是维护"和谐海洋"秩序的有力证明。而"和谐海洋"的实现,还要求国际社会切实履行并不断完善《公约》和其他相关的海洋制度。④ 中国目前在三个海洋战略方向:东海、南海和印度洋都遭到美国的封堵。采取武力手段突破这种封堵是不可想象的,而通过航母参与提供海上公共安全产品的行动,可以顺理成章地将中国海权拓展到被美国封堵的地区,并且树立大国形象,巩固国际地位。这种提供海洋国际公共安全产品的行为尽管主观上是拓展中国海权范围,但是客观上分担了美国的霸权成本,这也是美国所乐意见到的,⑤进而借此减弱"一带一路"倡议实施所遇到的阻力。

---

① [美]约瑟夫·奈:《美国霸权的困惑》,郑志国等译,世界知识出版社 2002 年版,第 154 页。
② 石家铸:《海权与中国》,上海三联书店 2008 年版,第 273 页。
③ 宋德星、程芬:《世界领导者与海洋秩序——基于长周期理论的分析》,载《世界经济与政治论坛》2007 年第 5 期,第 104 页。
④ 马嫒:《当前世界海洋的发展趋势及其对中国的影响》,载《国际观察》2012 年第 4 期,第 33 页。
⑤ 杨震、周云亨:《论后冷战时期的中国海权与航空母舰》,《太平洋学报》2014 年第 1 期,第 99 页。

（三）从军事角度来说，要提高对海上交通线的保卫能力

"21世纪海上丝绸之路"成为"一带一路"倡议的重要组成部分主要是因为海洋是经济全球化的载体，更是环球大物流的重要地理媒介。海上交通线什么也不能装载，而船舶却装载着世界贸易。① 海上交通线包括海上航线和为海上运输服务的港口、水上建筑物及各种航行保障设施等。海上交通线是濒海国家海上交通运输的命脉，对海上作战和经济发展具有重要意义。当前，中国的海上交通线可谓面临着重重威胁。在东海，日本对中国海上交通线安全的威胁日益加大；在南海，越南正日益加强与印度的防务合作，对中国南海将产生较大的威胁；马六甲海峡，这里已经成为扼守中国海洋贸易及能源安全的咽喉。而且，经常出没的海盗成为困扰中国海洋航运安全的问题之一。如果海上恐怖主义对马六甲海峡等水路要道或新加坡等主要港口造成重大破坏，将造成巨大的经济损失。这是因为全球供应链的专业化在带来巨大收益的同时也易受攻击，供应链中一个重要节点受创，都将对整个系统造成无法预知的巨大影响。② 因此，提高对海上交通线的保卫能力具有重大战略意义。

五、结论

"一带一路"倡议的实施是中国突破美国地缘政治围堵、地缘经济隔绝的重要战略举措，这是人类经济史上的重要事件。中国是世界上重要的工业国家，也是全球仅有的两个拥有健全工业体系的国家之一。作为一个大国，中国有输出工业化、让更多发展中国家人民享受工业文明成果的责任与义务。随着海洋这个国际公域的地位不断提高，"21海上丝绸之路"被赋予了更多超出经济意义的内涵。中国已经将建设海洋强国作为自身战略目标，发展海权已经成为中国在地缘政治领域的首要任务。海权是一种以国家利益为诉求，以国家战略为出发点，以战争、法律、经济开发、科学考察、谈判或合作等为手段，以海上实力为基础，以控制海洋为目的并在此基础上对海洋进行有效利用和开发、管理的一种带有综合国力性质的能力。③ 历史已经证明，这种能力的得失直接影响到一个大国的兴衰。中国在现代海权思想的指导下，围绕发展海

---

① [美]E·B·波特主编：《世界海军史》，李杰、杜宏奇、张英习译，朱成佩、王红卫、何庆良校，解放军出版社1992年版，第437页。

② 李杰、郭宣：《航空母舰：伸向大洋的铁拳——航空母舰在新世纪运用与发展的思考》，海洋出版社2014年版，第110—111页。

③ 杨震：《论后冷战时代的海权》，复旦大学博士学位论文2012年，第38页。

洋经济、提高海上公共安全产品提供能力并建构海洋新秩序,以及提高对海上交通线的保卫能力为核心建设海洋强国,将为"一带一路"倡议的实施提供坚实的支撑。

"Belt and Road" Initiative and China's Maritime Power Strategy from the Perspective of Sea Power

YANG Zhen   LIU Meiwu

Abstract: As the largest rimland of the world, China has shifted its geopolitical emphasis from land to sea after the end of Cold War, so that to build sea power has therefore become the geopolitical focuses of China. With the shifting of China's geopolitical pattern and the developing of domestic productivity, to boost maritime power and "Belt and Road" Initiative has become a crucial component for China's geopolitical strategy. Building China's maritime power has provided solid protection of sea power for "Belt and Road" Initiative, and especially for the "Maritime Silk Road of the 21st Century". The "Maritime Silk Road of the 21st Century" has also provided stable marine environment, logistics transportation of economic globalization and a corridor that protects the overseas interests to China's maritime power strategy.

Keywords: Belt and Road; Sea Power; Maritime Power

积极开展海上溢油应急区域合作,助力 21 世纪海上丝绸之路建设

张良福*

摘　要：海上丝绸之路沿线海域,特别是我国周边的东亚海域,既是船舶航行,特别是大型货轮,乃至大型、超大型油轮航行最繁忙的海域之一,也是世界上油气勘探开发活动最集中的海域之一,海上溢油风险源多,但迄今东亚地区有关海上溢油应急方面的合作十分薄弱。我国是世界大国,东亚地区的强国,是全球海运大国,也是海洋油气生产、石油进口的海上运输大国,故应积极倡导和推动东亚海域的海上溢油应急合作。建设 21 世纪海上丝绸之路,海洋环保合作是其重要组成部分。我国可以将海上溢油应急合作为重要抓手和突破口,不断深化海洋环保合作,助力 21 世纪海上丝绸之路建设。本文拟在分析 21 世纪海上丝绸之路沿线海域,特别是东亚海域海上溢油风险度、区域应急合作状况和中国海上溢油应急能力建设的基础上,就加强海上溢油应急区域合作提出对策建议。

关键词：海上溢油应急反应；东亚；海洋环保；区域合作；一带一路；21 世纪海上丝绸之路

---

* 张良福,安徽省桐城市人,北京大学国际关系学院法学博士,曾就职于世界知识出版社《世界知识》编辑部、外交部亚洲司、中国驻菲律宾大使馆、常驻联合国代表团、外交部边界与海洋事务司,现任职于中国海洋石油总公司经济技术研究院。主要研究方向：能源经济、中国外交政策、国际海洋法问题。联系邮箱：zhanglf3@cnooc.com.cn。

2018 年 1 月 6 日，巴拿马籍油船"桑吉"轮与我国香港地区的散货船"长峰水晶"轮在长江口以东约 160 海里处发生碰撞，事故造成油船"桑吉"轮全船起火燃烧，船员全部死亡，最后沉没东海海底。国内外高度关注和担心"桑吉"轮装载的约 13.6 万吨凝析油和上千吨燃料油对东海海洋生态环境可能产生的严重影响。此次事故再次给包括东海在内的整个东亚海域海上航行安全，特别是海上溢油高风险问题敲响了警钟。

东亚海域，特别是我国周边海洋，既是船舶、货轮、大型油轮航行最繁忙的海域之一，也是世界上油气勘探开发活动最集中的海域之一，海上溢油风险源多，但迄今东亚大部分国家的溢油应急能力薄弱，海上溢油应急区域合作严重不足。我国是世界大国，东亚地区的强国，是全球海运大国，也是海洋油气生产、石油进口的海上运输大国，有责任、有义务积极倡导和推动东亚海域的海上溢油应急合作。本文在分析 21 世纪海上丝绸之路沿线海域，特别是东亚海域海上溢油风险度、区域应急合作状况和中国海上溢油应急能力建设的基础上，就加强海上溢油应急区域合作提出对策建议。

一、21 世纪海上丝绸之路沿线海域，特别是东亚海域是海上溢油事故高发区域

21 世纪海上丝绸之路沿线海域，特别是东亚海域，是世界上海洋运输最繁忙的海域。沿线许多国家是航运大国、海洋贸易大国、原油出口或进口大国，沿线分布了众多的大型原油装卸港口。沿线的大部分海域也是海洋油气勘探开发生产的重要区域，因而海上丝绸之路沿线海域也是海上溢油事故高发区域。

（一）油轮运输容易引发溢油事故

21 世纪海上丝绸之路沿线海域，特别是东亚海域，是世界上原油运输最繁忙的海域，大型油轮往来频繁，沿海岸线分布了众多的大型原油装卸港口。当前，东亚地区经济快速发展，海上航行运输密度日益提高，油轮数量、载重量不断增加，海上溢油的风险也与日俱增。

我国沿海地区港口密布。自 20 世纪 60 年代末，大庆油田、大港油田、胜利油田相继开发以来，北油南运、沿海沿江输送成为我国原油生产和消费的基本格局，船舶溢油事故便随之而来。此外，自 1993 年起，我国从原油出口国转为原油净进口国以来，原油进口数量不断上升，尤其是从中东、非洲经过印度洋、马六甲海峡、南海的石油运输量大幅增加。2012 年，中国原油净进口量达2.84 亿吨，2015 年，中国全年原油进口量达到 3.355 亿吨，2016 年，已高达3.81

亿吨,石油对外依存度上升至 67%。中国 90% 以上的进口石油是通过船舶海洋运输进口的。油轮,特别是超大型油轮在我国水域频繁出现,使得原已十分繁忙的通航环境更加复杂,导致船舶溢油污染,特别是重特大船舶溢油污染的风险增大。

根据国家海事行政主管部门的统计,1973—2006 年,我国沿海共发生大小船舶溢油事故 2 635 起,其中,溢油 50 吨以上的重大船舶溢油事故共 69 起,总溢油量 37 077 吨,平均每年发生 2 起,平均每起污染事故溢油量 537 吨。特别是自 2005 年以来,全国沿海和内河水域共发生船舶污染事故 253 起,较大船舶油污事故也时有发生,其中,溢油量 50 吨以上的事故 9 起。① 每起重大事故造成的直接经济损失都达几百万,甚至数千万元,导致一些以养殖业为生的渔民破产,沿海旅游胜地受地污染,海洋生态环境遭到严重破坏。

2010 年和 2011 年大连新港连续发生 5 起溢油事故,重创当地的旅游业、水产养殖业及海洋生态环境。2013 年 11 月,青岛黄岛中石化黄潍输油管线爆燃,大量原油泄漏入海,严重影响当地经济社会发展和居民生命财产安全和生活,并对附近海域生态环境造成严重损害。②

东亚的日本、韩国等国也是原油进口大国。2015 年,日本原油进口 1.68 亿吨,2015 年,日本原油进口量为 1.955 亿千升(约 337 万桶/日)。③ 2016 年,日本原油进口量为 1.927 2 亿千升。韩国 2016 年原油进口量比上年上升 4.4%,至 1.439 亿吨。④ 东南亚国家,如印度尼西亚、马来西亚、越南等则是石油生产和出口大国,原油出口运输量大。

中日韩等国的原油进口主要来自中东地区,印度洋、马六甲、南海航线上,每天密集航行着巨大的油轮。整个东亚海域来自船舶溢油事故的风险始终居高不下。

东亚国家在沿海地区还建设运营了大量港口和各种储油设施、临海炼化基地等,溢油事故风险很大,一旦发生油轮溢油事故都将是海洋生态的浩劫,

---

① 新华网:"近年来国际国内发生的重大海上溢油事故",来源于 http://news.xinhuanet.com/video/2007 - 06/01/content_6185341.html,最后访问日期:2018 年 3 月 20 日。
② 国家海洋局海洋发展战略研究所课题组编:《中国海洋发展报告》(2014),海洋出版社 2014 年版,第 244 页。
③ "日本 2015 年原油进口下滑创自 1988 年来最低",来源于 http://www.coatingol.com/news/info106237.html,最后访问日期:2018 年 3 月 20 日。
④ 中国石油新闻中心:"韩国 2016 年原油进口创历史高位",来源于 http://news.cnpc.com.cn/system/2017/01/24/001631564.shtml,最后访问日期:2018 年 3 月 20 日。

海上溢油事故应急的形势非常严峻。

（二）海上溢油的另一个来源是海洋油气开发引发的溢油事故

东亚大部分海域油气资源丰富，是世界上重要的海洋油气生产区域之一。我国的海洋石油勘探开发始于 20 世纪 50 年代末，1978 年开始探索对外合作模式，随后勘探开发活动从渤海扩大到黄、东、南海海域，海洋石油产量也逐年增加，1982 年，海洋石油年产量仅 9 万吨，2000 年，突破 2 000 万吨大关，2010 年，中国海洋油气产量达到 5 000 万吨，成功建成"海上大庆油田"。此后连续实现稳产增产。2014 年，我国海洋原油产量 4 614 万吨，海洋天然气产量 131 亿立方米，为保障国家能源安全做出了重要贡献。截至 2014 年底，中国海洋石油总公司在国内近海的在生产油气田已突破百个，其中，油田 93 个、气田 13 个，生产平台达 200 座。与此同时，水下海底管线已增至 292 条，总长度达 5 926 公里。[①]

随着海上油气勘探开发强度的增加，难免会发生溢油事故，如海洋石油平台、海上储油设备及输油管道破损、海上油田等意外漏油、溢油、井喷等。国土资源部的数据显示，在"十一五"期间，全国发生 41 起海洋石油勘探开发溢油污染事故，其中，渤海 19 起，南海 22 起。[②]

渤海是我国海洋石油的主要生产基地，海上石油勘探开发活动频繁，海上采油平台和生产油井众多。据国家海洋局统计，渤海现有输油管道溢油概率约为每年 0.1 次；渤海石油平台由于火灾及井喷所引起的溢油事故概率约为每年 0.2 次。渤海由于是内海，自净能力较差，海上溢油又很难降解，对海洋生态的破坏较为严重。2011 年 6 月至 9 月，康菲中国和中海油位于渤海海域的蓬莱 19 - 3 油田发生重大溢油事故，溢油油污沉积物污染面积为 1 600 平方公里，影响范围涉及辽宁、河北、天津、山东三省一市。国家海洋局将此次溢油事故定性为中国迄今最严重的海洋生态事故和漏油事故，给渤海海洋生态环境和生物资源造成严重危害，给三省一市的渔民造成重大损失。[③]

南海地区也是溢油高风险区域。我国在南海北部海域，如北部湾、珠江口盆地、海南岛周边海域进行大规模油气勘探开发，年产原油一直在千万吨以

[①] 《近海油气田 106 个生产平台 200 座》，载《中国海洋石油报》2014 年 12 月 24 日，第 1 版。

[②] 新华网："我国近 5 年发生海上溢油污染事故 41 起"，来源于 http://news.xinhuanet.com/2011 - 10/10/c_122139117.html，最后访问日期：2018 年 3 月 20 日。

[③] 国家海洋局："蓬莱 19 - 3 油田溢油事故联合调查组关于事故调查处理报告"，来源于 http://www.soa.gov.cn/xw/hyyw_90/201211/t20121109_884.html，最后访问日期：2018 年 3 月 20 日。

上。越南、印度尼西亚、马来西亚、文莱、菲律宾、泰国等南海周边国家也在大力开发南海油气资源。在南海中南部海域，越、马、文莱、印度尼西亚等国有1 000多口石油钻井，年采石油量超过5 000万吨，存在发生溢油事故的风险。2010年4月，墨西哥湾钻井平台"深水地平线"爆炸事件给南海油气开发敲响起警钟。南海地区一旦发生溢油事故，后果将不堪设想。

南海海域还是日本、韩国和中国的原油运输大动脉，以及东南亚国家之间的交通动脉。南海周边国家越南、菲律宾、马来西亚和印尼等在沿岸建立了多个原油码头和石油储备中心，发生船舶漏油的风险很大。这些因素都给南海海域溢油污染带来了巨大的风险。马六甲海峡是中国、日本和韩国原油进口的主要通道。历史上，马六甲海峡曾多次发生重大油污事故，因而一直是溢油事故的重灾区。

二、东亚海域溢油应急合作刚刚起步，应急合作能力亟待加强

与东亚海域海上溢油污染高风险形成鲜明对照的是，东亚海域的海洋环境保护状况，特别是海上溢油应急合作，远远落后于国际社会的普遍要求，远远落后于世界其他海域。

（一）国际公约为区域应对海上溢油提供了约束和指引，但东亚国家参与度不高，履约能力弱

1982年通过的《联合国海洋法公约》高度重视海洋环境保护，并在第十二部分的第二节对海洋环境保护和保全方面的全球和区域合作做了专门规定：要求各国尽力"在全球性的基础上或在区域性的基础上，直接或通过主管国际组织进行合作"，"各国应共同发展和促进各种应急计划，以应付海洋环境的污染事故"。该公约第九部分"闭海或半闭海"第123条规定：闭海或半闭海沿岸国应互相合作，应尽力直接或通过适当区域组织"协调行使和履行其在保护和保全海洋环境方面的权利和义务"。

国际海事组织以及联合国环境规划署、开发计划署等联合国机构制订通过了一系列涉及海洋环境保护、应对海洋石油污染的国际公约和协议，如《1969年国际油污损害民事责任公约》《1972年防止倾倒废弃物和其他物质污染海洋公约》《73/78国际防止船舶造成污染公约》《控制危险废物越境转移及其处置巴塞尔公约》《1990年国际油污防备、反应和合作公约》《保护海洋环境免受陆源污染全球行动计划》等。

除《联合国海洋法公约》外，上述其他公约被东亚国家接受、加入或批准的

可能性较低,特别是不少东南亚国家未加入上述有关公约,或者即使加入了相关公约,但履约能力很低。上述公约中有关开展区域环保合作、区域应急合作计划等规定往往不能得到落实,甚至是形同虚设。

(二)区域海项目开始实施,但进展缓慢

联合国环境规划署作为全球环境制度中最重要的国际组织,在 20 世纪 70 年代启动了区域海项目,将全球封闭及半封闭的海域分为若干区域,鼓励每一区域的沿岸国家参与到海洋环境保护的合作中,为海洋环境治理的区域合作提供了良好的框架。涉及东亚海域的区域海项目有西北太平洋行动计划(NOWPAP)、东亚海协作体(COBSEA)、东亚海项目(东亚海域环境管理伙伴关系计划,PEMSEA)等,这些项目均致力于推动区域内国家在区域溢油反应防备、海洋环境保护方面的合作。

为共同应对海上溢油污染事故,在联合国环境署(UNEP)的倡议和国际海事组织的帮助下,西北太平洋地区沿岸四国(中国、俄罗斯、日本、韩国)1994 年 9 月 14 日,在韩国首尔召开了第一次政府间会议,会上通过了西北太平洋行动计划《西北太平洋地区海洋和海岸带环境保护管理和开发行动计划》(The Action Plan for the Protection, Management and Development of the Marine and Coastal Environment of the Northwest Pacific Region, NOWPAP,简称为"西北太平洋行动计划"),主要合作内容之一就是海上溢油污染防备与应急反应项目。2004 年 11 月,中国、韩国、日本和俄罗斯四国签署了《西北太平洋地区海洋污染防备与反应区域合作谅解备忘录》及《西北太平洋行动计划区域溢油应急计划》,建立起在溢油应急领域的合作和互相援助的行动机制。通过这种机制可统一协调和组织跨国的海上溢油应急反应行动,对督促成员国履行成员国义务、加快溢油应急国际间的合作步伐、提升共同抵御重大溢油事故的反应能力起到了积极的推动作用,同时也对各成员国加大海洋环境保护工作力度,保护沿岸和整个西北太平洋海域海洋环境产生了积极的影响。

东亚海协作体行动计划(COBSEA)是联合国环境规划署组织实施的全球 14 个区域海行动计划之一,于 1981 年正式成立,目的是通过对话与合作,可持续管理东亚海洋及其沿岸环境。目前成员国有澳大利亚、柬埔寨、中国、印度尼西亚、韩国、马来西亚、菲律宾、新加坡、泰国和越南。COBSEA 以信息交换、能力建设、生态环境保护、污染治理、政策开发和公共教育作为未来中、短期合作的重点。

东亚海协作体(COBSEA)框架下的由联合国环境规划署(UNEP)和全球

环境基金(GEF)组织的"扭转南中国海及泰国湾环境退化趋势"项目(简称"南中国海项目"),是南中国海周边七国(中国、越南、柬埔寨、泰国、马来西亚、印度尼西亚、菲律宾)共同参加的海洋环保大型区域合作项目。项目执行的内容包括红树林、珊瑚礁、海草、湿地、渔业资源与陆源污染控制六大领域,该项目为推动南海区域的环保合作作出了重要贡献。

东亚海项目,即东亚海域环境管理伙伴关系计划(PEMSEA)。2003年12月,东亚海洋可持续发展部长会议通过《东亚海洋可持续发展战略》,倡导开展海洋环保合作,确保东亚海洋的可持续发展。

在联合国环境规划署发起的全球区域海项目中,除了南北极海域外的另外16个区域中,有14个区域确立了合作保护海洋环境法律制度。唯一没有从法律上确立相关制度的,正是东亚的两个区域——西北太平洋区域和东亚海区域。这两个区域的海洋环保合作只有不具有任何拘束力的区域行动计划,并无区域公约的支持,仅仅是依靠各成员国的"良好意愿"加以支撑。该区域行动计划中最引人注目的用词,就是对"灵活性"的强调。从另一个角度讲,也可以看出该区域大部分国家对海洋环境保护并未给予应有的重视。这种态度对区域内合作的影响很直接,即合作进程极为缓慢。区域行动计划的实施仍然是以政策导向为主,以各国的政治意愿为主。

(三)东亚区域合作框架的海上溢油合作刚刚起步

近年来,随着东亚地区区域合作意识的不断上升,一系列区域合作组织和合作行动开始启动,并取得积极进展,包括海上溢油问题在内的海洋环保领域合作日益受到重视。

在东盟地区论坛(ARF)框架下,海上溢油问题受到专门重视。2013年7月,第20届ARF外长会通过了《ARF生物事件应急与反应的最佳实践》等文件,批准召开"海上溢油研讨会",以推动东盟地区论坛成员国在海上溢油领域的合作,应对当今显著增长的海上溢油风险。2014年3月27—28日,东盟地区论坛海上溢油区域合作研讨会在中国青岛召开,通过在溢油事件预防、监测预警、应急响应、回收处置等方面进行多边交流与研讨,推动在海上溢油领域最新成果信息的共享,倡导建立区域溢油应急响应专家网络,从而推动东盟地区及周边国家在海上溢油领域的区域性合作,促进区域海洋经济的可持续发展。2014年7月,ARF外长会通过了《海上溢油事故预防、准备、应对和恢复合作声明》。

在东盟与中日韩(10+3)合作框架下,海洋环保合作不断发展,成为推动东亚区域合作向前发展的组成部分。东盟与中日韩环境部长会议和高官会，就环保政策问题进行对话，共同探讨合作的重点领域和具体合作项目。在中日韩三边合作框架下，三国领导人承诺在环境保护领域密切合作。2003 年 10 月 7 日，在印度尼西亚巴厘岛举行的三国领导人会议发表了《中日韩推进三方合作联合宣言》。随后，三国外长制订和签署了《中日韩三国合作行动战略》。关于环境保护，三国将继续举行环境部长会议，评估和审议部长会议提出的项目，使这些项目扩展到三国间的各种环保合作活动，促进东亚海洋的可持续发展。

总体上看，东亚海域是海上溢油风险度全球最高的地区之一，但在包括海上溢油应急合作在内的海洋环保合作程度最低的地区，区域合作的体制机制或者尚未建立，或者非常薄弱，根本无法适应保护海洋环境的急迫要求。

三、中国已初步建立了比较完善的海上溢油应急体系

中国政府高度重视海洋环境保护和海上溢油应急工作。随着经济发展，中国不断加快完善相应的法律法规，建立国家溢油应急反应体系，制定污染应急计划，提高溢油应急反应能力。

1982 年 8 月，五届人大通过《中华人民共和国海洋环境保护法》，该法是我国海洋环境保护的基本法；1999 年，全国人大常委会对该法进行了较为系统的修改，其中对海上污染事故应急问题做出了具体规定；2013 年 12 月，我国对《中华人民共和国海洋环境保护法》进行了再次修订，就海洋环境保护问题做出了更严格的规定。[①]

目前，我国的船舶溢油应急体系建设工作及船舶溢油事故的应急处置工作主要由交通部海事局及沿海各省、市政府负责实施，建立了国家、省级、港口级、船舶四级船舶溢油应急预案体系，提高了我国船舶重大污染事故应急处置能力。2012 年，国务院批复同意建立国家重大海上溢油应急处置部际联席会议制度，交通运输部为牵头单位，部长为牵头人。交通运输部每年组织召开一次重大海上溢油应急处置部际联席会议，以便加强我国重大海上溢油应急的组织协调、沟通联系，充分发挥指挥部的作用，力求各成员单位在应急行动中能够相互配合、资源共享、优势互补、协同作战，发挥整体合力。国家海洋局作

---

① 中国人大网："中华人民共和国海洋环境保护法"，来源于 http://www.npc.gov.cn/wxzl/gongbao/2014－03/21/content_1867698.html，最后访问日期：2018 年 3 月 20 日。

为海洋石油勘探开发环境保护管理的主管部门,负责制定全国海洋石油勘探开发重大海上溢油应急计划,建立海洋石油勘探开发溢油应急预案体系。2015 年 4 月,国家海洋局发布实施新修订的《国家海洋局海洋石油勘探开发溢油应急预案》。该预案设立了新的国家海洋局应急组织机构,包括海洋石油勘探开发溢油应急管理委员会和现场指挥部。①

中国签署、批准和加入了一系列的国际海洋环境公约和协议,如《1982 年联合国海洋法公约》《1969 年国际油污损害民事责任公约》《1972 年防止倾倒废弃物和其他物质污染海洋公约》《73/78 国际防止船舶造成污染公约》《控制危险废物越境转移及其处置巴塞尔公约》《1990 年国际油污防备、反应和合作公约》《保护海洋环境免受陆源污染全球行动计划》等。中国努力履行相关公约赋予的责任和义务,加大对溢油应急设施设备与人员、资金、基地的投入,不断提高履约能力。

中国政府积极参与保护海洋环境的全球性项目和行动计划,与联合国环境规划署、联合国开发计划署、国际海事组织、联合国教科文组织、世界银行、亚洲开发银行等国际组织密切合作,积极参与有关全球性海洋环保合作项目和活动。

在区域合作层面,中国政府积极参与了联合国环境署的区域海行动计划,如涉及东亚海域的有西北太平洋行动计划(NOWAP,主要是西北太平洋、黄海)、东亚海协作体行动计划(主要涉及南海及东南亚海域)、扭转南中国海及泰国湾环境恶化趋势项目行动计划(UNEP/GEF‐SCS,主要涉及南海)及黄海大海洋生态系项目等。

在中国—东盟(10+1)合作框架下,海洋环保合作是重要合作领域,并且合作的广度和深度都在迅速发展。在亚太经济合作组织(APEC)框架下,中国政府积极参与和倡导有关海洋环保领域的合作。

迄今,在双边层面,中国已与绝大部分周边海洋国家签订了环保、科技等领域的合作协定,或者其他类型的双边合作文件,海洋环保合作是其中的重要内容之一。中国还与一些国家就海洋溢油实施具体合作。例如,中国与韩国的双边溢油应急合作也已进入实质性合作阶段。中国与文莱两国已经开启海上溢油应急合作窗口。

---

① 中国海洋在线:"国家海洋局发布海洋石油勘探开发溢油应急预案",来源于 http://www.oceanol.com/shouye/yaowen/2015‐04‐10/43318.html,最后访问日期:2018 年 3 月 20 日。

四、积极倡导和推动东亚海上溢油应急合作,意义重大

中国是陆海兼备的海洋大国。海洋是中华民族生存和发展的重要空间,是支撑中国经济社会持续发展的蓝色国土和半壁江山。

正如习近平总书记在主持中共中央政治局就建设海洋强国研究进行集体学习时所强调指出的:21 世纪,人类进入了大规模开发利用海洋的时期;海洋"在国家生态文明建设中的角色更加显著";中国"要坚持走依海富国、以海强国、人海和谐、合作共赢的发展道路"。[①] 国务院总理李克强指出:"人海合一是人与自然和谐相处的大道",应坚持在开发海洋的同时,"善待海洋生态,保护海洋环境,让海洋永远成为人类可以依赖、可以栖息、可以耕耘的美好家园"。[②]

东亚海域是中国与周边各国的共同财富。保护好海洋环境是东亚国家的共同责任。一个环境良好、生态健康的海洋,将造福于所有沿海国家,乃至全人类。开展海上溢油应急区域合作,共同保护海洋环境,是所有东亚国家的共同需要和责任。

(一) 做好海上溢油应急工作是实现建设美丽中国、海洋强国的战略目标的必然要求

党的十八大报告首次提出建设海洋强国战略,强调要"提高海洋资源开发能力,发展海洋经济,保护海洋生态环境,坚决维护国家海洋权益,建设海洋强国。"积极应对海上溢油严峻形势、保护我国海洋环境,是有效保护海洋生产力和生态服务价值,保持永续发展的有力举措,也是加强海洋管理、维护我国海洋权益、建设海洋强国的必然选择。

党的十八大报告还首次提出了"建设美丽中国"战略,实现中华民族永续发展。美丽中国离不开美丽海洋。海洋生态文明是我国生态文明建设不可或缺的重要组成部分,是建设美丽中国不可或缺的组成部分。随着开发利用海洋的强度与广度的不断加大,海洋环境污染的风险也在加大。人民群众对美好海洋生态环境的追求与愿望更加迫切,对加快推进海洋生态文明建设、保护自身环境权益等提出了新的要求与期待。海洋石油污染是海洋生态环境的杀

[①] 《进一步关心海洋认识海洋经略海洋　陆海统筹走依海富国以海强国之路》,载《新华每日电讯》2013 年 8 月 1 日,第 1 版。

[②] 李克强:《努力建设和平合作和谐之海——在中希海洋合作论坛上的讲话》,2014 年 6 月 20 日。

手。海上溢油应急工作事关我国经济社会发展、生态文明建设、人民生命财产、海洋环境安全。

(二) 做好海上溢油应急区域合作,事关中国的国际义务与形象

海洋生态系统具有全球"公共物品"的属性,海洋环境问题具有高度的跨国影响和全球属性,这决定了世界所有国家及各种非国家行为主体只有进行合作,才能有效应对其挑战。在这一进程中,发达国家和大国应该发挥主动、表率、先行者、示范者,乃至主导者、领导者的作用和影响。中国是东亚地区,乃至全球的大国,更是东亚地区,乃至全球的海运大国、石油进口大国、海洋油气生产大国,有责任、有义务,也有能力积极倡导和推动东亚国家开展海上溢油应急合作。与周边国家合作应对海上溢油问题,是我国履行国际合作义务的必然要求,也完全符合我国与周边国家的共同利益与需要,能够造福周边国家,更造福中国。做好海上溢油应急区域合作,有利于树立中国负责任的环保大国形象,能够把海洋环保合作转化为中国未来新的综合国力、综合影响力和国际竞争新优势。

(三) 做好海上溢油应急区域合作,是建设 21 世纪海上丝绸之路的需要

海上石油污染问题是海上丝绸之路沿线国家共同面临的问题。开展溢油应急合作是我国打造周边命运共同体、中国—东盟共同体的需要,是 21 世纪海上丝绸之路沿线国家的共同需要和愿望。中国政府向 21 世纪海上丝绸之路沿线国发出倡议:"以共享蓝色空间、发展蓝色经济为主线,以保护海洋生态环境、实现海上互利互通、促进海洋经济发展、维护海上安全、深化海洋科学研究、开展文化交流、共同参与海洋治理等为重点,共走绿色发展之路,共创依海繁荣之路,共筑安全保障之路,共建智慧创新之路,共谋合作治理之路,实现人海和谐,共同发展"。① 中国已初步建立溢油应急反应体系,为积极开展 21 世纪海上丝绸之路溢油应急合作提供了良好的基础和条件。

(四) 做好海上溢油应急区域合作,为区域和全球海洋治理做出中国贡献

过去,中国在提供地区公共安全与服务产品方面的能力、理念与意识比较薄弱。随着中国综合国力的不断增强和国际及地区影响力的扩大,中国需要在国际和地区事务中承担责任,履行义务。中国可以溢油应急区域合作为突破口,倡导、推动建立东亚海洋环境保护合作机制,为东亚地区提供

---

① 国家发展改革委、国家海洋局:"'一带一路'建设海上合作设想",来源于 http://www.soa.gov.cn/xw/hyyw_90/201706/t20170620_56591.html,最后访问日期:2018 年 3 月 20 日。

更多公共安全与服务产品,为造福中国、造福周边国家和人民做出自己的贡献,把我国周边海域建设成为和平、友好、合作的海洋,为区域和全球海洋治理做出贡献。

五、关于开展海上溢油应急区域合作的对策建议

2015 年 3 月 28 日,国家发展改革委、外交部、商务部联合发布《推动共建丝绸之路经济带和 21 世纪海上丝绸之路的愿景与行动》;①2016 年 6 月 20 日,国家发展改革委和国家海洋局联合发布《"一带一路"建设海上合作设想》,这两个文件均把海洋环保合作作为加强 21 世纪海上丝绸之路海上合作、建立互利共赢的蓝色伙伴关系的重要内容。为此,中国应采取多种政策措施,积极倡导和推动东亚地区开展海上溢油应急区域合作。

(一) 在我国溢油应急能力建设上,应立足中国,着眼东亚和 21 世纪海洋丝绸之路建设的需要

2016 年我国出台了《国家重大海上溢油应急能力建设规划(2015—2020年)》(简称《规划》),②就加强应对发生在我国管辖海域内的重大海上溢油事故能力建设做出了战略部署和规划。《规划》的实施将进一步全面提升我国海上溢油应急能力,降低重大海上溢油事故对我国海洋生态环境的不利影响。但仅仅着眼于发生在我国管辖海域内的重大海上溢油事故应急能力建设是远远不够的,与中国作为全球和东亚地区大国的地位不符,也难以适应建设 21 世纪海上丝绸之路的需要。中国不仅要解决中国海上溢油应急的需要,并且要考虑到为区域和全球的溢油应急做贡献。为此,我国应该立足中国,着眼东亚和 21 世纪海洋丝绸之路建设,全面、完整地加强我国溢油应急能力建设。应该将 21 世纪海上丝绸之路沿线海域、特别是东亚区域海上溢油应急合作的需求纳入我国海上溢油应急能力建设规划之中,从顶层设计开始,为我国倡导和参与海上溢油应急区域合作做好政策、法律、战略、能力等方面的准备。

(二) 在海上溢油应急区域合作问题上,应主动发出中国声音,贡献中国智慧、中国方案

习近平总书记 2013 年 10 月 24 日在周边外交工作座谈会讲话中特别指

---

① "中国发布'一带一路'路线图(全文)",来源于 http://www.guancha.cn/strategy/2015_03_28_314019_s.shtml,最后访问日期:2018 年 3 月 20 日。

② "国家重大海上溢油应急能力建设规划(2015—2020 年)",来源于 http://www.gdemo.gov.cn/zwxx/zcfg/gjzcwj/gjbmwj/201603/t20160331_226763.html,最后访问日期:2018 年 3 月 20 日。

出:"以更加开放的胸襟和更加积极的态度促进地区合作。"中国应该加大参与全球和区域海洋环境保护的力度,特别是要在各种国际和区域场合,就东亚区域的海洋环境状况,特别是海上溢油风险提出警示,发出中国声音,以大国胸襟、人类情怀,力求"谋大势、讲战略、重运筹",积极呼吁、引导、推动东亚国家开展区域合作,主动谋划东亚地区包括溢油应急合作在内的区域合作设想,贡献中国智慧、中国方案。为此,应该组织国内相关部门、智库开展海上溢油应急区域合作专题研究,做好政策储备。

(三)善于利用国际公约及其机制,推动海上溢油应急区域合作

以主动、带头落实国际组织、国际条约有关区域、次区域合作的义务与规定的方式,积极推动海上丝绸之路沿线国家和海域的溢油应急合作。继续积极参与全球和区域海上溢油应急合作,如提高我国的国际公约履约能力建设,以及西北太平洋行动计划(NOWPAP)、东亚海协作体(COBSEA)、东亚海项目(东亚海域环境管理伙伴关系计划,PEMSEA)等区域海项目下的溢油应急合作,推动区域海合作项目进一步机制化、规范化、常态化。

(四)以南海作为溢油应急区域合作的先行示范区

南海地区是国际油轮航行最繁忙的海域之一,也是世界上油气勘探最集中的海域之一。海上溢油风险度相当高。加强海上溢油应急合作迫在眉睫。实现建设美丽中国、海洋强国的战略目标,需要一个生态优美的南海。为此,中国作为南海地区的大国和南海岛礁主权和海域权利的最大拥有者、南海地区的航行大国,也是油气开发大国,理应积极主动地承担起保护南海海洋环境的责任,大力推动南海区域的海上溢油应急合作,为造福中国、造福南海周边国家和人民做出自己的贡献。

中国首先应该自身不断加强对船舶航行、海上石油勘探开发溢油风险实时监测及预警预报,防范船舶、海上石油平台、输油管线、运输船舶等发生泄漏,完善海上溢油应急预案体系,建立健全溢油影响评价机制。在此基础上,推动东亚地区,特别是南海周边国家开展海上溢油应急合作。中国在南海的海上溢油应急和海上搜救、减灾防灾能力仍然薄弱,应在南海加紧建设应急基地、码头与机场。可以海南岛和西沙群岛为依托,以我国驻守的南沙岛礁为前出基地的应急搜救基础设施体系,尤其要在西沙群岛和南沙岛礁上,加快建设各种类型和规模的港口、码头、机场、航道等的基础设施建设。建立健全海上交通安全应急救援指挥机构,完善海上搜救应急预案体系,定期开展海上联合搜救演练,不断提高航海保障、海上救生和救助服务水平。倡议成立南海区域海上溢油应急合作组

织，建立"海上溢油应急合作中心"，举办南海多国联合应急合作培训和演习等。

（五）扶持和鼓励我国相关组织或机构成长为大型溢油应急服务供应商

积极探索以市场化、专业化方式加强我国海上溢油能力建设和对外合作，积极推动我国相关组织或机构建立专业应急队伍或专业清污公司，并扶持和鼓励其成长为大型溢油应急服务供应商。

经过 30 多年的发展，中国海油已经建立起了一套规范而完整的应急系统，它包括应急预案、应急指挥中心、应急信息系统和应急队伍四个有机的整体。中国海洋石油总公司已成为中国国内溢油应急行业的"领头羊"，且中国海油作为石油公司，溢油应急设备的配备处于世界领先水平。中国海油的应急系统已经走到了国际石油公司的前列。[①] 在建设 21 世纪海上丝绸之路中，中国海油已具备为"海上丝绸之路"提供从预防、监测到应急响应、事故恢复等全程溢油应急保障服务的能力。目前，中国海油应急产业海外发展的路线图将突破点定位在东亚及东南亚，通过区域多边联动机制建设，建设东亚—东南亚"海上丝绸之路"的应急通道。同时，以中国海油现有的海外区块为基础，推进海外区块的安全环保能力建设，推动建立国家级海外应急示范基地，示范基地定位为立足中国海油、兼顾中方企业、服务当地社会、辐射"一带一路"，助力包括印度洋—中东—非洲—欧洲在内的海上生态安全。[②] 中国政府应该积极扶持和鼓励中国海油成长为大型溢油应急服务供应商，既有助于提高我国海上溢油应急处置能力，也可以"走出去"，服务 21 世纪海上丝绸之路上的溢油应急合作需要。

Emergency Response to Help the Construction of the 21st Century Maritime Silk Road

ZHANG Liangfu

Abstract： The sea area along the maritime Silk Road, especially the East Asian sea area around China, is one of the busiest waterways for ship navigation, especially for large transport ships and super tankers. It is also one of the most intensive waters of oil and gas exploration and development

---

① 傅饶莉：《中国海油溢油应急的特色之路》，载《国企》2015 年第 6 期，第 31 页。
② 《打造应急"后盾"助力"一带一路"》，载《中国海洋石油报》2015 年 5 月 20 日，第 1 版。

activities in the world. As a result, it is also one of the waters of the highest risk of oil spill from many sources. But so far, regional cooperation on the oil spill emergency response is very weak in East Asia. China, as a major power in the world and in East Asia, is also one of the world's major shipping countries and one of the world's major oil and gas production countries and major importer of oil, China should actively initiate and promote the cooperation of oil spill emergency response in the East Asian sea area. Marine environmental protection cooperation is an important part of the joint construction of the twenty-first Century Maritime Silk Road which is initiated and promoted by China. China should play an important role in the regional cooperation on the oil spill emergency response. Based on the analysis of the necessity and importance of regional cooperation of oil spill emergency response, China should further build its capacity for oil spill emergency response and put forward practical proposals for strengthening regional cooperation in this field.

Keywords: Oil Spill Emergency Response; East Asia; Marine Environmental Protection; Regional Cooperation; One Belt and One Road; Twenty-first Century Maritime Silk Road

新时代深度参与全球
海洋治理之路探索

张文亮*

摘　要：在经济全球化和构建人类命运共同体的大背景下，海洋在全球经济社会发展中扮演着愈发重要的角色，特别是新时代，我国深度参与全球海洋治理已是大势所趋。本文从新时代深度参与全球海洋治理的战略意义入手，深入阐述了我国以21世纪海上丝绸之路为纽带深度参与全球治理的重要内涵，分析了维护海洋权益和参与全球海洋治理的内在关系，在此基础上，提出了为全球海洋治理贡献中国智慧与中国力量的具体举措。

关键词：海洋治理；海洋权益；丝绸之路；海洋战略

海洋占据了地球总面积的71%，因其丰富的资源和重要的战略地位，成为人类社会可持续发展的新空间。随着海洋大开发战略的深入实施，特别是经济全球化进程的深入和科学技术水平的提高，世界各国纷纷将目光投向海洋，抢占海洋开发利用的战略制高点，拓展利益发展的空间。因此，向海洋要资源、发展海洋经济成为21世纪世界经济发展的主题之一。① 但随之引发的资

---

* 张文亮，天津市渤海海洋监测监视管理中心经济部部长、高级工程师，主要研究方向：海洋战略、海洋经济、海洋生态。邮箱：zhangwenliang-84@163.com。

① 齐卫、杨乐：《国海洋权益的保护之对策》，载《法制与社会》2013年第3期，第237页。

源过度利用、生态系统脆弱、海洋权属划分等全球性问题相互交织,海洋开发秩序有待进一步规范,全球海洋治理进程需要进一步加快。

我国作为世界海洋大国,海洋在国家经济社会发展进程中发挥了至关重要的作用。党的十八大以来,以习近平同志为核心的党中央高度重视海洋事业发展,提出了"建设海洋强国"的重大战略,成为我国国家战略的重要组成部分。特别是党的十九大更是将海洋战略上升到前所未有的高度。因此,在新时代构建人类命运共同体过程中,如何更好地发挥海洋大国作用,深度参与全球海洋治理,成为当前国家发展的一个重要课题。

一、新时代深度参与全球海洋治理的战略意义

国际形势波谲云诡,国际环境错综复杂,经济全球化进程不断加快,迫切需要我国深度参与全球海洋治理。海洋作为国家可持续发展和大国获取战略优势的重要战略空间,已成为世界各临海国家的利益争夺热点和经略重点。[①]保护海洋生态环境、合理利用海洋资源、加强海洋权益维护,已成为全球海洋国家,乃至全人类共同的职责和使命。2015 年 9 月,联合国大会通过的《2030年可持续发展议程》,将海洋和海洋资源的保护和可持续发展利用列为重要组成部分。伴随国际环境愈发复杂,国际形势依然严峻。海洋作为连接世界各地的重要载体,其开发利用强度日趋加大,对海洋资源的无序开发、恶性掠夺,对海洋环境的污染损害、生态破坏,甚至侵犯别国领海主权,攫取资源的行为时有发生,因此,规范海洋开发秩序、精准全面治理海洋已是当务之急。考虑到海洋复杂的自然属性和被赋予的社会属性,全球海洋治理是一个复杂性问题,所有国家都应责无旁贷地参与其中。目前,全球海洋治理已被世界各国列为重要任务,沿海各国纷纷将目光聚焦海洋治理,美、俄、日等海洋强国以及欧盟等重要地区组织,纷纷出台相关战略和政策,争夺全球海洋治理主导权。尽管以《联合国海洋法公约》(以下简称《海洋法公约》)[②]为核心的国际海洋秩序体系,原则上明确各国可通过和平协商方式解决利益冲突和矛盾,但近 20 年来,海洋划界、海洋资源争端以及海上恐怖主义等世界海洋难题不断涌现,对此,我国必须要优化参与全球海洋治理的策略。

---

① 孙晓光、张赫名:《海洋战略视域下的中国海外利益转型与维护——以"一带一路"建设为中心》,载《学习与探索》2015 年第 10 期,第 53 页。

② 联合国第三次海洋法会议:《联合国海洋法公约》,海洋出版社 1992 年版,第 28 页。

中国特色社会主义进入新时代,构建人类命运共同体的国家战略与我国深度参与全球海洋治理战略相得益彰。中华民族的崛起是与我国海洋发展史息息相关的,自中华人民共和国成立以来,我国与世界的融合程度日益加深,逐渐成为国际事务的重要参与者。党的十八大以来,中国特色大国外交卓有成效,我国积极倡导构建人类命运共同体,推进利益共同体、责任共同体建设,以习近平同志为核心的党中央,统筹国际国内两个大局,积极推进外交理论和实践创新,形成并确立了习近平总书记外交思想。① 2016 年 7 月 1 日,习近平总书记在建党 95 周年庆祝大会上指出:"推动形成人类命运共同体和利益共同体";党的十九大更是提出了中国特色社会主义进入新时代,要坚持对外开放的基本国策,积极促进"一带一路"国际合作,打造国际合作新平台,坚持和平发展道路,推动构建人类命运共同体。其中,作为习近平总书记外交思想的重要组成部分,全球治理理念与实践的创新,在当前参与全球海洋治理进程中发挥极其关键的作用。另外,党的十八届三中全会审议通过的《中共中央关于全面深化改革若干重大问题的决定》,②提出全面深化改革的总目标,就是完善和发展中国特色社会主义制度、推进国家治理体系和治理能力现代化,因此,只有不断完善国家治理体系、提高治理能力,才能更好地深度参与全球治理。全球海洋治理是全球治理体系重要组成部分,是中国参与全球治理的重要内容和路径,因此,要积极推动"全球海洋命运共同体"建设,大幅增强参与全球治理的意愿和能力,强化一个海洋大国参与国际海洋事务的责任和担当。

党的十九大提出"加快建设海洋强国"的战略部署,为我国深度参与全球海洋治理提供了理论依据,指明了前进方向。进入 21 世纪,伴随世界沿海各国将海洋作为关注的焦点,党中央、国务院高瞻远瞩,顺应世界潮流,将海洋事业发展在国家的战略地位进一步提升,提出"逐步把我国建设成为海洋经济强国"的宏伟目标,而海洋治理成为决定目标能否实现的关键环节。当前,海洋在我国经济发展格局和对外开放中的地位与日俱增,我国正处于参与全球海洋治理的重大机遇期。谋划中国参与全球海洋治理的战略和路径,首先要对中国在全球海洋治理中的时空方位有清醒认知。目前,我国海洋经济发展面临转型与结构性调整,正进入创新发展、绿色发展的深化阶段,对加快构建现

---

① "中国参与全球海洋治理的战略思考",来源于 http://mini.eastday.com/mobile/180214090322544.html,最后访问日期:2018 年 3 月 18 日。

② 新华网:"中共中央关于全面深化改革若干重大问题的决定",来源于 http://news.xinhuanet.com/2013－11/15/c_118164235.html,最后访问日期:2018 年 3 月 18 日。

代化海洋治理体系提出了迫切要求。完善的国家海洋治理体系、高水平的治理能力是参与全球海洋治理、提升规制话语权与影响力的前提与基础,只有提升我国海洋治理能力,才能更好地在全球海洋治理中扮演重要角色。我国提出了21世纪海上丝绸之路重大倡议,提出共商、共建、共享的合作发展理念,倡导全方位、高层次、多领域的蓝色伙伴关系,主张和平、合作、和谐的新型海洋安全观。因此,加强新形势下海洋领域合作,对促进联合国《2030年可持续发展议程》在海洋领域的落实起到正面积极作用,为深度参与全球海洋治理奠定了坚实的基础。

二、以海上丝绸之路为纽带,深度参与全球海洋治理

我国海洋强国战略的深入实施,为"一带一路"建设提供了很好的战略环境和背景支持。我国海岸线达到1.8万公里,面积在500平方米以上的岛屿有6 500余个,根据《海洋法公约》规定,我国还拥有面积约300万平方公里的管辖海域,内水和领海面积也有38万平方公里。[①] 海洋作为当今经济全球化的重要桥梁和纽带,对增强国家经济发展的活力和后劲,实现我国由海洋大国向海洋强国的跨越具有重要的战略价值。因此,充分利用"一带一路"倡议的实施,加强与沿海各国的交流合作,为我国深度参与全球海洋治理奠定了坚实基础。

(一) 发挥海上丝绸之路的纽带作用

2013年,习近平主席先后提出共建"丝绸之路经济带"和"21世纪海上丝绸之路"的重大倡议。[②③] 2015年,国家发改委、外交部和商务部联合发布《推动共建丝绸之路经济带和21世纪海上丝绸之路的愿景与行动》,提出要借助中国——东盟("10+1")、亚太经合组织(APEC)等现有多边合作的成熟机制,让更多国家和地区参与"一带一路"建设。[④] 可见,通过21世纪海上丝绸之路建设,我国的海洋战略与国家经济利益,将实现共同发展。21世纪海上丝绸之路战略的提出,契合了沿线国家的共同需求,也是我国"亲诚惠容"周

---

① 张传勇、张晓红《维护我国海洋权益的几点思考》,载《天津航海》2013年第2期,第1页。
② 李俊生:《"一带一路"战略推动海洋经济发展的路径探索》,载《产业与科技论坛》2015年第8期,第24页。
③ 曹文振、胡阳:《"一带一路"战略助推中国海洋强国建设》,载《理论界》2016年第2期,第50页。
④ 新华网:"国家发改委,外交部,商务部:推动共建丝绸之路经济带和21世纪海上丝绸之路的愿景与行动",来源于 http://news.xinhuanet.com/2015 - 03/28/c_1114793986_2.html,最后访问日期:2018年3月20日。

边外交理念的体现,更是互利共赢开放战略的重大举措,将发挥前所未有的重要作用。① 我国可以沿海经济带为支撑,密切与沿线国的合作,连接多条经济走廊,共同建设蓝色经济通道,按"一圈三走廊"的战略布局,重点实施蓝色经济发展联盟、海洋公共服务产品共建共享、海洋生态环境保护共同行动、海洋科技合作伙伴和海洋文化交流融通等策略。因此,深度参与全球海洋治理,可充分借助"一带一路"倡议的实施,主动"走出去",以海洋为纽带增进共同福祉,发展共同利益,以共享蓝色空间、发展蓝色经济为主线,谋划共同保护海洋生态环境、规范海洋开发秩序的具体措施,21 世纪海上丝绸之路的建设将从政治、经济、安全、文化等领域全方位发展我国同周边国家的海洋领域合作关系。南太平洋地区属于中国外交大周边的"六大板块"之一,是 21 世纪海上丝绸之路的新增路线,②我国应将东盟和欧盟作为重点对象,以海洋治理为核心全方位推动务实合作,将 21 世纪海上丝绸之路与参与全球海洋治理有机结合。21 世纪海上丝绸之路战略将助力我国积极参与沿线周边地区治理,打造我国同沿线国家"命运共同体",推动建立以海洋治理为核心的新型国际关系,有助于扩大开放层次,增加我国同各国利益汇合点。

(二) 构建新时代的蓝色伙伴关系

"蓝色伙伴关系"是我国参与全球海洋治理的现实倡议。2017 年 6 月,在纽约召开的联合国首次海洋大会上,我国提出"合作建立开放包容、具体务实、互利共赢的蓝色伙伴关系"的倡议,得到与会各方的一致肯定。2017 年 6 月发布的《"一带一路"建设海上合作设想》,明确提出要建立紧密的蓝色伙伴关系,作为推动海上合作的有效渠道。我国是世界海洋大国,应与全球沿海国家建立良好的"蓝色伙伴关系",大力发展"蓝色经济",坚持以可持续发展为原则,达到相互尊重、合作共赢的共同目标。党的十九大报告指出:习近平新时代中国特色社会主义思想的基本内涵之一就是要坚持贯彻新发展理念,其中就包括开放共享的含义。我国一直以来致力于与沿海各国加强战略对接与对话磋商,深化合作共识,增进政治互信,建立双多边合作机制,共同参与海洋治理,为深化海上合作提供制度性保障。目前,我国正积极倡导并推进蓝色伙伴关系建设,取得了切实成绩。构建新时代的蓝色伙伴关系,主要包括以下三方面:一

---

① 刘文波:《南海问题与中国 21 世纪海上丝绸之路建设》,载《东南学术》2016 年第 3 期,第 18 页。
② 祁怀高、石源华:《中国的周边安全挑战与大周边外交战略》,载《世界经济与政治》2013 年第 6 期,第 25 页。

是大力发展蓝色经济,打造海洋经济发展的利益共同体;二是推动海洋生态文明建设,共同承担全球海洋治理责任;三是坚持合作共赢,共建多层高效合作机制倡议。目前,我国已与近 50 个国家在蓝色经济、海洋环保、防灾减灾、应对气候变化、蓝碳、海洋酸化、海洋垃圾治理等方面开展交流与合作,在国际、区域和国家层面实现海洋经济发展优势互补、海洋生态环境保护共同行动、海洋科技合作伙伴、海洋文化交流融通、海洋公共服务产品共建共享等,通过加大合作交流力度,持续提升国际海洋治理能力,真正实现在海洋领域的互利共赢。

(三) 在开放合作共赢中凝聚全球海洋治理共识

1982 年,第三次联合国海洋法会议签署的《海洋法公约》是调整全球海洋事务的海洋宪章,它为人类提供了从事海洋活动的基本法律框架,并于 1994 年开始生效,它所建立的海洋法律制度第一次对海洋权益进行了全面而系统的规定,从而使各国开发和利用海洋走上了规范化道路。目前已有 155 个国家和实体批准了《海洋法公约》,我国于 1996 年加入。众所周知,海洋是人类的共同资源,保护海洋每个国家都责无旁贷,然而,随着人类社会工业化、城市化的快速发展和人口数量的增长,海洋酸化日趋严重,自然海岸线被过度占用、破坏和侵蚀,海洋资源退化严重,海洋生物多样性降低,海洋健康面临巨大威胁,海洋污染已成为联合国环境规划署提出的威胁人类的十大环境祸患之一。因此,各国应聚焦以下两方面问题:一是气候变化正在给世界海洋环境带来前所未有的威胁。在气候变化的影响下,干旱、洪涝、高温热浪、台风等极端气候事件呈现多发、并发趋势,给海洋生态造成了重大影响。气候变化还会导致海岸带土地被侵蚀和淹没、红树林的减少、渔业产值下降,并破坏港口的运营,另外,随着海面温度的上升,珊瑚礁白化现象也将更加严重,[1]风暴潮频率的增加和海平面上升导致沿海低洼地区的洪涝灾害风险越来越大。因此,亟须促进和加强海洋治理与气候变化应对之间的政策联系,实施跨制度合作。二是人类对于海洋的过度开发和不可再生资源的浪费使用问题并存。大量原始海岸线、优质近岸海域被围填,海洋环境质量下降,潮间带生态系统、红树林、珊瑚礁等重要海洋资源大面积退化。一方面,海洋油气、海洋矿产等不可再生资源勘探开发缺少科学统筹;另一方面,可再生、可重复利用的海洋资源和能源在开发利用方面进展缓慢,难以形成规模。上述这些问题很难依靠单

---

① 刘燕华:《适应气候变化——东亚峰会成员国的战略、政策与行动》,科学出版社 2009 年版,第90 页。

个国家得以解决,而必须依靠双边、多边乃至国际社会的共同努力。因此,我国倡导的"一带一路"倡议、构建蓝色伙伴关系方略,就是要呼吁世界各国加强沟通交流,凝聚海洋治理共识,走出一条人海和谐发展之路,共同应对我们在海洋领域面临的挑战,营造共同保护海洋的良好氛围。

三、将维护海洋权益作为深度参与海洋治理的宗旨

世界历史证明:海权强则国强,海权弱则国弱。我国在坚持走和平发展道路的同时,也要不断提高对海洋的实际管控能力,更加有效地维护海洋权益。海洋权益属于国家的主权范畴,是保障国防安全、建设海洋强国、实现国家海洋发展战略的现实需求与长期战略布局的根本要求。当前不应忽视的是,世界各国,特别是相邻国家之间存在很多海域划界争议、岛礁主权争端、海洋资源争夺以及对于领海、毗连区、专属经济区、大陆架和公海区域内特定事项管辖权的法律立场分歧等。一些国家未能自觉遵守《海洋法公约》。一方面,未能践行可持续发展理念,肆意破坏海洋资源环境的行为屡见不鲜;另一方面,对于公海内的资源企图占为己有,更激进的做法则是侵犯其他国家的海洋权益,未经许可进入别国领海和专属经济区,充分反映出其野蛮行径。党的十九大报告指出:我国坚定奉行独立自主的和平外交政策和防御性的国防政策,决不会以牺牲别国利益为代价来发展自己,也决不放弃自己的正当权益。对此,面对海洋权益问题,我国采取正确的方式、科学的手段维护国家海洋权益。习近平总书记指出:要着力推动海洋维权向统筹兼顾型转变,坚持以对话解决争端、以协商化解分歧,努力维护和平稳定。因此,要做好应对各种复杂局面的准备,提高海洋维权能力,将坚决维护我国海洋权益作为深度参与全球海洋治理的保障。

(一)我国面临的海洋权益问题依然复杂

由于海洋在政治、经济和战略等方面的特殊地位,引发了世界范围内对海洋权益的激烈争夺。进入 21 世纪以来,海洋权益的争端进一步加剧,海洋环境遭到严重破坏,我国面临的边界海洋形势,尤其是海上维权形势日趋严峻,2012 年以来,接连发生了中日钓鱼岛对抗、中菲黄岩岛对峙、中越南海斗争升级等重大事件,而且菲律宾还在 2013 年初单方面将南海问题提交联合国国际海洋法法庭进行国际仲裁。① 可见,我国海洋权益面临严峻挑战:一是岛屿领

---

① 孔令杰:《试析"一带一路"建设与中国未决边界海洋争端的交互影响》,载《边界与海洋研究》2016年第 1 期,第 118 页。

土存在争端。岛屿被侵占是我国海洋权益受损的最重要和最直接的体现。在东海,中国固有的领土钓鱼岛被日本非法占有,日本拒不承认中国对钓鱼岛的主权;在南海,越南、菲律宾、马来西亚等东南亚国家与我国也在南沙群岛部分岛礁的主权归属方面存在矛盾。二是海洋资源受到掠夺。随着海洋经济的不断发展,海洋资源的竞争也日趋激烈,该问题遍及黄海、东海和南海:在黄海,主要是渔业资源遭到了朝鲜与韩国不正当的捕捞;在东海,渔业资源和油气资源均受到日本的非法占有;问题最多的在南海,由于其地理位置和资源开发的复杂性,争端主要是相关各方在岛礁主权归属、专属经济区的勘定以及资源开发上的争议,南海周边国家和地区在我国海域一侧建设投入开采的油井已达数千口,[①]越南、菲律宾等国也在我国夏季休渔期乘机大肆捕捞我国的渔业资源。三是海洋划界问题严峻。不同国家所遵循的海洋法划界原则不同,加之海域狭窄造成我国与海上邻国海域划界的矛盾比较突出:韩国在中韩黄海划界主张采用中间线方法,在日本海主张自然延伸原则,我国与朝鲜、东南亚诸国也存在着类似的矛盾,导致我国与别国关于海洋划界的谈判举步维艰,且《海洋法公约》中就海洋划界问题的依据也未予以明确。四是空间安全威胁潜在。主要问题集中在南海海域,我国对南海问题的处理保持自律态度,将"搁置争议、共同开发"作为解决问题的基本原则,南海作为 21 世纪海上丝绸之路的境外起点,美国、日本等国也紧盯这个重要战略通道,肆意干扰南海的和平与稳定,[②]并和有关国家共同构建了两道岛链,大有对我国进行"围剿"之势,特别是美国与其盟友以打击海盗恐怖活动和维护国际航道通畅为由,经常性进行军事演习,造成西太平洋和南太平洋海域气氛紧张,对我国国家安全造成严重威胁。

(二)持续不断提升海洋权益维护能力

通过对我国海洋权益纷争现状的分析可以看出,虽然我国拥有约 300 万平方公里的管辖海域,但在黄海、东海、南海,有 150 多万平方公里的海域与周边国家国存在着纷争,占到我国管辖海域总面积的一半,问题相当严峻。[③] 党

---

① 张兰廷、任国征:《海上丝绸之路视野下的海洋权益维护》,载《中国海洋学会 2015 年学术论文集》,海洋出版社 2015 年版,第 331 页。

② 吴琼、石洪源、曹雪峰等:《从维护海洋权益角度看中国海洋战略实施途径》,载《中国渔业经济》2017 年第 5 期,第 48 页。

③ 贺鉴、宫高杰:《"海上丝绸之路"战略下中国海洋权益的维护》,载《湘潭大学学报》(哲学社会科学版)2015 年第 4 期,第 114 页。

的十八大、十九大均提出："建设海洋强国"的战略部署；习近平总书记多次强调"建设海洋强国是中国特色社会主义事业的重要组成部分"，而维护国家海洋权益又是建设海洋强国的重要组成部分，因此，要着力提升海洋权益统筹维护能力，积极推动国际海洋新秩序的建立。目前，我国国家实力与日俱增，使我国维护海洋权益的能力逐步提高，以前很多没有办法解决的威胁我国海洋权益的问题，现在必须提到重要议事日程，并加以解决。第一，要统筹维稳和维权两个大局，兼顾国家主权、安全、发展利益三者统一，加快提升海洋权益统筹维护能力。第二，运用法律规则维护海洋权益，定期更新维护钓鱼岛网站和南海网站，全面开展南沙岛礁生态系统和岛礁稳定性的监视监测与保护修复。第三，充分利用国际组织、国际条约等平台，维护我国在蓝色经济、极地、国际海底等领域的合法权益，以《海洋法公约》为法律依据和平解决争端。第四，向全球发展中国家、欠发达国家提供海洋高新技术的援助，以提升其海洋资源开发利用、海洋环境与生态保护、海洋管理和公益服务能力。第五，针对海上安全形势的转变，加强与其他沿海国家、地区进行合作，特别是在西非海岸、索马里半岛附近水域、红海和亚丁湾附近、孟加拉湾沿岸和东南亚水域五大区域，共同打击海盗和海上恐怖主义。值得一提的是，为坚决维护国家主权和海洋权益，更好统筹外交外事与涉海部门的资源和力量，根据 2018 年十三届全国人大一次会议最新通过的《深化党和国家机构改革方案》，将维护海洋权益工作纳入中央外事工作全局中统一谋划、统一部署，有关职责交由中央外事工作委员会及其办公室承担，①充分体现我国在海洋权益维护方面的力度进一步加大。

（三）探索践行科学有效的维权方法

1996 年 5 月，第八届全国人大常委会第 19 次会议通过决定，批准了《海洋法公约》，为我国加强海洋权益维护提供了法律依据。自此，我国海洋事业全面走向依法治海、面向世界和发展经济的轨道。强化海洋权益维护是建设海洋强国必不可少的外部条件，海洋权益不仅关乎我国领土主权的完整和民族尊严的维护，也关乎着我国未来的发展。在维护海洋权益问题上，我国依然会继续坚持双边谈判，既不会主动升级争端，也不会做出妥协或让步。因此，要刻不容缓地找出维护海洋权益的科学有效的方法。一是加强对争议海域和岛

---

① 新浪网："中共中央关于全面深化改革若干重大问题的决定"，来源于 http://news.sina.com.cn/o/2018-03-21/doc-ifysnkac6388582.html，最后访问日期：2018 年 3 月 21 日。

屿的主权宣示和实际控制。任何一个需要维护海洋权益的国家,公开宣示自己的主权是一项基础性工作,也是维护海洋权益的重要方法和手段。因此,对于当前我国与其他国家之间存在争议的海域、岛屿和资源问题,必须坚定地表达对于本该属于我国的海上权益、海上主权所具备的决心。目前,日本、越南、菲律宾等国不仅非法占领我国岛屿,还肆无忌惮地攫取岛屿周边的海域资源,并进行探测作业,形成了对岛屿控制的既有事实,企图混淆国际社会对其非法占有岛屿主权的认知。鉴于此,我国应在本属于我国权属的海域和岛屿加强主权的宣示,以实际行动进行加强对其的控制,对于我国已经实际控制的岛屿,可以在岛屿上建造基础设施,协调社会各界包括各路媒体共同进行宣传,营造舆论氛围。二是加强我国海防军事力量的建设和海上军事威慑。海洋权益的维护还需要充分发挥海军的力量,因此,必须建立有强大震慑力的现代化海防力量体系,确保我国的海洋权益不受侵犯。针对我国在黄海、东海和南海这三大海域不同的实际情况,分别组建相应的海上执法力量,增强我国海军的综合实力,协调好空军力量与海军力量的配合,更加高效便捷地处理突发事件,使我国的海防军事力量系统更加强大,在维护海洋权益上能够拥有最强硬的底牌。另外,要加强保障基地和信息化体系建设,下大力量在争议地区周边建设军事设施,展示海上军事威慑力,不仅为军事力量在管辖海域巡航执法提供保障,也能为我国渔船、探测船等作业船只的安全做好保障,践行军民融合发展理念。

四、为全球海洋治理贡献中国智慧与中国力量

作为世界海洋大国,我国一直以来在建设海洋强国的道路上大踏步迈进,近年来,随着综合国力的不断增强,我国在国际社会的地位显著提高,特别是在全球海洋治理体系的话语权和影响力日益凸显。党的十八大以来,以习近平同志为核心的党中央高屋建瓴,把建设海洋强国融入"两个一百年"奋斗目标,融入实现中华民族伟大复兴中国梦的征程之中。党的十九大将加快建设海洋强国放在更加突出重要的位置。在习近平海洋强国思想的引领下,我国深度参与全球海洋治理,践行构建人类命运共同体理念势在必行。在此背景下,我国应主动承担构建海洋命运共同体的责任,准确把握全球海洋治理的内涵及其运作机制,不断更新理念、主动作为,展现大国的担当,努力提高海洋治理的现代化水平,将影响力转换为话语权,扩大我国在国际海洋事务中的主导权,为全球海洋治理贡献中国智慧与中国力量。

(一) 聚焦核心问题,找准全球海洋治理的靶向

我国要在深度参与全球海洋治理的道路上实现跨越式前进,首先要坚持问题导向,找准薄弱环节,实现精准发力,以此方能制定切实可行、操作性强的治理方案和治理措施。当前,我国需要在以下几方面进行针对性研究:

首先,环境问题。进入 21 世纪以来,全球环境问题仍是困扰全球经济发展的首要问题,海洋环境同样受到污染的危害和生态的破坏。特别是近年来,海洋环境污染事件频频出现,如日本福岛核辐射给海洋生态系统造成巨大的危害,并对其他周边国家造成严重威胁。当前全球海洋环境治理内容涉及海洋酸化与气候变化、海洋垃圾与海洋污染、海洋生态与海洋健康等多个领域,涉及《海洋法公约》《生物多样性公约》及其他相关国际公约协定。全球气候变化是当今世界各国共同面临的严峻挑战,海洋生态系统也会随着气候变化发生一系列变化,进而造成全球海平面上升、海岸带湿地和宜居栖息地的丧失等严重后果。我国海洋开发中亦存在资源浪费、环境污染、生态破坏等现象,可见海洋可持续发展面临着严峻挑战。

其次,安全问题。当前,有的海洋权益纠纷和沿海国的国内政治局势、地区战略格局、大国政治博弈发生关联和耦合,成为国家内部、地区,甚至全球政治秩序中的不稳定因素。20 世纪 90 年代以来,世界上影响最大、范围最广,又难以解决的热点问题多发生在海洋或沿海地区,近年来,我国与周边国家的岛屿主权争端、海洋划界纠纷、海洋资源争夺、海洋技术转让等问题日益凸显,我国的海洋安全形势正发生复杂深刻的变化,海洋安全已成为我国周边安全的重点方向和主要现实威胁。我国在维护海洋权益、建设海洋强国方面面临着复杂形势和严峻挑战,解决海洋安全问题依然任重而道远。

再次,资源问题。众所周知,海洋资源非常丰富,包含渔业资源、石油天然气、海水资源、化学元素、盐业资源、海域海岛等,还有近年来发现的可燃冰等,这些都是可以服务于人类生产生活的自然资源。特别是深海大洋,海洋资源种类更多,产量更大。然而,随着部分沿海国家非法侵占公海资源,甚至闯入别国领海和专属经济区范围内肆意攫取各种资源,传统的观念也要随之打破,必须要超越资源、产业的传统思维,认识到资源问题不仅关乎海洋产业发展,更重要的是涉及海洋权益问题,因此,将资源问题也列为海洋治理的重要方面。

上述三类问题作为海洋治理的主攻方向,是迫切的,更是当务之急。我国要聚焦上述问题,以全球海洋治理结构的建立、完善为前提,积极做出回应,主

动采取措施,只有找准问题症结,才能靶向治理,真正为保护好我们共同的蓝色家园做出中国贡献。

(二) 贡献大国智慧,助力全球海洋治理体系建设

党的十九大提出,我国秉持共商、共建、共享的全球治理观,积极参与全球治理体系改革和建设。面对海洋事业发展的新形势、新变化,必须以习近平新时代中国特色社会主义思想为指导,坚持全面深化改革的原则与要求,改革不适应海洋治理实践要求的体制机制、法律法规,使之更加科学完善,善于运用制度和法律治理海洋,把制度优势转化为管理海洋的效能,构建中国特色的海洋治理体系,为全球海洋治理提供中国方案,贡献中国智慧。

一是树立新时代参与全球海洋治理的核心理念。习近平总书记指出:随着全球性挑战增多,加强全球治理、推进全球治理体制变革是大势所趋。因此,参与全球治理,是我国应对各种全球性挑战,参与维护国际秩序的重要举措,事关对发展战略制高点的争夺。对于海洋领域,也要一以贯之地深化参与全球治理理念,深刻领会习近平总书记新时代海洋强国思想和外交思想,结合推进21世纪海上丝绸之路和海洋强国建设实际,进一步提出体现中国特色的深度参与全球海洋治理的新理念,强化海洋可持续发展意识,对海洋资源开发、海洋环境保护、海洋安全防卫等统筹考虑,进一步完善高效有力的海洋管理体制机制,提升经略海洋的顶层设计能力,增强全民族的海洋观念和海洋战略意识、海洋国土意识、海洋权益意识。

二是挖掘蓝色经济发展的内在质量和内生动力。党的十九大明确提出,我国积极发展全球伙伴关系,扩大同各国的利益交汇点。构建蓝色伙伴关系的重要着力点就是大力发展蓝色经济。我国经济已成为高度依赖海洋的开放型经济,经济总量中的大部分分布在沿海区域。我国正在积极推动供给侧结构性改革这条主线,贯彻新发展理念,进一步优化海洋开发格局,拓展蓝色经济空间,加快海洋产业结构调整和区域布局,主动参与推动海洋经济全球化进程,完善优势互补、互利共赢的蓝色经济伙伴关系。另外,切实提高蓝色经济的科技创新支撑能力,在深海运载、探测等核心共性关键技术方面,加强联合科技攻关,将蓝色经济向深海区域拓展,提升深海资源开发能力和技术与装备的自主产业发展,提高海洋开发的科技水平。

三是发挥海洋生态文明建设在海洋治理中的作用。党的十九大报告中指出:"坚持环境友好,合作应对气候变化,保护好人类赖以生存的地球家园"。海洋生态环境的整治与保护已成为全球海洋治理的紧迫任务,2017年10月,

在马耳他召开的"我们的海洋"第四次会议上,我国在"海洋污染"议题中介绍了治理举措,呼吁全球加强海洋生态环境保护,得到了各方的认可和支持。因此,要树立人和自然的平等观,鼓励各国积极实施以生态系统为基础的海洋综合管理,共担海洋环境保护和灾害风险防御的责任,坚持用绿色发展理念统筹海洋开发与保护,下大力气治理海洋环境污染,维护和谐共生的海洋生态关系,积极应对气候变化,坚定履行《联合国气候变化框架公约》和《京都议定书》,践行"巴厘岛路线图",为呼吁各国步入海洋可持续发展的良性轨道做出努力,打造人海和谐的美丽海洋。

四是以坚持合作共赢为宗旨扩大全球海洋治理的参与度。党的十九大报告指出:"要相互尊重、平等协商,坚决摒弃冷战思维和强权政治。"因此,要加强与国际社会多层次、全方位的合作,利用"一带一路"、金砖峰会等创设新的海洋治理平台,推进跨国乃至全球范围合作,争取最强大的力量共同参与全球海洋治理。对于南海地区的争端,要加强对南海的主权控制及资源开发,重点解决海上安全与秩序问题,积极应对海洋安全战略新挑战,推进《南海各方行为宣言》的有效落实。此外,进一步完善涉及多层次和多种行为体的管理机制与问题解决机制,积极参与全球海洋治理机制改革,增进与其他国家在参与全球海洋治理方面的平等互信,全面提升我国参与全球海洋治理的能力和影响力。

(三)加强能力建设,优化全球海洋治理保障力量

理念最终还要体现在行动上,才能发挥其强大的威力。要保证深度参与全球海洋治理的理念落到实处,必须要增强驾驭海洋事务的本领,提高海洋治理的硬实力。因此,我国应抢抓参与和引领全球海洋治理的重大机遇期,紧紧围绕"加快建设海洋强国"这个核心目标,以维护国家安全与发展利益为宗旨,以时不我待、只争朝夕的劲头,全面提升我国深度参与全球海洋治理的现代化水平,在主要涉海治理机制中发挥关键作用,加强海洋法治体系建设,真正融入全球海洋治理体系,加强海上安全力量建设,维护我国海洋权益,助力实现中华民族伟大复兴的中国梦。

一是建立健全海洋法律法规。我国始终将依法治国作为基本方略,在国家治理上要求依法行政。作为《海洋法公约》的缔约国,我国应高度重视国际海洋法等法律文件,有效维护我国海洋权益。当前我国出台了大量有关海洋管理的法律法规,形成了涉海法律的基本框架,已建立实施《中华人民共和国领海及毗连区法》《中华人民共和国政府关于中华人民共和国领海基线的声

明》《中华人民共和国专属经济区和大陆架法》《中华人民共和国海域使用管理法》《中华人民共和国海洋环境保护法》等。2012 年 6 月,国务院批准设立地级三沙市;同年 9 月,根据《中华人民共和国领海及毗连区法》,我国宣布了钓鱼岛及其附属岛屿的领海基线;2017 年 2 月,国务院法制办就《中华人民共和国海上交通安全法》向社会各界征求意见。通过一系列措施,加强海洋立法,统筹规划海洋开发、利用与保护活动,将海域岛屿管理、海上执法以及海洋开发等纳入法治化轨道,积极参与建设国际海洋秩序。根据新时期海洋发展特征,要理顺海洋方面国内法与国际法间的关系,尽快制定衔接《海洋法公约》与国内法的综合性海洋基本法,进一步完善我国的海洋立法内容,特别是涉及海洋权益保护的相关配套法律法规,细化海洋基本法律制度。新的海洋法律体系要与我国的海洋执法实际需求相适应,要针对综合性海洋执法体系制定相应的法律法规,增强可操作性,[①]为处理海洋涉外纠纷、海洋维权工作提供有力的法律支持。

二是完善海洋执法合作体系。海洋力量的强弱成为衡量国家综合国力的指标之一,海洋执法体系是海洋管理体系的重要组成部分,海洋执法体系建设是为了保护国家海洋资源、海洋权益、海洋经济以及海洋环境等利益。而国家的海洋开发战略,表面上看是为了争取更多的海洋资源,实质上则是要对本国的海洋区域拥有绝对的控制权和支配权,防止别国侵占本国海洋权益。因此,在实施国家海洋战略时,必须下大力对当前的海洋执法体系进行改革,使之拥有更强的执法管理能力,进一步理顺海洋执法体系,建立维护国家海洋权益执法行为的责任制。建立完善海上执法合作机制,面对日益复杂化的国际关系格局,以及日益激烈的海洋权益、海洋安全竞争,加大海上执法力量势在必行。要加强与沿海各国的合作,加强与世界先进海上安全力量的合作交流,通过博采众长以增强我国海上执法力量,总结在打击海盗、人道主义救援、红海行动中的经验,共同在查处一般性违法、打击海上犯罪、搜救和赈灾等几个领域展开合作,打击海上违法行为,提高海上搜救能力和海疆的巡防能力。[②] 鉴于海岛、海上通道的特殊安全战略地位,应尽快建立海洋安全应急机制,保护海洋通道安全,有力保障海洋安全和主权完整。此外,应积极主动地参与有关海洋权益的国际组织活动,通过参与国际海洋环境保护合作和执法等方式开展合

---

① 梁媚:《新形势下我国海洋权益维护策略》,载《光明日报》2014 年 10 月 8 日,第 15 版。
② 林吉平:《浅析国家海洋权益的维护》,载《法制与社会》2009 年第 7 期,第 116 页。

法的环境保护活动,既体现出我国良好的国际形象,也展现我国作为负责任大国的政治气度和智慧。

三是强化海洋维权执法队伍。在广袤的海域中维护我国的海洋权益、保护海洋环境与资源,保障我国的海洋权益不受侵犯,需要拥有非常强大的海上力量,建立具有强大震慑力的现代化海防力量体系,必然要打造一支强有力、高水平的海洋执法队伍。因此,必须对海洋执法队伍进行改革。为推进海上统一执法,2013 年,中央作出了整合海上力量、组建海警队伍的重大决策部署,整合原中国海监、中国渔政、边防海警、海上缉私警察的队伍和职责,有效增强了海上执法力量。当前,我国海上热点问题频发,海洋安全形势极其严峻,要实现进一步稳固海防力量,增强海防实力的目标,必须统一海洋执法队伍的职能,建立一支能够独立全面履行各种海洋执法职能,全面落实海洋经济可持续发展和海洋强国发展战略的综合性海洋执法队伍,作为新时代参与全球海洋治理的生力军。同时,必须加强国防建设尤其是海军力量建设,全面提升海军的整体作战能力,充分发挥海军在维护国家海洋权益中的坚强后盾作用,确保海上战略威慑,以应对别国对我国海洋权益的挑战。此外,要加快执法装备的现代化进度,进一步提升我国海上执法的质量,构建常态化值守性海洋维权巡航机制,特别要加强对争议岛屿的维权执法巡航,开展无居民海岛专项执法行动,实施"海盾""碧海"专项执法行动,严厉打击非法围填海、破坏海洋环境等重大违法行为,确保违法行为早发现、早制止、早查处,实现我国海域执法检查无禁区、全覆盖、长震慑。

总之,走向海洋是世界沿海国家特别是发达国家相同的战略选择,全球海洋治理也成为当前国际海洋事务的重中之重,积极参与全球海洋治理成为海洋强国建设的重要任务。面对海洋事业发展的新形势、新变化、新要求,必须深入贯彻落实党的十九大关于"加快建设海洋强国"的战略部署,以构建新时代中国特色的海洋治理体系为关键,从国家发展的战略高度,充分认识海洋的重要性,立足海洋国土安全,深度参与全球海洋治理实践,履行主动作为的大国责任和义务。高举和平发展、合作共赢的旗帜,着力发展蓝色伙伴关系,切实维护国家海洋权益,有力提高海洋治理能力,为全面建成小康社会、实现中华民族伟大复兴中国梦提供坚实支撑。

The Exploration of A New Era of Deep Participation in the Global Ocean Governance

ZHANG Wenliang

Abstract: Under the background of the development of economic globalization and build a community of shared future for mankind, the marine plays an increasingly important role in the development of global economic and social. Especially in a new era, it is the general trend that Chinese deeply involved in global ocean governance. Based on the strategic significance of Chinese deeply involved in global ocean governance in a new era, this paper expounds the important connotation of Chinese deeply involved in global ocean governance with the 21st Century Maritime Silk Road, and analyzes the internal relation of the maintenance of maritime rights and interests to Chinese deeply involved in global ocean governance. In the last, the paper puts forward countermeasures for the global ocean governance with Chinese wisdom and Chinese power.

Keywords: ocean governance; maritime rights and interests; the Silk Road; maritime strategy

人类命运共同体与南极治理：南极治理机制危机挑战与制度因应

金 璐*

摘 要：南极是人类生存和可持续发展的新疆域。南极治理集中体现了全人类的共同利益。当前，南极治理面临着南极海域主权要求、南极法律执行困难以及人类活动多样化引发的商业与资源挑战。"人类命运共同体"思想以全人类共同发展为目标，倡导共存、共建、共享等价值理念，其独特优势在于这一思想能够兼容不同的价值理念，并兼顾不同群体的利益需求，与南极的治理需求高度契合，有利于解决南极治理的主要矛盾。国际社会长时期的和平状态以及非国家行为体的影响使得南极治理的差异具备可调和性，也要求更大的包容性，这使得"人类命运共同体"思想引领南极治理成为可能。面向未来，南极条约协商国有责任采取更加积极和建设性的应对措施，以确保南极国际治理机制持续稳定的向前发展。

关键词：人类命运共同体；南极治理；《南极条约》

---

* 金璐，女，浙江省杭州市人，广西民族大学法学院讲师，法学博士，主要研究方向：国际法。邮箱：jinlu1029@163.com。

一、逻辑前提：人类命运共同体之于南极治理

(一)人类命运共同体之内涵

人类命运共同体理念具有中西结合的人文积淀。"共同体"的概念最早出现在英国洛克的《政府论》中,而卢梭则大大发展了"社会契约论",并将"Community"这个词用在了"共同体"上代表人民。20世纪中叶,"共同体"伴随着现代欧洲一体化进程而进一步丰富内容,成为政治上互信、经济上互补、人文上互融的高度联合。"人类命运共同体"是中国政府反复强调的关于人类社会的新理念。人类命运共同体理念体现了东方智慧和传统文化传承。命运共同体理念源自中华文明历经沧桑、始终不变的"天下为公、大同世界"。自古以来,"和谐"是中华文明崇尚的传统文化,以"和"文化为代表的中国传统文化可谓源远流长。"和"文化本身蕴涵着中国古代"天人合一"的宇宙观念、"协和万邦"的国际关系观念以及"和而不同"的社会观念。它同时还蕴含着中国传统处世之道,如"己所不欲,勿施于人""四海之内皆兄弟"等理念。此外,"和"文化当中还蕴含着"穷则独善其身,达则兼济天下"的价值情怀。

人类命运共同体理念是"和平共处五项原则"的外交理论与"和谐世界"实践的深化与发展。"人类命运共同体"落脚于人类社会发展的终极目标,实现全人类福祉的共赢共享。2015年联合国成立70周年之际,国家主席习近平全面阐释了"人类命运共同体"的深刻内涵,即"建立平等相待、互商互谅的伙伴关系,营造公道正义、共建共享的安全格局,谋求开放创新、包容互惠的发展前景,促进和而不同、兼收并蓄的文明交流,构筑尊崇自然、绿色发展的生态体系。"①这是我国领导人有史以来首次在联合国舞台上系统阐述"人类命运共同体"的深刻内涵,可以说,它是习近平总书记外交战略思想体系中的"顶层设计",也是其不断完善中的"国际秩序观",标志着我国完成了从构建国际政治经济新秩序向打造"人类命运共同体"开展全球治理的新转变。2017年,第七十二届"联合国大会裁军与国际安全委员会会议"通过的《防止外空军备竞赛进一步切实措施》和《不首先在外空放置武器》两份决议中都明确采用了我国提出的构建人类命运共同体的理念,并认为这一理念与联合国宪章的宗旨、联合国共同安全的和平理念是高度一致的,这无疑给充满不确定性的全世界指

---

① 吴绮敏、杜尚泽、赵成、杜一菲:《让人类命运共同体理念照亮未来》,载《人民日报》2017年1月15日,第01版。

明了方向,提供了来自中国的方案,而且非常符合国际社会的共同利益。人类命运共同体理念的本质是要构建平等相待、万邦和谐、合作共赢的国际新秩序。

(二)人类命运共同体理论引领南极治理的可能性分析

人类有别于其他低级生命体在于其远远超越了满足最低限度下生活必需品的活动范围,即除了维持自身生存和繁衍的努力奋斗中,人类需不断致力于开创和维护文明这一伟大的集体事业。[1] 制约人们为文明而不断做出贡献的因素有很多,但影响人们最大程度发挥潜能致力于文明事业创造的首要因素便是"经济原则"。经济原则会促使人们在其生活的必要条件得到保障时放松追求和节省精力,[2]所以,一国的文明责任感只有克服"经济原则"的钳制,国家能力得到尽可能充分实现时才得以成就。[3] 完美的制度和规则建构起的文明社会,可以让人们在追求生活必需品之外,将剩余精力投注于合乎人类社会需要和文明发展的事业之中,也即在一个大体能够满足基本需求的有效制度社会,才有可能指导、鼓励促进人类文明进程的富有价值的活动和伟大事业中去。国际社会秩序的维护不仅需要全世界人民达成治理目标的共识,更需要构建实现这一目标的国际社会制度。这种社会制度从应然上能够满足人们对物质和精神方面的双重强烈愿望,否则,人类过剩的精力欲求就可能导致危险,并演化为不符合社会需要、破坏性的灾难,最后导致国际社会秩序的解体。[4]

人类命运共同体的构建离不开法治路径。国际新秩序的塑造往往直接影响着人类的命运。国际社会秩序的参与者及其之间的合作需要在法律框架内有序进行。这不仅包括内容上的法律原则、具体制度和技术措施;形式上包括双边、多边条约等规范;机制上包括法运行的体制、机制;主体上包括国家、国际组织等的积极参与与密切合作。[5] 中国在南极治理问题上有权做出决策和规则制定。中国率先提出人类命运共同体的思想,并被联合国认同,这意味着中国不但有渴望参与有价值的人类文明的事业,愿意为此献出一国的才能和服务,更意味着这种思想也得到了全球大多数国家的接受和认同。通过为国际组织确立高要求的条件,国际范围内的法律规则和制度就能为实现人类文

---

① Max Scheler, *Man's Place in Nature*, Boston: H. Meyerhoff, 1961, p.60.
② Alexander, *Our Age of Unreason*, Philadelphia, 1942, p.199.
③ Kurt Goldstein, *Human Nature in the Light of Psychopathology*, Mass.: Cambridge, 1951, p.113.
④ [美]博登海默:《法理学—法哲学与法学方法》,邓正来译,中国政法大学出版社 2010 年版,第 407 页。
⑤ 陈金钊:《"人类命运共同体"的法理诠释》,载《法学论坛》2018 年第 1 期,第 11 页。

明社会的美好生活做出间接贡献。未来南极的治理或将充满诸多不确定因素,中国作为世界文明史上有着 5 000 年文明发展历程的古老国度,在当前人类共同面临的南极治理问题下有责任贡献出来自中国的智慧和治理方案。

二、现状检视: 既有南极治理机制之分析

南极治理问题属于典型的全球公共事务治理的问题。南极不仅是地球上尚未开发的最后一片净土,而且它与全人类的利益息息相关。南极治理涉及对南极陆地、海域、底土的开发、利用及保护,南极气候稳定与人类可持续发展。南极需要国际社会的共同治理。

(一)南极治理机制的现状评估

当前南极治理机制的规则框架是围绕以《南极条约》为核心的条约体系。如果安全这一政治动因率先推动《南极条约》的缔结,那么,科学是打破南极主权争端胶着状态的抓手,形成了以美国为主导的南极政治安排,一改南极此前的政治生态。《南极条约》就是在这种大背景下公之于世。当前,南极治理主要针对领土主权、科研合作与信息交流、资源利用以及环境保护四个领域。南极治理机制主要包括《南极条约》,其他解决具体问题的专题条约及其附件,如《南极海豹保护公约》《南极海洋生物资源养护公约》等,还包括南极条约协商会议上制定的一系列决定、建议及措施。这些规范体系以《南极条约》为治理基础,其他规范为补充,形成整体规划和局部构建的总分关系。整体规划涵盖了南极治理范围、治理内容及组织架构,扮演着南极治理的"宪法"角色。局部构建囊括了诸如南极动植物保护、南极海洋生物资源养护、南极海豹保护,人类的南极矿产资源活动管理等内容。而具体领域自成子治理机制,机制之间保持着或紧密或独立的运行关系。常设机构设置上以南极协商国会议(ATCM)决策机制为核心,综合南极条约常务秘书处、南极海洋生物资源保护公约委员会(CCAMLR)及南极环境保护委员会(CEP)等常设机构于一体的南极体制正在有条不紊地运转。除此之外,《南极条约》具有广泛性、开放性的特征。不仅任何一个联合国组织成员国都可加入,而且在南极建立科考站或科学考察队的国家也都可以加入。南极条约协商国与非协商成员国的区别在于前者享有决策权,后者不享有决策权,但可以观察员的身份参加南极条约协商会议。决策是以南极条约协商成员国"协商一致"的方式表决通过规范文件得以实现。这些文件法律效力不同,"措施"有法律约束力;而"建议"则不具有法律约束力,但其具有指导意义。《南极条约》体系为缔约国创设了一定程度的国际法责

任。同时，为了监督缔约国确实履行条约义务，《南极条约》也创设了条约实施机制和条约执行机制。通过条约的审查机制、视察机制实现权利的保障与救济。《南极条约》规定：协商国"有权指派观察员执行本条所规定的任何视察"，"观察员有在任何时候进入南极洲的任何或所有地区的完全自由"，视察权利及于"地区内的一切工作站、设施和设备，以及在南极洲的货物或人员装卸点的一切船只和飞机"。

（二）《南极条约》的核心原则与主要内容

如今《南极条约》已经初步形成以 ATCM 为决策机构，以 CCAMLR 和 CEP 为专门机构以及南极条约常务秘书处在内的国际组织。围绕着主权冻结、自由科学研究及非军事化这三大捍卫《南极条约》体系的核心原则，当前国际社会逐渐形成南极治理的基础制度性框架。

就其原则的主要内容来看，首先，在主权冻结原则上，《南极条约》第 4 条予以明确规定。该原则构成《南极条约》最重要的内容。为了全人类的利益，南极不应成为国际纷争的场所和对象。《南极条约》的缔约国必须在主权冻结问题上达成一致的妥协。学理上，关于南极主权的探讨十分激烈。"人类共同继承遗产"学说与"无主地"说相互牵制。一定意义上，"人类共同继承遗产"构成了南极主权冻结原则的理论基础，同时也有助于维系主权冻结原则的持续化。《南极条约》的这一核心原则落实在具体规则中涵盖了强化"科学考察与合作；禁止一切具有军事性质的措施，如建立军事基地、建筑要塞、进行军事演习以及任何类型武器的试验等；禁止在南极进行任何核爆炸和在该区域处置放射性尘埃以及通过和平手段解决争端"等。然而，条约并"不禁止为了科学研究或任何其他和平目的而使用军事人员或军事设备"。①

其次，《南极条约》序言和正文明确规定和平利用原则。条约第 1 条规定："为了全人类的利益，南极应永远专为和平目的而使用"，"南极只用于和平目的"；第 5 条规定："禁止在南极进行任何核爆炸和在该区域处置放射性尘埃。"这些可以看作是对序言部分的落实与呼应。这些规定要求缔约国在南极的各种活动均得符合和平利用之目的。

再次，科学合作原则被国际社会普遍接受为各方可以有效开展政治治理的基石。作为《南极条约》的基本宗旨之一，科学合作自由与科学考察合作极大地促进了缔约国政府之间、缔约国政府与国际组织之间互相交换南极科学

---

① 陈力：《南极治理机制的挑战与变革》，载《国际观察》2014 年第 2 期，第 98 页。

规划情报、科学考察报告及成果;推动各考察队和各考察站之间交换科学人员、科学考察报告和成果,建立合作关系;同时,积极敦促缔约国政府提供有关南极科考、和平目的下的军事人员和设施的信息。

三、问题隐忧:南极治理机制面临的困境和挑战

(一)南极领土主权的新挑战:从陆地到海洋

《南极条约》主权冻结原则并没有彻底根除有关国家对于南极领土主权的觊觎。首先,从 19 世纪开始,伴随着世界各国的探险家陆续发现南极大陆的不同地区,英国、德国、新西兰、法国、南非、澳大利亚、巴西、阿根廷等 10 个国家的政府先后对南极洲的部分地区提出正式主权要求,于是,这块冰封万年的宁静世界被国际纠纷所打破。《南极条约》的通过只是暂时冻结了南极的领土主权问题,但实际上它并没有否定。然而,一波未平一波又起,伴随着《联合国海洋法公约》的通过,从海洋出发的领土要求剑拔弩张。南极大陆领土的问题虽被冻结,但又引发了外大陆架领土争夺的要求,南极领土主权问题卷土重来。因《联合国海洋法公约》就《南极条约》未予着墨的大陆周边海洋的专属经济区、大陆架等问题做出了详细规定,于是,南极领土主张国又纷纷向联合国大陆架界限委员会提交各自对于南极外大陆架划界的提案,这些国家企图通过对大陆架的领土主权要求强化其在南极的领土主权声明。

(二)南极条约体系执法机制的挑战

法律规范的实效性离不开规范的约束力。法律的强制力是法律作为社会和平与正义捍卫者的实质所在。一项法律规范的实效性决定了该规范是否被人们认真遵守,是否在实际上得到实施。南极治理亦如此。目前,《南极条约》的体系执法机制由两条路径来保证实施。国际法方面的执行是由条约规定的视察机制保障;国内法方面的执行主要依赖缔约国通过国内立法保证实施。然而,由于南极特殊的地理环境和法律地位,使得其在国际和国内两方面的执法机制上都遭遇一定程度的瓶颈。这种局限性首先表现在视察机制上。《南极条约》创设了视察制度,它是南极条约体系赋予成员国的国际法权利。视察制度亦是一种监督机制,它既保持了南极条约体系的稳定,又敦促缔约国遵守条约义务。[①] 南极条约体系对视察制度的规定过于笼统和原则,对视察权的界定较为模糊不清,例如,对于统一标准与具体要求未作出规定、对违反条约义

---

① 陈力:《论南极条约体系的法律实施与执行》,载《极地研究》2017 年第 4 期,第 532 页。

务的缔约国缺乏必要的制裁等。从国内法角度审视,南极条约体系的具体实施均需要缔约国的国内立法予以支持与配合。但基于南极主权冻结,有关国家无法在南极行驶属地管辖权,这给缔约国在南极的管理活动带来了不便和挑战。毕竟缔约国需要从本国出发至遥远的南极来行使管辖权,其地理位置、自然环境和执法成本均给南极治理带来了巨大的障碍。

(三) 南极商业化活动带来的困扰

当前,规制南极旅游问题的主要条约为南极条约协商国会议制定的相应措施和决议。南极条约协商国会议于 2011 年颁布了《南极游客总指南》第三号决议,作为规范南极旅游的秩序。此外,南极旅游运营协会的决议对南极旅游的规范也起到举足轻重的约束作用。南极旅游运营协会所制订的章程已被南极条约协商国会议所接受,并成为相关的决议。然而,受时代的限制,签订于 20 世纪 50 年代的《南极条约》未能预见到世界经济发展给南极的旅游和生物勘探所带来的重大影响,使得南极治理面临巨大的压力和挑战。例如,南极游客数量的激增、游客产生的垃圾污染、南极旅游安全事项等问题亟待解决。此外,随着南极生物勘探活动的急剧增加,还引发了法律、伦理方面的诸多问题。例如,南极洲生物资源所有权的归属问题、生物资源开发利用效能问题、生物勘探的环境评估问题,等等。由于各国在南极生物勘探活动所产生的法律问题的复杂性,给南极的法理带来了巨大的挑战。而南极旅游运营协会尚未形成具有法律约束力的文件,这就产生了一个法律问题的空档。

(四) 南极治理机制碎片化

治理的碎片化问题是一直困扰南极治理的突出问题。所谓南极治理的碎片化,即各国在探讨南极治理问题时,不能够在同一个平台上进行,而是各自将问题放在不同的体系和框架下来解决。谈到南极治理碎片化问题,不得不提及南极的国际治理制度。南极国际治理机制由 1959 年《南极条约》为主体及其他条约共同组成,包括《南极海洋生物资源养护公约》《关于环境保护的南极条约议定书》《南极海豹保护公约》以及《南极动植物养护议定措施》等。此外,还包括南极条约协商会会议上制定的条款和措施。这些条约主要围绕《南极条约》进行补充和扩展,彼此之间既联系又相对独立。这些条约在条约管辖范围、管理机制以及缔约国准入制度方面存在诸多区别。这就出现一个现象,同一问题却在不同平台、不同的议事机制和缔约国之间各自进行。这种议事机制仅仅针对某一问题而出台相应的管理机制,缺乏整体性和系统性,很难形成一个系统化的管理制度,从而导致南极的治理出现碎片化。① 例如,《南极海豹公约》仅仅是为了拯救海豹而出台的措施,而《南极海洋生物资源养护公约》则主要保护南极洲及海域范围内的海洋生物资源。而且,有些公约因南极条约协商国的反对而被束之高阁,因治理碎片化而被搁浅的公约并不鲜见,如《南极矿产资源活动管理公约》便是一例。因此,如何推动南极治理机制的系统化、一体化则成为未来南极治理的方向。

四、机制重构:人类命运共同体理念指导下的南极治理路径选择

人类命运共同体作为互利共生、合作共赢的全新理念,不仅可以成为构建南极治理新机制的创新理念,而且在实效上无疑更有利于南极的体系化、规范化治理。本部分将从社会建构主义"观念—身份—利益—机制"的理论逻辑出发,构建来自中国的南极"人类命运共同体机制"。

(一)"命运共同体"理念对南极治理机制创新的指导价值

在"国家观念—国家身份—国家利益—国家行为"的建构逻辑下,三种不同的社会观分别决定了三种不同的国家身份认定,进而对应形成了三种不同的国家利益关切;同时基于各自的国家利益,最终又引发出不同的国家行为来捍卫各自的国家利益。① 敌对的社会观——敌人——零和博弈的利益观——无限使用暴力和权力政治等行为;② 竞争的社会观——对手——个人利益观——维护主权、有限使用暴力、注重绝对收益;③ 友好的社会观——朋友——共同体利益观——非暴力及互助原则下的多元安全共同体和集体安全体系。应该说,"人类命运共同体"当被作为一种互相尊重、平等相待的社会观念时,它就已开始发挥最重要的建构作用,所以,观念是第一性的,物质性客观因素才是第二性的。这两者的顺序不能倒置。在南极治理的问题上,除了互相尊重、平等相待以外,该理念还包含了共同、综合、合作与可持续的安全观。

人类命运共同体理念下国家之间身份的定位不是鱼死网破的敌对关系,也不是明争暗斗的竞争关系,而是正确的义利观。南极是世界上唯一没有被污染的净土,为了维护南极的健康发展,各个国家必须齐心协力、同舟共济,构建起一种平等、均衡的新型发展伙伴国家关系,才能共同建设更美好的人类南极家园。人类命运共同体理念下的国家利益不是狭隘的"小国"私利,也并非一方获利,一方失利的零和博弈,而是追求合作共赢、共同发展的国际社会共

---

① 石伟华:《既有南极治理机制分析》,载《极地研究》2013年第1期,第91页。

同体利益观。国家利益的产生，既不是与生俱来，也不是外生于自身体系结构，而是内生于自身体系结构的力量而产生的。在国家利益的产生过程中，国家层面的观念性因素起了决定性的作用。在南极治理问题上，这种国际社会共同体利益观体现为维护人类共同利益与实现自身利益的辩证统一。为了人类命运共同体，中国必然会有更大的国际担当，也会从人类长远发展的角度出发，积极维护人类在南极的共同利益。

南极以其独特的地理特征和气候环境，对全球的气候乃至人类的生存有着重要影响。南极治理是一项庞大的系统工程，势必需要规范各个缔约国和国际组织的行为。在既有《南极条约》体系下，如要避免执行难、实施难、制裁难的困境，实现指引或纠偏越轨的国家行为，不应该从构建逻辑的最末端，即国家行为来进行干预，而宜从国家利益的认定上，将指引行为的国家利益判断作为调整国家行为的抓手。温特的建构主义强调"国家利益是建构的，而非先天自生的，增强了国家利益内容的确定性、合理性，它坚持从整体主义视角上协调不同行为体间的利益冲突、利益矛盾，从而化解冲突、矛盾"，"由国际共享的规范和价值塑造国际政治生活并赋予国家利益"。①

（二）人类命运共同体理念对南极治理的顶层优化

建立在《南极条约》基础上的国际法治是人类命运共同体在南极治理问题上的实践路径。前文已经厘清人类命运共同体构建的理论基础。在此基础之上，如何探寻南极治理的法治化路径、如何在人类命运共同体下构建对南极治理的发展方向，成为亟待解决的问题。

首先，南极人类命运共同体理念对南极资源分配的优化。南极人类命运共同体机制倡导的是一种"和谐共生""共同发展""增进人类共同利益"为理念的国际共生机制。在南极资源分配的优化上，该机制提倡南极治理主体在追求本国利益的时候，也要兼顾其他国家的利益，以实现共生发展。鉴于南极资源的稀缺性，基于人类命运共同体的理念为出发点，南极利益分配必须顾及他国的生存底线，胸怀其他成员国发展的愿望，在南极人类命运共同机制下强化共同体的责任。这种共同体责任让南极治理主体有义务、有职责调配相应的南极公共资源和公共产品，自觉接受《南极条约》以及其他体系下的规范的约束，以破解南极环境保护集体合作中存在的困境，从而实现南极资源的优化分配。

其次，"人类命运共同体"理念下南极治理主体的优化。治理主体方面，除了

---

① ［美］温特：《国际政治的社会理论》，秦亚青译，上海人民出版社 2008 年版，第 121—150 页。

国家主体、国际政府组织和国际非政府组织外,还应包括潜在的治理主体,比如未来在南极事务中扮演重要角色的企业实体、科学家组织和旅行者个人等。治理主体的优化将有利于对南极在更广泛和细致领域开展体系化和网络化治理,这也是与南极事务的发展趋势相适应的。人类命运共同体维护符合人类共同福祉的利益,因而会得到大家的认同,从而使其反过来具有更强大的号召能力和强制约束力。以"人类命运共同体"理念孕育下南极治理主体将在新的约束性共生机制框架内从事南极活动。在面临未知的更大体量下的利益诉求与冲突时,该理念内化为在承认对相关国家南极资源和南极权利的同时,承认者自己也同时获得相应的权利,以促进在不同南极治理主体间的和谐共生与共谋发展。

再次,南极人类命运共同体机制对南极治理体系机制的优化。南极现行的治理理念及机制在解决南极治理中存在的环境保护、资源分配等问题上存在软肋。针对未来可能出现的新型问题和南极事务,在人类命运共同体理念下构建的新机制势必会不断克服当前出现的专门问题治理与碎片化治理模式下内生的障碍。人类命运共同体下创建的新机制会更多地呈现治理体系化和治理网络化。这种机制与过去依托地缘政治理念、区域治理理念、全球治理理念主导的机制无论是在主体上,还是在领域、实效性等问题上皆存有差异。人类命运共同体理念及其主导机制还应覆盖更为广泛的治理领域,不仅包括传统领域,如政治、经济和安全等传统领域,也包括非传统领域,如环境、社会、文化等非传统领域。

（三）积极推动各国联合申明反对南极主权要求

受"主权冻结"原则的影响,南极条约体系至今仍未被授予安全防范功能。如今,南极地区的主权争端已经开始涉及世界的大国,面临着激烈的外交冲突,甚至潜藏着军事冲突。许多国家已经开始对南极的主权提出要求,对南极洲大陆附近的海域、海底及底土提出自己的主要诉求。南极地区再也不是一块白色的净土,而是成为世界经济军事大国暗流涌动的场域,成为世界新的不稳定高危区域。例如,《南极条约》生效之后,美国立即把如何维护南极条约体系的稳定性列为他的主要战略目标,成为美国在南极实现自己利益的依托。安全防范功能的缺失是当前南极条约体系当中亟待解决的问题。因此,应当在南极条约现有的体系框架内来探讨南极各种安全危机的应对。虽然南极地区的非军事化等安全机制受到挑战,但在目前南极安全稳定方面依然起了一定的积极作用。把非军事化问题上升到安全化问题的程度,其目的是希望国家面对日益严重的非军事化安全挑战,从而对相应的活动,特别是对南极主权提出要求的行为。有鉴于此，我国政府应当积极推动各国联合反对南极主权要求，继续维护南极条约体系，明确无论是否是成员国，均必须严格遵照南极条约体系的管辖范围进行活动，必须严格服从南极条约体系的约束，从而从长远战略角度来保障我国在南极地区的国家利益。

（四）积极推动建立南极区域特别保护区

当前，国际社会对于南极的科学考察奉行的是一种潜规则，即谁最先对某一区域进行科学考察，谁就可以对该区域享有优先的建站权利，这就形成了南极科考的国际惯例。各国在南极均积极借助南极条约体系规则建设科学考察站，作为在南极地区存在的重要手段。这种手段目前最流行的做法是建立南极特别保护区和南极特别管理区。在这些保护区或管理区内，科学研究、管理事务主要以申请建立保护区和管理区的国家为主。在《南极条约》当前禁止提出新的领土要求的前提下，在广阔的南极地区建立特别保护区成为各国间接占据南极、划分自己势力范围的不二选择。因此，能否在南极建立一个特别保护区和管理区，则成为衡量一国参与南极事务水平和程序的重要标志。鉴于此，我国政府应当从战略层面重视南极区域特别保护区和管理的建设工作。南极特别保护区和管理区的推进需要从顶层设计着手，国家积极推动各部门的协调工作，包括规划、勘探、环评、选址等一系列工作，为我国在南极地区的科研和开发打下战略储备。

五、余论

人类命运共同体理念如何具化，进而实现南极治理的规范化？以实现有价值的文明目标为导向，通过合作努力实现宏大文明目标，而不能将有限的时间、精力长久浪费在来自与个体或群体的冲突斗争中，也不能消耗在时刻警惕和防范挑衅行为、掠夺行为之中。南极治理的规范化有利于人类在生活条件方面创造安全领域，在更高层次上有利于增进人类社会单元内部的和谐与和平。真正伟大的法律制度是以具体和妥当的方式将刚性和灵活性完美结合的法律。在这些制度框架内，法律原则、具体制度和技术把稳定连续的特长同发展变化的利益联系起来，从而获得一种在不利情形下也能长期存在和避免灾难的能力。[1] 人类命运共同体理念主导的南极治理规则制度构建宜优先考虑

---

[1] ［美］博登海默：《法理学—法哲学与法学方法》，邓正来译，中国政法大学出版社 2010 年版，第424 页。

中国方案。首先,大体上应依托南极条约体系的基本规则和原则,但这些制度框架必须立足于正义观念。其次,在对一些特殊南极事项治理上,必须严格遵循强制性规范。比如,南极领土主权问题与具体的环境保护问题。再次,面对无法避免的南极利益冲突下南极规范的实施上,强调"调解正义"。因为如采用强制性的法律控制不但会诱使问题的激化,反而会无法形成国际社会的凝聚力来阻止分裂;而通过对抗制的诉讼表现出"非此即彼""胜诉方全得"的哲学,本质上体现出法律僵化的零和博弈。与此相对,调解机制不鼓励对抗,不在僵化冰冷的纯粹法律视阈内寻求法律赋予的权利,而采用一种内在契合法律原则与法律价值,但对外表征为自愿妥协和迁就对方的友好克制思维下解决利益冲突问题,最终实现双赢。从零和游戏走向双赢,要求各方面要有真诚合作的精神和勇气,在合作中互商互谅。人类命运共同体理念对于人类社会整体价值的追求具有恒久性。正是基于对于人类命运的共同关切,以人类社会价值维护为原则不断深化共同体权利,逐步确立和充实共同体义务,以法治方式实现人类命运共同体的价值,才能逐步实现人类命运共同体的构建目标。

Community of Common Destiny and Antarctic Governance: Crisis Challenge and Institutional Response of the Antarctic Governance Mechanism

JIN Lu

Abstract: The Antarctic is the global new frontier of human survival and sustainable development, which embodies the common interests and common concerns of mankind. At present, Antarctic governance is facing the challenge of commercial and resource challenges caused by the territorial claims of Antarctic waters, the difficulty of the implementation of Antarctic law and the diversity of human activities. "Human destiny community" thoughts to human common development as the goal, advocates coexistence, and sharing, such as value concept, its unique advantage is the idea compatible with different value concept and balancing the interests of different groups, and governance of Antarctica demand highly fit, is advantageous to the main contradiction in the Antarctic governance.

International peace over a long period of time and the influence of non-state actors differences of the Antarctic governance have reconcilability, also calls for more inclusive, which makes to the idea of "human destiny community" lead the Antarctic management possible. Facing the future, the Antarctic treaty consultative state should take more active and constructive measures to ensure the steady and steady development of the Antarctic international governance mechanism.

Keywords：Community of common destiny；Antarctic governance；Antarctic treat

南极海洋保护区建设进程对于《联合国海洋法公约》下国家管辖外海域生物多样性养护和可持续利用国际协定的启示

陈冀俍*

摘　要：南极海洋保护区的建设被视为公海保护区建设的领先者，对其他公海保护区的建设具有一定的示范效益。2018年开启的《联合国海洋法公约》下国家管辖外海域生物多样性养护和可持续利用（BBNJ）国际协定的政府间谈判，包括海洋保护区在内的海洋划区工具是谈判的主要议题之一。本文通过梳理几个南极海洋保护区提案本身的特点及其讨论进程，识别出一些可供研究 BBNJ 框架下海洋保护区制度参考的一些经验，并对 BBNJ 海洋保护区制度提出初步展望。

关键词：国家管辖范围以外区域海洋生物多样性；公海保护区；南极海洋生物资源养护公约

---

* 陈冀俍，创绿研究院研究员。主要研究方向：极地与公海治理、气候变化。邮箱：jiliang@ghub.org。

一、BBNJ 的背景以及南极海洋保护区的相关性

（一）BBNJ 的谈判历程

近年来，海洋保护逐渐成为国际环境政治中的热点议题，海洋保护不仅被列入到联合国 2030 的可持续发展目标之内，海洋议题也被要求加入到《联合国气候变化框架公约》①的讨论日程中。2017 年，联合国召开了首次海洋大会，②推动国际社会为扭转海洋衰退的趋势做出了自愿承诺。在这些进展中，最引人注目的就是历经 10 年的工作组会议和 2 年的预备委员会会议后，联合国大会决定于 2018 年正式启动 1982 年《联合国海洋法公约》（简称《公约》）下关于国家管辖外海域生物多样性养护与可持续利用（BBNJ）的具有法律约束力的国际文书的政府间谈判。③

《公约》从空间上划分了海洋的国家管辖范围，在国家管家范围之外的海床和洋底及其底土是"人类共同继承财产"，由国际海底管理局代表全人类行使"区域"内资源的一切权利。④ 而国家管辖海域外的水体（即公海）及生活在其中的生物资源的管理则是在发展了 1958 年《公海公约》的"公海自由"原则⑤的基础上，由行业的国际组织和区域的国际组织，例如，国际海事组织、区域渔业组织，来承担规制的责任。但是，此类组织的管理并不总是根植于可持续性，他们经常没有充分考虑到捕捞活动对更广泛海洋环境的影响，而碎片化的制度工具和机构之间缺乏协调和一体化考量。多年来，国际社会对于过度捕捞和对渔业资源存在枯竭风险的担忧一直在提升。同时，随着深海热液喷泉及其周边的独特生态系统的发现，开发深海基因资源也引起了各国广泛的兴趣，随之而来的还有对环境保护的担忧和发展中国家对能力建设和技术转让

---

① 《联合国气候变化框架公约》1992 年通过，1994 年生效，旨在促进包括减排和适应在内的应对气候变化的国内行动和国际合作的框架性条约。公约秘书处位于德国波恩。在该公约下又陆续通过了《京都议定书》（1995 年）和《巴黎协定》（2015 年）来推进公约目标的落实。

② 联合国海洋大会于 2017 年 6 月 5—6 月 9 日在纽约举行，该会议旨在推动《2030 年可持续发展议程》中的"目标 14：保护和可持续利用海洋和海洋资源以促进可持续发展"的落实。本次大会举行了 18 次全体会议，7 场合作伙伴对话，150 场边会，41 次展览，促成了一系列成果性文件，包括 22 个具体的举措，以管理全球承诺和合作伙伴关系。各成员国在塑料污染、科技创新、可持续渔业方面提交了 1 200 多个自愿承诺，并通过了一份"行动呼吁"，显示了全球在维持海洋可持续性方面的政治意愿。

③ 参见第 72 届联大决议 72/249。

④ 参见《公约》第 11 部分。

⑤ 参见《公约》第 86 条。

的需求等问题。国际社会的这些关切和现实需求是联合国开启 BBNJ 讨论的大背景,也是形成 BBNJ 核心议题的基础。

(二) 海洋保护区/划区管理工具问题简述

2011 年,联大特设工作组第四次会议向联大提交的建议中提出了作为"一揽子"的 BBNJ 四大议题:① 海洋基因资源(MGRs),包括惠益分享的问题;② 环境影响评价;③ 划区管理工具(ABMT),包括海洋保护区(MPA);④ 能力建设与海洋技术转让。[①] 不同的谈判集团对这几个议题的侧重并不相同,划区管理工具和海洋保护区是欧盟试图推进的议题,而海洋基因资源则是发展中国家希望推进的议题,[②]将这几个议题一起放在一揽子议题中是各方妥协的结果。[③]

在 BBNJ 谈判进程中,一些基本概念的定义和范畴依然在讨论中,其中包括海洋保护区(MPA)和划区管理工具的定义。目前对于 MPA 最常用的定义来自世界自然保育联盟 IUCN 对自然保护区的定义:"自然保护区是具有清晰地理范围界定,通过法律和其他有效方式认可,明确和管理,以实现对自然和相关生态系统服务和文化的长期养护",海洋的这类区域就被称为海洋保护区。此定义已广泛地被政府及非政府组织所采用。

公海上现存的划区管理工具一般是单个行业部门的或者区域性的管理措施,例如,国际海事组织设立的"敏感海域",国际捕鲸委员会所设立的"禁捕区"等。而海洋保护区作为一种全行业的海洋划区管理工具的,是一种综合管理的工具,需要多部门的协调与合作,是解决上文提到的"碎片化"问题的手段之一。[④] 同时,一旦海洋保护区设立在《公约》的框架下,就会对所有

---

① 参见"第 66 届联合国大会议程 77(a),不限成员名额非正式特设工作组共同主席给大会主席的信",来源于 http://www.un.org/zh/documents/view_doc.asp? symbol=A/66/119,最后访问日期:2018 年 6 月 13 日。

② 参见胡学东:"BBNJ 国际谈判的基础问题与解决途径",来源于中国大洋矿产资源研究开发协会网站,http://www.comra.org/2017-12/13/content_40104103.htm? f=pad&a=true,最后访问日期:2018 年 6 月 13 日。

③ IDDRI: A long and winding road: International discussions on the governance of marine biodiversity in areas beyond national jurisdiction, 2013.

④ IUCN, An International Instrument on Conservation and Sustainable Use of Biodiversity in Marine Areas beyond National Jurisdiction Exploring Different Elements to Consider PAPER V: "Understanding Area-based Management Tools and Marine Protected Areas", available at http://cmsdata.iucn.org/downloads/paper_v_understanding_abmt_and_mpa.pdf, last visited on 13 June, 2018.

的《公约》缔约国都产生效力,也解决了现有的区域性工具无法约束非缔约方的问题。

公海保护区与现存国家管辖范围内的海洋保护区有一定的区别。首先,是生态系统的类型不同,一般而言,由于海底地形的原因,远海的营养程度较沿岸海域低,公海渔业的捕捞物种很多是长距离洄游的鱼类,因此,生态系统进程覆盖的地域尺度更大;其次,公海远离大陆,监督和执法成本较高;再次,法律上的设立和管理主体不同,公海需要平衡更多相关方的利益。

(三)本文解决的问题

目前,BBNJ 下对于海洋保护区的讨论所主要聚焦于以下几个方面:① 海洋保护区的定义;② 保护与利用平衡的问题;③ 与现有机制的协调问题;④ 科学依据的问题。BBNJ 下讨论海洋保护区和划区工具的谈判目标不是立即设立相应的保护区制度,而是为将来的公海保护区设立工作提供一个介于原则和措施之间的框架。

本文试图以南极海洋保护区的谈判为案例,分析原则和措施在对接过程中产生的经验和出现的问题,对 BBNJ 法律文书在划区工具保护区问题上的要素提出一些展望。

(四)南极海洋保护区与 BBNJ 的区别与联系

现有的公海保护区为研究 BBNJ 的保护区制度提供了丰富的资料。范晓婷、桂静等曾专门梳理公海保护区的法律发展与实践经验,把南大洋的南奥克尼群岛南部大陆架海洋保护区称为第一个真正意义上的公海保护区。①但是,由于成文时间的原因,该研究对 2016 年通过的罗斯海海洋保护区没有讨论。

本文基于南极海洋保护区的案例展开讨论,有如下几个原因:首先,南极海洋保护区进展速度较快,已经设立了两个大规模的海洋保护区,还有两个提案在讨论中,一个提案在开发中;其次,南极海洋保护区的规模较大,牵涉的利益复杂,BBNJ 海洋保护区讨论的一些焦点在南极海洋保护区的谈判中也已经有所讨论。

南极海洋保护区与 BBNJ 海洋保护区也存在一些在讨论中需要注意的明显的不同之处。第一,在法律框架内,南极条约体系有一套相对独立于联合国

---

① 参见范晓婷主编:《公海保护区的法律与实践》,海洋出版社 2015 年版,第 112 页。

的机制和传统;第二,南极的渔业是少有的未充分开发的渔业,需要抑制的既得经济利益相对较小;第三,南极海洋保护区的目标是保护生态系统适应气候变化的适应力(resilience),而不是恢复受损的鱼类种群,这是与现有的大部分海洋保护区的重大区别。

二、南极海洋保护区谈判进程回顾

(一)南极海洋保护区的进程简述

人类在南极的活动处于南极条约体系的规制之下。1959 年签订的《南极条约》和其后在其基础上通过的多项公约,以及在历次南极条约协商会议上通过的具有法律效力的各项建议措施,统称为南极条约体系。作为南极条约体系的核心和基础,《南极条约》承认为了全人类的利益,南极应永远专为和平目的而使用,同时,应该在南极科学调查自由的基础上继续和发展科学研究的国际合作。管理环绕南极海域的《南极海洋生物资源养护公约》(CAMLR 公约)及其委员会(CCAMLR)就是南极条约体系的一部分。CCAMLR 是由《南极条约》的协商国在 20 世纪 70 年代出于对磷虾捕捞的忧虑而谈判产生的国际组织。因其规制的对象是渔船,有时会被视为一个区域渔业组织(RFMO)。然而,CCAMLR 与一般的渔业组织至少有两个明显的区别:首先,CCAMLR作为南极条约体系的一部分,与南极条约协商会议①(ATCM)和环境保护委员会(CEP)都保持着密切的联系与互动;其次,CCAMLR 的成员中有很多不是捕鱼的国家,而不是像区域渔业组织一样必须"对渔业真正感兴趣"②才能进入。

CCAMLR 的制度设计体现出"科学支持决策"的思维。从发现养护到决定养护措施,需要经过科学工作组—科学委员会—委员会的层层讨论,最后要在委员会经过协商一致的情况下做出决策。海洋保护区的进程也遵循了这一工作模式。唐建业把南极海洋保护区的进程归纳为四个阶段:① 2000—2004年起步阶段。海洋保护区(整体工作,而不是具体的保护区提案)开始在工作组讨论,并进入了科学委员会和委员会的议程;② 2005—2008 年展开研讨阶段。CCAMLR 组织了多次研讨会,CEP 也参与进来;③ 2009—2011 年提案

---

① 南极条约协商会议通过采取措施、决定和决议来使《南极条约》及其《环境保护议定书》的原则发挥作用,为南极条约区域的管理提供规制和指导。

② 参见《联合国海洋法公约》第 8 条,有关养护和管理跨界鱼类种群和高度洄游鱼类种群的规定的协定。

萌芽阶段。多个保护区提案相继出现,其中,南奥克尼群岛南部大陆架保护区提案在 2009 年的年会上提出,当年就得到了通过,2011 年,科学会员会讨论了三个区域的四份保护区提案,并通过了《养护措施 91 - 04:关于建立海洋保护区的一般性框架》,①试图为以后保护区谈判提供指导;④ 2014 年—目前僵持阶段。② 关于海洋保护区的关键分歧长期没有解决,尽管罗斯海海洋保护区的提案在美国超常的外交努力下在 2016 年获得通过,③但是从 2017 年的谈判进展来看,一些关键的分歧依然存在。

(二) 保护区提案的规模和方式

CCAMLR 在 2011 年通过的《养护措施 91 - 04:建立南极海洋保护区的一般框架》中提到建设保护区的目的在于:

(1) 保护典型的海洋生态系统、生物多样性和栖息地适当的规模,保持它们的长期生存能力和完整性;

(2) 保护关键的生态系统进程、栖息地和物种,包括种群数量和生命史各阶段;

(3) 建立科学参考区域,监测自然变异性和长期变化,或监测捕捞和其他人类活动对南极海洋生物资源以及它们所组成的生态系统的影响;

(4) 保护易受人类活动影响的区域,包括独特的、罕有的或高度生物多样性的栖息地和特性;

(5) 保护对当地生态系统功能有关键意义的特性;

(6) 保护各区域,维持其对气候变化影响的恢复力或适应能力。

表 1 呈现了已经通过的和正在提案中的保护区的生态系统特点、保护区设立的规模和禁渔区的面积。从表 1 中可以看到,南大洋的生态系统所具有的特别的保护价值,也可以看到除了南奥克尼群岛的海洋保护区,其他保护区的规模巨大,都是百万平方公里级别的。

---

① CCAMLR 的养护措施列表,来源于 https://www.ccamlr.org/en/conservation-and-management/browse-conservation-measures,最后访问日期:2018 年 6 月 13 日。

② 唐建业:《南极海洋保护区建设及法律政治争论》,载《极地研究》2016 年第 3 期,第 370—380 页。该文中这一阶段是划分到 2014 年,本文根据最新的谈判进展有所调整。

③ Jianye Tang, *China's engagement in the establishment of marine protected areas in the Southern Ocean: From reactive to active*, Marine Policy, Volume 75, 2017, pp.68 - 74.

表1　南极海洋保护区生态系统特点、面积和捕鱼限制

地区	生 态 系 统 特 点	总面积/全面禁捕面积
南奥克尼	南奥克尼群岛物种丰富。这里有1 224种已知的海洋物种。这里有代表性的底栖和远洋栖息地和一系列的栖息地,包括季节性冰区;更深海洋水域;初级生产力高的地区;附近地区和企鹅觅食区。 这里的海底地貌形态包括跨架谷地、大陆架、平缓的架坡、海底山脊、浅平的海洋和深海山脊。深海山脊在1 000—4 000米深度范围内,在CCAMLR MPA规划区1中很少见。值得注意的是,底栖生物地区主要包括生物多样性栖息地。南奥克尼群岛的海洋物种约占在南大洋发现的全部海洋物种的20%。	9.4万平方公里/9.4万平方公里
罗斯海	罗斯海是南极幅合带以南最大的大陆架生态系统。虽然罗斯海的面积只占到南大洋总面积的2%,但那里的生物多样性却要比南极大部分其他地区都要丰富得多。当地的生态系统具有很多特质,而且较少受到人类活动的影响,因此,有人将这里称为生物多样性"热点"。生活在这里的物种包括: ● 全世界38%的阿德利企鹅 ● 全世界26%的帝企鹅 ● 全世界30%以上的南极海燕 ● 全世界6%的南极小须鲸 ● 南太平洋45%的威德尔海豹 ● 全世界50%的罗斯海虎鲸(C型) 处于罗斯海食物链最顶端的鱼类掠食者是南极犬牙鱼。这种鱼在罗斯海生态系统中所扮演的角色与其他生态系统中鲨鱼所扮演的角色比较类似。尽管人们已经对这种鱼的生理构造进行了详尽的研究,但关于其生活史的许多细节问题还是没有能够得到确证。	206万平方公里/122万平方公里
东南极	南极东部大陆架上很多地区的物理及生物特征各不相同。这些地区分别是为Gunnerus、Enderby、Prydz、Drygalski、Wilkes、Mac Robertson以及d'Urville Sea-Mertz。作为一个整体,这些地区拥有许多独特的海底和深海景观,包括大陆架深海生态系统、大陆脊、软体动物生物多样性"热点"、海底山、峡谷以及一个很可能是幼年磷虾繁育场的地区。海底山地区往往生活着丰富的生物种群,d'Urville SeaMertz地区东部的海底山理应得到更多的保护。这里的南极磷虾吸引了大批的雪海燕、食蟹海豹和企鹅。至少有5 000对帝企鹅(emperor penguin)在此繁殖后代,上万只帝企鹅在此地区栖息。	95万平方公里/多重利用,讨论中

（续表）

地区	生态系统特点	总面积/全面禁捕面积
威德尔海	威德尔海是南极洲东西部之间一片广袤而深邃的海湾。部分得益于威德尔涡流（Weddell Gyre，庞大的龙尼−菲尔希纳冰架北边的一个巨型顺时针涡流）的影响，这一地区生意盎然。冰架北边的海面往往漂满海冰，这就为磷虾提供了理想的栖息地，也为哺乳动物、鱼类和海鸟提供了良好的捕食场所。威德尔海拥有丰富的生物多样性。从浅海大陆架直至深海区域，到处都是生命的痕迹，每次取样探险都能发现数十种新物种。威德尔海深海区独特而多样的生态环境尚未遭受人类的破坏。	180 万平方公里/讨论中
西南极半岛	南极半岛西部是地球上变暖速度最快的地区之一，其年平均气温与 1950 年相比升高了 2.8℃。如果这种变暖趋势持续下去的话，那么，在不久的将来，这一地区大部分的冬季海冰都将完全消失，会对南极半岛西部的生态系统和生物种群造成严重影响。南极半岛及其附属岛屿有着丰富的生物多样性，分布着南大洋最大的几块南极磷虾聚集地。由于拥有丰富的磷虾资源，这一地区成了许多企鹅、海豹和鲸类繁殖及觅食的场所。 同时，南大洋磷虾捕捞业（主要在南极半岛附近海域作业）却取得了近 20 年来最大的丰收，其捕获量甚至还有可能进一步提高。	讨论中

资料来源：除了南奥克尼群岛的信息，其他生态系统的信息来自南极海洋联盟报告：《南大洋的传承：罗斯海和环极海区保护愿景》；Global Ocean Refuge System；"南奥克尼群岛南大陆架海洋保护区评估报告"，来源于 https://globaloceanrefuge.org/wp-content/uploads/2017/06/ER_2017_South_Orkney_170618.pdf，最后访问日期：2018 年 6 月 13 日。

（三）南极条约体系之内关于海洋保护区议题的互动

CCAMLR 是南极条约体系的一部分。南极条约协商会议在 2006 年还专门通过了一项名为《南极条约体系中的 CCAMLR》的决议，要求缔约方"定期在 ATCM 上反思 CCAMLR 为南极条约体系所做的贡献，包括养护和保护南极环境"。[①] CCAMLR 的委员会和科学委员（SC-CCAMLR）与 ATCM、CEP以及 SCAR 等机构都保持着持续的工作关系。

《南极海洋生物资源养护公约》（《CAMLR 公约》）的谈判是由 ATCM 推动的。出于对 20 世纪六七十年代开始的南极磷虾渔业引起了的忧虑，ATCM启动了针对《CAMLR 公约》的谈判。[②] 除了纳米比亚之外所有 CCAMLR 成员都是南极条约的协商国，CCAMLR 事务在国内的负责部门多与南极条约的

---

① ATCM XXIX，决议 1，2006 年。
② ATCM VIII，建议 10；ATCM IX，建议 10。

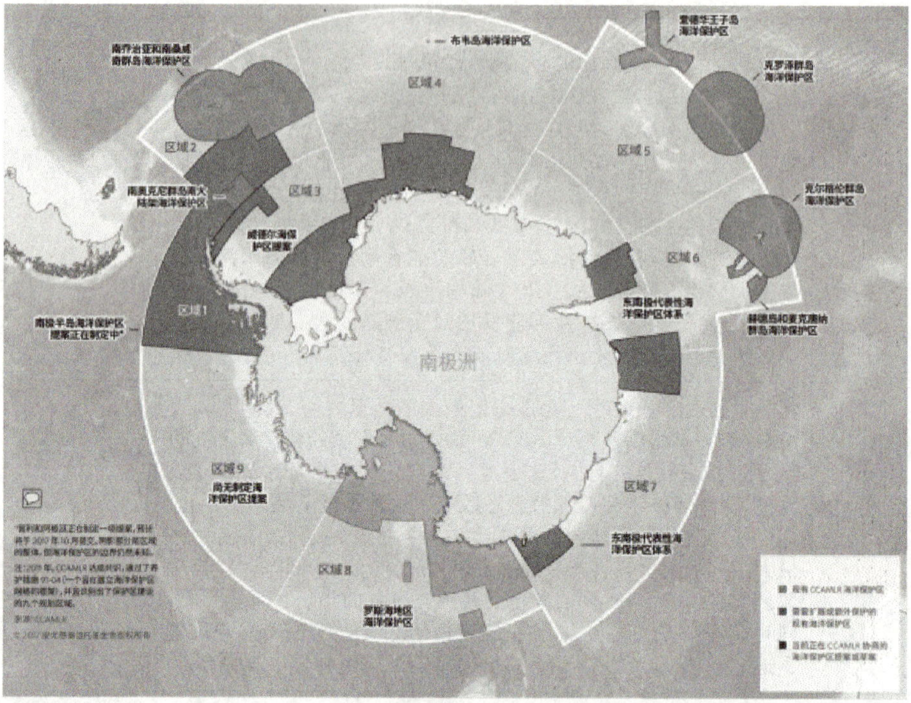

图 1　南极海洋保护区的分布

资料来源：皮尤慈善信托，2017。

负责部门相重合,很多官员同时是 CCAMLR 和 ATCM 的代表。这意味着首先两个机构之间的信息沟通是紧密的,而且当关键争论出现的时候,两个会议可以相互成为对方议题的非正式沟通场合。

ATCM 关于海洋环境保护问题寻求 CCAMLR 的建议。2009 年,CCAMLR 年会上讨论的 CCAMLR－XXVIII/32 号文件就是对 ATCM 希望要求国际海事组织(IMO)修改南极特殊地区的边界而征求意见的回应。①

极地是全球变暖最快的区域,而极地的变化又影响着全球,因此,气候变化是南极环境保护的核心议题和关键背景。ATCM 和 CCAMLR 在气候变化问题上持续寻求协作,已经召开了两次以气候变化为主题的联合研讨会。②

① CCAMLR－XXVIII,14.8－14.12.
② "CEP－SC－CCAMLR 联合研讨会报告", available at https://www.scar.org/scar_media/documents/meetings/34scar2016/34_IP17_CEP-SCCAMLR_Report.pdf, last visited on 13 June, 2018.

ATCM 和 CCAMLR 互派执行秘书作为观察员参加对方的会议,确保双方对彼此相关的进展都能实时准确掌握。

两者在海洋保护区议题上的互动体现在如下方面:在科研准备阶段,CEP和 CCAMLR 组成生物区化研讨会的指导委员会①(2006 年);在谈判僵持阶段,ATCM 多次讨论海洋保护区议题;2013 年,ATCM 主席国比利时提交了49 号工作文件《南极条约体系综合海洋保护区体系建设中的作用》,并试图推动一项敦促海洋保护区建设的决议,但未获通过;2014 年,俄罗斯在 ATCM 上提交了 20 号工作文件《南极条约内的海洋保护区》,认为 ATCM 在海洋保护区建设中需要发挥更重要的作用。这是在会议上直接讨论南极海洋保护区议题的案例之一;2017 年,ATCM 通过了决议 5,赞赏罗斯海海洋保护区的通过,并支持南极海洋保护区进程。

总体而言,尽管 ATCM 是一个更高位,而且具有总览性的涉及南极治理的平台,但是,它实际上把设立海洋保护区的决策权交给了 CCAMLR,同时,在进程中依然与 CCAMLR 保持着紧密的沟通。

(四)提案主体和方式

从提案主体上来看,有些提案是由一个国家单独提出的,例如,2009 年的南奥克尼群岛南大陆架保护区(英国)、2012 年的冰架崩塌区保护区提案(英国),以及 2016 年的威德尔海保护区提案(德国代表欧盟)。也有同一个区域由两方分别提案的,例如,2012 年的罗斯海保护区提案。多方联合提案中有的是从开始时就联合的,例如,东南极保护区提案(澳大利亚、欧盟和法国)以及西南极半岛保护区提案(阿根廷和智利),也有在会议中各方建议下联合的,例如,美国和新西兰的罗斯海提案,还有个别要求加入的案例,例如,挪威就提出过希望能成为威德尔海保护区提案的联合提案国。从效果上来看,联合提案的方式会得到更多的支持,多方合作可以动员更强大的外交资源,也容易争取不同利益群体(捕鱼国和非捕鱼国)的支持。

从提案方式上看,提案国直接把提案提交科学委员会讨论,之后再提交委员会审议的传统模式在僵持阶段遇到了很大的阻力。一些国家可能仅仅因为自己参与不够,对提案理解不够充分就采取拖延谈判的战术。阿根廷和智利在开发西南极半岛保护区的时候,并不急于拿出一个提案,而是提出一个初步

---

① http://www.penguinscience.com/CCAMLR4.pdf,last visited on 13 June, 2018.

的设想,然后邀请多方组成联合专家组,在提出提案前先开展充分的讨论。①

(五) 主要争论

1. 科学基础的充分性(科学与决策的关系)

科学依据,或者说基线数据量与保护区具体规划之间的关系是技术性的分歧之一。从目前的提案来看,相对于罗斯海,东南极海洋保护区的提案区属于"数据薄弱"(data-poor)的区域,因此,采用的方法是利用具有代表性的海底地形作为划分的依据。这一方案在 2010 年初步提出的时候就遭到了一定的反对,②但是,澳大利亚仍然坚持将采用这种方式的提案提交到委员会来讨论,经过多年的讨论和修改,依然没有得到中国和俄罗斯的认可。因为数据基础薄弱,东南极保护区提案受到的批评包括:① 面积太大;② 养护需求不明确;③ 目标笼统。③ 归结起来就是质疑建立保护区的必要性。同时,在南极海洋保护区的谈判进程中,"CCAMLR 管辖水域已经相当于 IUCN 第四类保护区"的观点被反复提及,也是用来质疑建设保护区的必要性。IUCN 在 2015 年正式对此观点进行反驳。④

2. 养护与合理利用的关系(保护与利用的平衡)

从 2015 年的罗斯海和东南极保护区提案与捕捞限额的实际分布情况来看,保护区与原有渔场的交叠面积并不大,保护区并没有降低原有的捕捞限额,而只是转移了部分的捕鱼努力。新西兰作为捕鱼国家,设计保护区提案时已经在国内与捕鱼企业进行了协商,让出了渔获最丰富的区域,如图 2 所示。罗斯海一度存在新西兰和美国两个提案,也是因为在如何平衡捕鱼的利益问题上没有达成一致,可以看到合并后的提案是二者妥协的结果。而东南极保护区则是采用"多重利用"的管理方式,在与保护区目标一致的前提下,允许不同形式的利用。⑤

法律上,海洋保护区的支持方与反对方围绕《CAMLR 公约》第 2 条中"养护包括合理利用"的条款展开了激烈论战。反对方认为该条款承认了捕鱼国的捕鱼权利,⑥而支持方则援引当年参与该公约谈判的专家观点来澄清当时订

---

① CCAMLR - XXXVI, 2.14.
② CCAMLR - XXIX, 7.1 - 7.20.
③ CCAMLR - XXXVI, 8.36, 8.37.
④ CCAMLR - XXXIV, 5.84 - 5.88.
⑤ CCAMLR - XXXVI, 8.40; CCAMLR - XXXVI/17.
⑥ CCAMLR - XXXIII, 7.52.

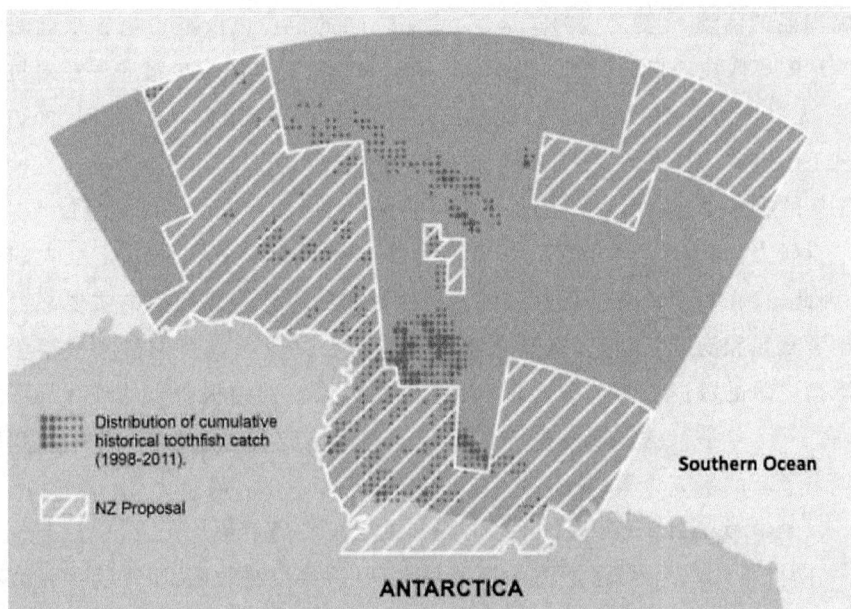

图 2　2012 年的新西兰罗斯海保护区提案

资料来源：南极海洋联盟。

立条约的目的和纳入"养护包括合理利用"条款的原因。①

在谈判中,也出现了一些试图"平衡"保护与利用的具体方案。例如,在海洋保护区之外开放原来暂停捕鱼的小型研究单元(SSRU);②另一个例子是在原有的罗斯海保护区提案的边界以西增设"磷虾研究区",这一建议获得了中国对于罗斯海保护区提案的支持。③

3. 具体的研究和管理计划的落实(保护雄心与国际经济现实的妥协)

南极海洋保护区还面临着管理面积巨大与监测能力、科研经费之间的矛盾。监管遥远而且广袤的区域对执法的可行性和有效性提出了挑战。管理工作预算的不足可能导致大型海洋保护区成为"纸面上的保护区"。

监测方面,CCAMLR 目前主要是通过观察员体系、渔船监测系统(VMS)、来

---

① Bob Hofman:"The Intent of Article II of the CAMLR Convention", available at https://www. asoc. org/storage/documents/Meetings/CCAMLR/symposium/Official_version_Article-II-of-the-CAMLR-Convention-ASOC.pdf, last visited on 13 June, 2018.

② CCAMLR - XXXIV, 5.45.

③ "南极事务　中国积极发声",来源于 http://news. takungpao. com/paper/q/2015/1108/3233065. html,最后访问日期: 2018 年 5 月 15 日。

监督渔船的活动,①辅之以海军巡逻、渔船之间的定位以及港口措施来确保划区管理的有效性。自动识别系统(AIS)和 RADAR 卫星图像也被应用在对抗于非法、无报告、无管制的渔业(IUU)的工作。这些现有措施为海洋保护区的边界管理工作提供了基本的支持。海洋保护区的额外管理成本可能不容易从这些现有工作的成本中区别出来,②但是更严格的保护往往意味着更高的资金投入。

科研方面,南大洋面积广大,本来海洋生态系统数据收集就是巨大的挑战,因此,存在不少数据缺乏的区域。在南大洋的海洋生态研究的主要平台是科学考察船和渔船,保护区内禁止捕鱼意味着公共资金支持的科学考察船需要承担更多的数据收集任务。而实际上大部分国家的南极研究的预算都不宽裕,在 2017 年举行的罗斯海海洋保护区管理和研究研讨会上,只有中国和韩国提出了新的研究方案。③

4. 地缘政治的关切(保护雄心与国际政治现实的妥协)

《南极条约》"冻结"了原有的领土主张,但是并没有取消,原来的主张国在国内仍然可以保持这个主张,只是国际上不予以承认。④ 因此,尽管在南极各国的工作人员和科学家之间确实保持着良好的沟通和合作,基于地缘政治的担忧从未在南极治理中消失。

一些国家在自己的专属经济区内设立大规模的海洋保护区被视为通过设立环境责任来强化国家在海洋空间中的主权。⑤ 在原有的领土主张没有消失的情况下,在南极海域提案设立保护区不免招致类似的疑虑。从图 3 可以看到,南极海洋保护区的提案与提案国原有的领土主张的扇区是大致对应的(新西兰—罗斯海,澳大利亚—东南极)。这种情况可能是无法避免的,因为存在历史上的这种渊源或者地理上的毗邻,提案国才会在相应海域有更多活动以积累更多的数据作为发言权的基础。⑥ 但是,这种对应关系不免引发非提案国或者非主张国对于提案背后地缘政治因素的担忧。俄罗斯在 2014 年递交

---

① 养护措施 10-04。

② Miller, D, et al., *Monitoring, control and surveillance of protected areas and specially managed areas in the marine domain*, Marine Policy, Volume 39, 2013, pp.64-71.

③ SC-XXXVI-07。

④ 参见《南极条约》第四条。

⑤ Leenhardt, P et al., The rise of large-scale marine protected areas: Conservation or geopolitics? Ocean & Coastal Management xxx, 2013, pp.1-7.

⑥ 陈冀俍:《中国在南极海洋保护中的角色》,载刘鉴强主编:《中国环境发展报告》(2015),社会科学文献出版社 2015 年版,第 167 页。

ATCM 的文件中就直接指出:"考虑到已签署《南极条约》和《南极海洋生物资源养护公约》的七个国家早年提出了对南极洲的领土主张,俄罗斯不得不考虑这些国家将海洋保护区作为一种工具来对早先提出领土主张的地区建立地缘政治控制的可能性。"①

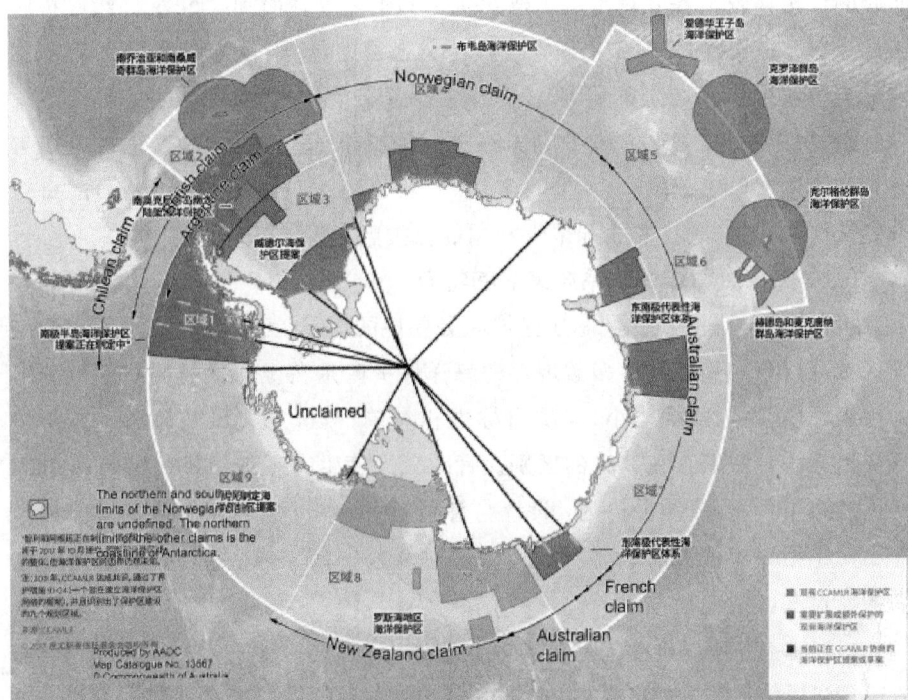

图 3　南极领土主张扇面与保护区提案

从通过的罗斯海海洋保护区的方案来看,实际上是通过给保护区设置期限来解决了这个问题。原本保护区提案中的方案是不设保护区的终止期限,通过定期审查来对保护区的设置进行调整。这意味着需要委员会协商一致②才能取消保护区,而达成的妥协则设定了一个 35 年的期限,到期后,需要委员会协商一致才能延续保护。这一安排因为确保了有地缘政治担忧国家在未来的否决权而得到通过。③

---

① ATCM - XXXVII,20 号工作文件,2014 年。

② 即所有成员同意。

③ 参见创绿研究院博客:"最后的海洋,保护 35 年够不够?",来源于 http://ghub.blog.caixin.com/archives/153432,最后访问日期:2018 年 5 月 15 日。

三、南极海洋保护区进程对于 BBNJ 的参考意义

(一) 海洋保护区的定义

"海洋保护区"的定义也是南极海洋保护区谈判中时常出现的问题。对此问题的讨论体现出各方对于这个概念认识的不一致。而 IUCN 对自然保护区的分类意味着海洋保护区本来是一个含义丰富的概念,意味着需要针对不同的保护价值采取有区别的管理手段。这个意义上的"海洋保护区"实际上与"划区管理工具"没有很大的分别。在这种情况下,在立法中可以也许可以考虑在这两个术语中选取一个,同时采用"海洋保留地"(marine reserve)的概念来定义严格保护、禁止商业开采性利用的保护区。

(二) 大尺度海洋生态系统保护的特点

谈判中针对科学依据,设立保护区必要性的质疑,可能是来自国内小型海洋保护区建设的经验。大多数现存的海洋保护区是在威胁比较明确的情况下的被动回应,不仅规模较小,保护目标也相对单一,这与大尺度海洋生态保护区在目标和方法上存在一定的区别。针对大尺度生态系统保护的特点,IUCN专门发布了《大型海洋保护区:设计与管理指南》,其中提到:大型海洋保护区并不比小型保护区更加重要,但是,很多时候他们的需求、挑战和效益是有区别的。这些区别包括:[①]

(1) 涵盖整个海洋生态系统和生态过程;

(2) 涵盖足够大的区域,以保护许多迁徙物种的重要栖息地;

(3) 面对气候不确定性,制定预防措施;

(4) 充当天然实验室并提供科学基线,以增加我们对当地和全球压力源之间差异的理解;

(5) 保护广泛的文化空间,例如,传统的航行路线。

因此,尽管设立大型和小型海洋保护区需要考虑科学基础及应用预警原则,但是,与小型的海洋保护区相比,设立大型海洋保护区需要考虑更多、更大尺度的因素,包括海洋暖化和酸化背景下生态系统的适应和变迁。

(三) 科学基础、养护需求和预警原则

建立海洋保护区需要坚实的科学基础,但这并不意味着需要充分的科学

---

① IUCN:"大型海洋保护区:设计与管理指南",来源于 https://portals.iucn.org/library/sites/library/files/documents/PAG-026.pdf,最后访问日期:2018 年 6 月 13 日。

证据来证明威胁的存在。预警原则要求只要对不可逆危害的风险存在合理的怀疑,科学证据的不充分就不能成为阻止采取成本有效的措施的理由。[①] Nowlis 和 Fridlander(2004)认为应该从风险最小化的角度来看待保护区。而风险最小化需要的是较大的海洋保护区或者保护区网络。[②] Edgar 等比较了 87 个不同的海洋保护区的效果,认为海洋保护区要产生积极的作用,需要具备这些条件完全禁捕、执法良好、长时间(10 年以上)、大面积(100 平方公里以上),以及被沙地或者深水所隔绝。如果海洋保护区仅仅具备上述特质的 1—2 项,这些保护区从生态学上很难与渔业区区分开来。[③]

所以,关于科学证据的真实问题是:如何让管理措施与相关的环境风险相适应,同时,管理措施的灵活性上与科学上的不确定性相适应。在这方面,CCAMLR《养护措施 91-04:关于建立 CCAMLR 海洋保护区的总体框架》,以及之后日本提出的"设立 CCAMLR 海洋保护区的标准化程序"[④]提案都为建立一般性原则和具体措施之间的桥梁提供了有益的经验。

(四) 与现有机制的协调

在 BBNJ 的谈判中,对于未来协定下海洋保护区和划区工具的决策模式出现了三种提议:① 全球模式。主张建立一个全球机构进行统一管理和决策。其优势在于统一规划管理,有利于全球海洋综合治理,但一些问题,例如,如何处理与现有区域组织的关系则难以解决;② 区域模式。强调区域主体的决策权,不需要全球层面的监管,要发挥区域组织的作用并利用其已有经验。但这种模式基本是在维持现状,国际社会参与度低、碎片化的缺陷已呈现,也不适应经济全球化的发展趋势;③ 混合模式主张通过加强区域合作机制,同时提供全球指导和监管。这一框架有利于统一标准和指南的制定与推行,也利于发挥区域组织作用。但作为一种折中的作法,混合模式的效力难以保证,全球框架与区域组织之间的关系也很难理顺。[⑤]

ATCM 与 CCAMLR 之间在海洋保护区问题上的协作可能介于混合模式和区域模式之间,一方面,ATCM 把设立海洋保护区的决策权完全交

---

① 参见《里约地球宣言》原则十五。

② Nowlis. J, Fridlander. A:《海洋自然保护区》,海洋出版社 2008 年版,第 113 页。

③ Edgar. G et al., Global conservation outcomes depend on marine protected areas with five key features, Nature, 2014, Vol.506, p.216.

④ CCAMLR - XXXIII/27; CCAMLR - XXXIV/19.

⑤ 胡学东:"BBNJ 国际谈判的基础问题与解决途径",来源于 http://www.comra.org/2017 - 12/13/content_40104103.htm,最后访问日期:2018 年 5 月 15 日。

给了 CCAMLR;另一方面,CCAMLR 成员与 ATCM 活跃协商国的高度重合,也就是说两者不仅彼此信任,而且对于问题的认识基本一致,这是提高谈判效率的有利条件。对于 BBNJ 协定而言,矛盾在于 BBNJ 协定的缔约方有 100 多个国家,而实地开展工作的区域组织可能只有几十个成员。外界国家对于区域组织的信任并不天然成立,而且两者对于养护需求的认识可能并不一致。

由于最终执行保护区措施可能还是要依靠区域性和行业性的组织,本着权利与义务对等的原则,势必要赋予区域专业组织相对应的决策权利。尽管事实上,来自外界(非南极条约国家)对南极生物资源的关注曾经对于《CAMLR 公约》的形成产生了促进作用,①但是,这些国家并没有渠道或能力,实质性地对该公约的制定作出贡献。

解决信息不对称问题的关键是需要一个知识管理的机制,来确保 BBNJ 协定与区域组织对于所需要应对的问题有一个统一的认识,并在决策程序中确保区域组织在措施提案中融入全人类的整体利益。一个第三方的专家评估机构可以发挥相关的作用。

(五) 保护与利用的平衡

保护区与渔业的关系。MPA 并不一定是完全禁渔的,关键还是看其保护的目标。在有些情况下禁渔是合理的,而有些情况下开展某些类型的捕鱼也是合理的。南极保护区提案不对目前的捕捞限额产生影响,只是对捕捞区域做出限制。但是,BBNJ 的保护区覆盖的渔场开发程度较高,可能需要对捕捞量或者捕捞努力做出更多的限制。从南极海洋保护区谈判的经验来看,挑战还是在于统一各方对养护需求和风险的认识。基于统一的认识才能务实地进行利益交换,缺乏这种谈判的基础就会导致在原则和概念这些法律问题花费更多的时间展开争论。

(六) 保护雄心与国际政治现实的平衡

国际社会对于公海生物多样性保护的雄心主要源自海洋生物多样性所面临的严重问题,而回应行动的国际合作则有赖于国家之间的信任状态和国家能投入的资源量。现实情况是后者在当下的实际能力未必足以回应科学所提出的保护需要。这一冲突体现在南极海洋保护区谈判中,也体现在全球气候

---

① Gardam J G., Management regimes for Antarctic marine living resources: an Australian Perspective, Melbourne University Law Review, 1985, 15, pp.279 – 312.

治理进程中。在 2009 年以前,欧盟试图在《联合国气候变化框架公约》下推动基于气候变化减缓的需要,按照全球减排总目标自上而下分配的合作范式,这一努力在哥本哈根气候会议上遭到了失败。究其根本原因,是因为全球的行动意愿和能力实际上无法一步到位,难以满足解决问题的需要。吸取了这一教训,2015 年达成的《巴黎气候协定》采取的就是国家展自主行动(自下而上)与全球盘点(自上而下)相结合的模式,①在规则制定上取得了成功。南极的海洋保护区也存在着雄心很大,但是东西方之间的不信任依然存在的问题,对于研究和监测的预算也不充足。罗斯海海洋保护区的通过可以说也体现了自上而下和自下而上相结合的范式。可以预见,其他公海设立保护区的进程也会遇到同样的矛盾,所以,在制度设计中可能需要按照"力所能及,循序渐进,及时评估反馈"的原则,及时促成可能科学上不完美,但是,具有实质养护意义的行动。希望一蹴而就,反而可能会浪费宝贵的谈判时间。

四、结语

BBNJ 保护区的所牵涉的范围和行业较为复杂,划区管理工具议题的结果也不仅取决于自身的进展,很大程度上也有赖于其他议题,例如,海洋基因资源的谈判进展。南极海洋保护区的经验只能从渔业管理和国际政治的角度给出一些启示。大型海洋保护区的建设逻辑与已有的小规模保护区有所区别,不能直接照搬原有的经验。设立 BBNJ 海洋保护区的一般性原则是清楚的。这些原则包括:预警原则、生态系统方法、以科学为基础、公开透明、包容兼顾、可持续发展等,但是,在具体制度和程序设计中应用这些原则的方式需要创新,特别是需要建立知识管理的部门以推动对具体养护需求的共同认识,把讨论集中在实质性的事务上。因为重要的不仅是措施本身,还有采取措施的及时性。对于海洋生物多样性保护而言,一个及时但是不完美的起点很可能要好过迟到的最优方案。

---

① Devès. M et al., *Why the IPCC should evolve in response to the UNFCCC bottom-up strategy adopted in Paris? An opinion from the French Association for Disaster Risk Reduction*, Environmental Science & Policy, Volume 78, 2017, pp.142 – 148.

Lessons from the Process of Establishing Marine Protected Areas in the Southern Ocean for the International Legally Binding Instrument on the Conservation and Sustainable Use of Marine Biodiversity of Areas Beyond National Jurisdiction under the UN Convention on the Law of the Sea

CHEN Jiliang

Abstract: The process of establishing marine protected areas (MPAs) in the Southern Ocean is seen as the forerunner of high sea conservation. It provides valuable lessons for the establishment of MPAs in other parts of international waters. In 2018, the intergovernmental negotiations on an international legally binding instrument (ILBI) on the conservation and sustainable use of marine biodiversity of areas beyond national jurisdiction (BBNJ) under the UN Convention on the Law of the Sea (UNCLOS) will be launched. Area based management tools, including marine protected areas, is one of the main agenda item. In this paper, by analyzing the features and the processing of the proposal for MPAs in the Southern Ocean, some experiences are identified for further research on the MPA regime under BBNJ. Based on such analysis, this paper also provides a preliminary outlook for the BBNJ MPA regime.

Keywords: CCAMLR; BBNJ; MPA

南海聚焦

南海问题的起源、发展及演变

吴士存*

　　摘　要：对于中国而言，南海不仅是国家安全的"天然屏障"，以及建设海洋强国和21世纪"海上丝绸之路"的重要载体，而且还是重要的出海口、战略通道、未来能源接续区和资源基地。由于地缘政治、资源争夺、《联合国海洋法公约》自身的先天性缺陷、殖民主义和大国争霸等因素，南海争端呈现出愈演愈烈的态势。当下，虽然我国塑造和把控南海局势的能力明显提升、《南海行为准则》磋商进程加快、中菲关系也进一步改善、美日澳越等域内外国家推动南海局势升温渐趋力不从心。但是，在南海问题上，中国仍然面临海上维权、仲裁裁决负面影响、规制制定以及南海话语权等多方面的挑战。有鉴于此，今后我国既需制定长远的战略规划，又要主动作为，在切实维护南海领土主权和海洋权益的同时，探索构建符合中国战略诉求的地区政治与安全秩序。

　　关键词：南海；南海争端；南海形势；海上维权；南海仲裁案；《联合国海洋法公约》

---

* 吴士存，江苏大丰人，中国南海研究院院长、博士生导师、研究员。兼任中国—东南亚南海研究中心理事会主席、中国特色自由贸易港研究院副院长、南京大学中国南海研究协同创新中心副主任等职。主要研究方向：南海史地、海洋划界、国际关系与地区安全战略。

一、引言

近一段时间以来，南海形势发展呈现出许多新的特点，"降温、趋缓、回归、合作"的基本判断没有变；南海形势正在发生对中国有利变化的趋势没有变；中国掌控南海事务主导权能力不断提升的格局没有变。与此同时，中国与菲律宾、越南、马来西亚等有关国家围绕南沙部分岛礁的领土主权及相关海域管辖权主张存在争议，这一核心问题并未解决；美国、日本等域外国家在南海的利益诉求也没有变，因此，未来南海形势的发展仍然面临诸多不确定、不稳定因素。

要想深入洞察今天南海形势的内在特点及其未来可能走向，有必要系统回顾南海问题的发展历程，包括有关争议产生的原因等。本文将从三个方面进行梳理和阐述：一是介绍南海的重要性及南海问题的缘起；二是当前南海形势的特点及未来走向；三是中国南海维权领域所面临的挑战。本文认为，未来中国经略南海需要着眼于几十年之后的长远布局，抓住有利时机，主动作为，在注重维护我国重大利益和权益的同时，探索构建新的地区政治、安全秩序，以实现南海地区的长治久安，是实现中华民族伟大复兴的应有之义。

二、南海的战略地位及南海问题的缘起

（一）南海对中国的战略意义

对中国而言，南海具有以下几个方面的重要性：

1. 它是保障我国国家安全的"天然屏障"

中国主张管辖的海域北起渤海、黄海，经东海和台湾岛，直至南海，形成一个南北跨越 38 个纬度（约北纬 41 度～北纬 3 度）的狭长海域，海岸线全长 1 800 千米，堪称亚洲国家最长的纵向"海廊"。相对中国庞大的陆地体量而言，北部海上战略回旋空间明显不足。而且，黄海、东海都太窄，最宽处不到 400 海里，很难建立起有效的战略纵深。从地图上看，南海断续线最南端位于北纬 4 度左右（最南处曾母暗沙处为北纬 3 度 58 分），而目前中国实际控制的南沙最南部的岛礁——华阳礁距离海南岛最南端——三亚海军榆林基地的距离约 1 000 千米。因此，从这个意义来看，待南沙岛礁设施基本部署完毕之后，中国将在南部方向增加一千多千米的战略纵深。同时，包括南沙群岛在内的南海岛礁扼守着南海航道要冲，是中国延展战略纵深的海防前哨和战略支点。美国华盛顿国际战略与研究中心（CSIS）中国力量项目主任、资深研究员葛来仪（Bonnie Glaser）曾经说过："伴随着南沙岛礁军事设施部署到位之后，在战

争年代,这些岛礁及其附属设施的意义可能并不大;但是,在和平年代,它们对中国具有重大的战略意义。"①在南沙岛礁建设完成之后,过往南海的所有商船和军舰全部都将处于中国的实际控制和监视之下。因此,从这个意义上讲,南海是中国阻挡东南方向海上威胁、确保华南大陆安全的天然"海上屏障"。②

2. 南海是我国重要的出海口和战略通道

从世界历史发展的规律来看,通畅、便捷、安全的出海口和战略通道是一个大国成为全球性大国,乃至世界性强国的必要条件。回顾历史可知,自15世纪起,先后出现一些全球性大国,例如,早期的葡萄牙、西班牙、荷兰、英国,以及第二次世界大战前后的德国、苏联、日本、美国,无一不是首先成为海洋强国,然后才成为殖民大国或世界强国的。

俄国在18世纪初期是一个典型的内陆国。在彼得大帝时期,为了寻找俄国通向大西洋和太平洋的出海口,彼得大帝不惜发动对外战争。从1700年到1721年,为了获得通往大西洋的出海口,俄国发起了与瑞典的战争,史称"大北方战争"。通过这次战争,俄国第一次取得了波罗的海沿岸的大片土地和出海口。所以,自18世纪初,俄国便有了从波罗的海通往大西洋的出海口。随后,俄国又试图打通从北冰洋通往大西洋的出海口,前后用了17年的时间沿北冰洋东向探寻通往太平洋的出海口,最终在亚欧大陆东北端的楚科奇半岛和阿拉斯加半岛(阿拉斯加当时还是俄国的领土)之间发现了一个狭窄水道,即白令海峡。正因为早期不懈地陆地扩张和海上开拓,前苏联及今天的俄罗斯才成为一个争霸全球、名副其实的海洋强国。美国从20世纪80年代里根政府时期就开始提出要控制全球16个海上咽喉通道,其中,大西洋(7个)、印度洋(2个)、地中海(2个)、亚洲(5个)。③ 其中,美国在亚洲控制了4条咽喉水道,拥有压倒性优势,分别是马六甲海峡、巽他海峡、望加锡海峡、朝鲜海峡。美国用30多万的海外驻军以及300多个海外基地来确保对这些海上咽喉通道的

---

① Megan Specia & Mikko Takkunen:"South China Sea Photos Suggest a Military Building Spree by Beijing", available at https://www.nytimes.com/2018/02/08/world/asia/south-china-seas-photos.html, last visited on 1 May, 2018.

② Bonnie Glaser:"*the Growing Militarisation of the South China Sea*, the Interpreter", available at https://www.lowyinstitute.org/the-interpreter/growing-militarisation-south-china-sea, last visited on 1 May, 2018.

③ 1982年2月,里根政府提出了控制全球16条战略水道的计划。See Michael R. Gordon:"More Reagan's 'Choke Points' Stretch from Sea to Sea", available at https://www.nytimes.com/1986/02/13/world/reagan-s-choke-points-stretch-from-sea-to-sea.html, last visited on 1 May, 2018.

控制力,在和平年代,保证这些通道的畅通;在战争年代,则封锁这些水道以遏制其他国家。

相比而言,中国虽然在理论上可以从东海、黄海进入西太平洋,也经常可以看到舰机穿越宫古海峡,意味着我国可以突破"第一岛链",但实际上仍然受到美国及其盟国一定程度上的钳制。中国海军的舰艇一旦离开在黄海和东海的母港便会被美日军事同盟所发现,尤其是日本的 P8"海神"侦察机便会全程跟踪。南海平均水深超过 1 000 米以上,70% 以上的面积均是水深超过 3 000 米的深海区域,最深处超过 5 000 米,适合中国航母和战略核潜艇等海上军事力量活动,且海底地形地貌复杂,有利于核潜艇的隐蔽,是中国海军走向深蓝不可或缺的战略出海口。①

3. 南海是我国未来的能源接续区和资源基地

南海地区有丰富的能源资源,包括生物和非生物资源,非生物资源主要是油气资源。② 目前已经探明的南海③——西太平洋地区的一个边缘海的能源储量,国土资源部估计大概相当于 300 亿吨石油的总量,这还不包括可燃冰资源。已探明的可燃冰储量大概相当于 500 亿吨石油的总量。关于南海地区可燃冰资源能否进行商业开采,国内有两种观点:一种观点认为在 2030 年左右,中国可以在南海地区进行可燃冰资源的商业开采;另一种观点认为,如果采用现有的技术进行开采,可能会导致环境灾难,因此,商业开采面临巨大的技术障碍。④ 如果包含可燃冰资源在内,南海地区的石油天然气资源相当于 1 000 亿吨左右的传统化石能源,这相当于中国大陆地区陆地上的煤炭、石油、天然气总储量的一半。目前,中国在南海的石油天然气资源开采主要集中在珠江口盆地和海南岛附近。即使还没有进入远海开发,开采量已经占到中国目前海洋石油开采总量的一半。⑤

4. 南海是海洋强国和 21 世纪"海上丝绸之路"的一个重要载体

2017 年 10 月,党的十九大提出:"坚持陆海统筹,加快建设海洋强国"。中

---

① Donald G. Groves & Lee M. Hunt, *Ocean World Encyclopedia*. McGraw-Hill, April 1, 1980, pp.356 – 358.
② 南海有关争议的很重要的因素之一就是资源、能源因素。
③ 此处的南海指的是大南海,不仅仅是九段线里面。
④ 现在至少在一些国家,像日本、俄罗斯、美国已经进行了成功的开采,估计在 2025 年前后可能会进入商业开采阶段。
⑤ 现在我国海洋石油天然气开采量大概每年 6 000 万吨,仅珠江口盆地和海南附近开采量加在一起,就已经达到 3 000 万吨左右。

国正在从海洋大国迈向海洋强国。相较于渤海、黄海、东海而言,南海海域面积最大,仅断续线内的海域面积就有 200 万平方千米左右。所以,南海是中国建设海洋强国的重要载体。2013 年 10 月,习近平主席在访问印尼时,提出建设 21 世纪"海上丝绸之路"。2015 年,国家发改委、外交部、商务部联合发布的《推动共建丝绸之路经济带和 21 世纪海上丝绸之路的愿景与行动》,明确了倡议实施方案。其中,21 世纪"海上丝绸之路"的两条线路全部穿越南海。第一条是由中国沿海地区途径南海进入印度洋,然后通往欧洲;第二条经由中国沿海地区进入南海,通往南太平洋。所以,南海是共建 21 世纪"海上丝绸之路"的一个重要通道和地带。

(二)南海问题的缘起

在 20 世纪 60 年代以前,并不存在所谓的"南海问题"。除了越南当局对中国南沙群岛提出过"主权"要求外,没有其他国家对中国拥有南沙群岛主权这一事实持有异议。菲律宾、马来西亚、文莱等国从未对南沙岛礁及附近海域有任何主张或行动。南沙局势相对平静,南沙争端的国际影响也十分有限。20 世纪 70 年代以后,南海问题逐步产生,越南、菲律宾等国纷纷出兵占领其声称"拥有"主权的岛礁。导致南海问题的产生、发展主要有以下几方面因素:

1. 地缘政治因素

英国地缘政治学家麦金德把欧亚大陆称之为世界的心脏,进而指出:"谁统治了东欧,谁就能控制大陆心脏地带;谁控制大陆心脏地带,谁就能控制世界岛(欧亚大陆);谁控制了世界岛,谁就能控制整个世界"。南海连接着太平洋和印度洋,被地缘政治学家视为"亚洲的地中海",地处世界海洋的"心脏"。[①]从某种意义讲,"谁控制了南海,谁就可以控制全球海洋"。据统计,全球每年有 5 万艘左右的商船及近 50% 的油轮经过南海。我国现在 80% 的对外贸易量是在海上完成的,海上贸易中又有 80% 是经过南海通道的。2017 年,中国进口石油 3.96 亿吨,对外依存度达到 67.4%。中国能源进口主要来自中东和非洲的原油全部从南海进来。虽然现在中国能源进口渠道多元化,[②]但是,中国现在大部分的原油还是经过南海通道。穿越马六甲海峡进入南海的航线,

---

① 美国著名地缘政治学家尼古拉斯·斯皮克曼(Nicholas John Spykman)在将包括南海在内的隔离亚洲和澳洲中间海称为"亚洲地中海"。参见[美]尼古拉斯·斯皮克曼:《和平地理学》,俞海杰译,上海人民出版社 2016 年版。

② 俄罗斯和我国之间建设有石油管道,与吉尔吉斯斯坦有石油管道,中缅石油管道 2013 年也完全开通。

占中国石油进口总量的 60% 以上。在冷战期间,美苏两国争先在南海地区保持军事存在,美国一直到 1991 年才离开苏比克海军基地,俄罗斯则在 2002 年离开金兰湾。而现在美国已经重返亚太,俄罗斯也在试图重返亚太,重返越南的金兰湾。因此,地缘政治因素是引发南海问题的重要原因之一。

　　2. 资源因素

　　1968 年和 1969 年,联合国亚洲暨远东经济委员会(United Nations & Economic Commission for Asia and the Far East)"亚洲近海地区矿产资源勘探协调委员会"(Committee for Co-ordination of Joint Prospecting for Mineral Resources in Asian Offshore Areas) 联合美国海军海洋局(The Naval Oceanographic Office)两次乘坐美国海军"亨特"号科学考察船对包括东海和南海在内的中国近海进行了勘测。① 根据两次勘测资料,作为当时亚洲近海地区矿产资源勘探协调委员会美国首席代表、海洋学家(K. O. Emery)发表了系列报告("埃默里报告")。报告分析认为,越南沿岸及邻近海域、南沙群岛东部及南部海域蕴藏着丰富的油气资源。② 但当时国际社会分析还比较保守,认为南海石油储备约 11 亿吨(约 80 亿桶)③左右。丰富的油气资源引起了南海周边国家的觊觎,并从而引发了一系列侵占中国南海岛礁的行为。1973 年第一次全球石油危机强化了人们对石油作为一种战略资源的认识,进一步引发了部分周边国家对南海油气资源的争夺。

　　(三)《联合国海洋法公约》的作用

　　1982 年《联合国海洋法公约》(以下简称《公约》)对规范国际海洋秩序起到了积极的作用,但与此同时也带来一些新的问题。《公约》新创设了专属经济区制度、大陆架制度和岛屿制度,菲律宾、越南、马来西亚、文莱等国有意过度解释《公约》有关规定,或以海洋管辖权为基础主张中国南沙群岛部分岛礁主权,或以其非法占领的岛礁为基础进一步主张领海、毗连区、专属经济区和大陆架。比如,越南通过国内立法确定的专属经济区和大陆架甚至覆盖了中国西沙群岛和南沙群岛在内的大部分海域。因此,可以说,《公约》创设的有关

---

① Selig S. Harrison,*China*, *Oil*, & *Asia*: *Conflict Ahead*? , Columbia University Press, 1977.

② M. L. Parke, Jr. , K. O. Emery , Raymond Szymankiewicz , L. M. Reynolds, Structural Framework of Continental Margin in South China Sea, *CCOP Technical Bulletin* Vol. 4; K.O. Emery And Zvi Ben-Avraham Structure and stratigraphy of the China Basin, *CCOP Technical Bulletin* , Vol.4.

③ 这一数据是由美国著名石油地质学家 A.A.迈耶霍夫估计。参见[美] 赛利格·哈里森:《中国近海石油资源将引起国际冲突吗?》,齐沛等译,石油化学工业出版社 1978 年版,第 46—47 页。

海洋法制度对诱发南海周边国家采取军事行动,非法侵占中国南海岛礁岛至少起到了推波助澜的作用。

(四) 殖民主义的影响

历史上,西方殖民国家英国、德国、法国曾先后进入南海。1883 年,德国在南海地区进行资源调查,清政府得知此事之后,采取外交抗议交涉,迫使德国撤离南海地区。但是,对南海问题产生实质影响的主要是法国。1933 年,当时法国占领了南沙地区的 9 个小岛,即著名的"九小岛事件"。实际上,法国自1931 年开始就实际控制了中国南沙部分岛礁,但是,直到 1933 年才大规模地侵占南沙岛礁。1939 年,日本占领了海南岛,后又控制了西沙群岛和南沙群岛(主要是控制了南沙群岛的太平岛)。在完成了对西沙群岛、南沙群岛的实际控制之后,日本把非法占领的南海诸岛统称为"新南群岛"①,划归高雄市管辖。1945 年,日本战败投降之后,中国根据 1943 年《开罗宣言》和 1945 年《波茨坦公告》派军舰接收了西沙群岛和南沙群岛。

在此背景下,越南声称"继承"了法国当年占领的南沙群岛,认为根据 1954年的《日内瓦协议》法国撤出印度支那半岛后,将当时控制的南沙群岛移交给了南越政权。因此,在 1975 年南北统一之后成了越南的权利,并由此对整个南沙群岛和西沙群岛提出主权主张。菲律宾则认为,依据 1951 年《旧金山和约》的有关规定,日本放弃了对南海诸岛的主权,但未明确由谁来接管,所以,菲方是根据"发现"和"先占"原则取得了对南沙群岛"无主地"的主权。由此可以看出,殖民主义侵略也是南海问题的重要成因。

此外,南海有关争议的产生也与我国长期以来海洋意识淡薄、海权力量不足、国内和国际政治环境等因素相关。特别是 20 世纪七八十年代,越南、菲律宾、马来西亚利用我国内部政治动荡的时机,趁火打劫,大肆蚕食和侵占南沙群岛。

三、当前南海形势特点及未来发展走向

(一) 当前南海形势主要特点

从 2016 年下半年开始,即南海仲裁案告一段落之后,我国采取了一系列有效的应对措施,包括政治、外交、法律以及海上行动等,使得南海形势逐步趋于稳定。具体可分为五个方面:

---

① 根据 1939 年 3 月 30 日,日本政府发布的告示显示,新南群岛中的主要岛屿有:北二子岛、南二子岛、西青岛、三角岛、中小岛、龟甲岛、南洋岛、长岛、北小岛、南小岛、飞鸟岛、西鸟岛、丸岛。

1. 中国塑造和把控南海局势的能力明显提升

在 2016 年 7 月菲律宾南海仲裁案裁决出炉之后,中国与东盟十国就加速《南海行为准则》(以下简称"准则",COC)磋商进程的共识,积极采取行动,改善中菲、中越关系。从中国和东盟关系层面看,2016 年中国—东盟领导人峰会达成诸多重要共识,如正式发布《中国与东盟国家应对海上紧急事态外交高官热线平台指导方针》和《中国与东盟国家关于在南海适用〈海上意外相遇规则〉的联合声明》。外交高官热线平台旨在当海上紧急事态发生时且需要政策层面介入的情形下,有关国家外交部门之间能够拥有及时有效的联络渠道进行沟通协调,以管控风险。2017 年 11 月,在中国—东盟领导人峰会上,中国和东盟国家进一步就正式启动"准则"案文磋商达成共识。

就双边层面而言,2016 年 9 月,越南总理阮春福在南宁参加中国—东盟博览会之后访问北京;紧接着,同年 10 月菲律宾总统杜特尔特也访问北京,11 月,马来西亚总理纳吉布也紧接着访问北京,中国和争端国间的关系得到了迅速改善。特别是中国—菲律宾南海问题双边磋商机制于 2017 年 5 月在中国贵阳正式启动,这标志着中菲南海问题重回双边对话和协商解决争议的正确轨道。目前,该机制已经召开了两次会议,并将于 2018 年下半年召开第 3 次会议,为中菲两国就推进南海有关海域开展共同开发合作、开展渔业合作和联合执法、稳定中菲关系提供了双边政府间的重要的对话和交流平台。

2.《南海行为准则》磋商进程加快,中国与东盟国家致力于通过规则和机制建设来稳定南海局势

南海问题复杂敏感,涉及面广,其在未来较长时期内难以彻底解决,因此,从长远看,一个基于规则的、制度化的南海秩序是符合包括中国在内的各方利益的。在坚持领土主权和海洋权益的前提下,努力维护南海地区的和平稳定,应是当前我国处理南海问题的战略目标。这迫切需要通过某种能为各方所接受的制度性安排来实现。在制定"准则"的基础之上构建未来南海地区的安全秩序,既可解决目前南海地区危机管控机制缺失的紧迫课题,亦可弥补中国和东盟国家安全合作的"短板",增进彼此的政治互信。2017 年 5 月,中国与东盟十国在落实《南海各方行为宣言》(以下简称《宣言》)第 14 次高官会期间,就"准则"的框架文本达成一致。同年 11 月,中国—东盟领导人会议宣布启动"准则"下一步案文磋商。2018 年 2 月,中国与东盟十国在越南芽庄举行落实《宣言》第 23 次联合工作组会,就"准则"案文举行了首次机制性磋商。紧接着,8 月 2 日,中国与东盟国家就"准则"形成单一磋商文本草案,"准则"磋商又

一次取得重大进展。但事实上,早在 20 世纪 90 年代,中国和东盟就已开始磋商制定"准则"。由于中国和东盟及东盟内部不同声索国之间存在很大的分歧,故最终马来西亚提出了一个折中的解决办法——发布一个没有法律约束力的政治宣言。2002 年达成的《宣言》并非磋商的最初目的,仅仅是"准则"磋商的阶段性成果。因此,启动案文磋商不仅标志着"准则"制定进入了新阶段,同时还意味着中国与东盟国家开启了致力于通过规则和机制建设来稳定南海局势的新进程。

3.中菲关系进一步改善

从 2013 年南海仲裁案的提起到 2016 年裁决的作出,南海仲裁案持续三年有余。自 2016 年 6 月杜特尔特就任菲律宾总统以来,中菲关系逐步改善,杜特尔特 2016 年 10 月和 2018 年 4 月先后三次访华,习近平主席在 G20 领导峰会和 APEC 非正式领导人会议等多边场合与杜特尔特会晤,李克强总理 2017 年 11 月访问菲律宾。频繁的高层会晤引领两国关系健康发展、趋稳向好,为当前南海形势的稳定做出了重要贡献。2017 年 5 月,中国与菲律宾建立了政府间的南海问题双边磋商机制,①并在贵阳举行了第一次会议;2018 年 1 月,双方在马尼拉进行了第二次磋商(预计每年要磋商两次)。目前,中菲之间已经在联合执法、渔业合作等领域开展合作,并正在进行油气共同开发的探讨。菲方有观点认为,依据菲律宾行政法律,在菲律宾的专属经济区和领土范围内,外国资本不能超过 51%,但是,这个法律障碍应该是可以突破的,是有先例可循的。例如,菲律宾和英国就采取了变通的方式,在法律上保证菲律宾国内资本能占到 50% 以上。一旦中菲之间能够在有关争议的海域,如礼乐滩海域实现共同开发的突破,将具有重要意义。礼乐滩海域是 2005—2008 年中菲越三方联合开发的一个区块,起初仅中菲合作开发,越南并没有参加,后来越南才参与开发。2008 年合同期满之后,由于阿基诺三世执政之后就没有再续签合同,导致这个项目终止。若是中菲能够再重新启动这个区块的合作开发,将会具有重大的象征意义。2018 年 3 月以来,中菲在油气联合勘探与开发合作问题上取得了突破性的进展,目前,已成立特别工作组,就联合研究、勘探、开发和使用南海油气资源提出建议制定方案,且两国石油开发企业也已开始前期磋商。②

---

① 这是第一个双边磋商机制,中国与越南、马来西亚没有此类机制。
② "China-Philippines Oil And Gas Exploration Deal For South China Sea 'Near'", available at https://www.scmp.com/week-asia/politics/article/2141497/china-philippines-oil-and-gas-exploration-deal-south-china-sea, last visited on 1 May, 2018.

4. 美日澳越等域内外国家推动南海局势升温显得力不从心

美国以开展"自由航行行动"为抓手,辅之以拉拢和鼓励日澳越等国在南海采取与中国对抗的策略,以保持其对南海事务的介入,牵制中国在南海战略优势的形成,这成为特朗普时期正在形成的美国南海政策的重要特征。2016年和2018年的东盟外长系列会议期间,美日澳三国外长都发表联合声明,指责中国在南海的岛礁建设行动,声称仲裁裁决"对当事国有约束力"。日本则通过政治、外交、军事等手段,保持并不断加大对南海问题的介入。2017年5月到8月,日本海上自卫队一直在南海地区进行港口访问,又在印度洋参加美国和印度的马拉巴尔联合军事演习。有日本专家认为,日本海上自卫队舰船在南海地区的存在可能不是一次性的,在日后可能会机制化、长期化。2016年以来,澳大利亚在南海问题上亦频频向中国发难。2017年,澳大利亚总理特恩布尔在香格里拉对话会演讲时声称:中国在南海地区不应搞军事化,中国必须遵守基于规则的国际秩序,等等;并认为南海仲裁裁决是有效的,要求中国执行裁决。此外,越南近期不断推进在南沙有关争议海域的单边油气开发,并积极强化与日美印澳等军事安全合作,通过主办国际会议炒作仲裁裁决,试图以此制衡中国。自2017年上半年始,越南企图在万安滩北部争议地区进行油气勘探。但上述国家的行动并未得到其他国家的呼应和支持,故没有对南海争端"降温、趋缓"的良好态势产生大的负面影响。

5. 菲律宾南海仲裁案裁决的负面影响开始显现

现阶段,有关菲律宾南海仲裁案裁决的炒作虽显著降温,但其负面影响开始显现,部分域内外国家一方面利用裁决进行单边活动,强化非法侵占和单方面主张,另一方面试图以侵权行为为裁决"背书"。2017年以来,越南在南沙万安盆地的单方面油气开发活动、印度尼西亚将南海部分海域命名为"北纳土纳海"、美国的"自由航行行动"频繁进入美济礁12海里范围等,无不与仲裁裁决试图全面否定中国对南沙群岛整体的主权以及南海海洋权益密切相关。尤其是美国的航行自由行动,在奥巴马时代一共进行了3次,而特朗普政府上台至今已经进行了7次,其中4次更是进入美济礁附近海域。这与仲裁裁定美济礁是低潮高地,并且在菲律宾专属经济区内不无关系。由此笔者认为,仲裁裁决的负面影响开始逐步显现。

(二) 南海形势未来走向

未来南海形势出现颠覆性变化的可能性不大,但是,由于南海问题所涉及的领土争议和海域主张争议等实质性问题没有解决,由地缘政治因素所引发的区域内有关各方围绕航道控制、资源开采、海权而展开的利益博弈将会加剧,因此,不能完全排除出现阶段性、局部性动荡的可能。主要问题在于:"准则"案文磋商正式启动,从磋商到"准则"生效这段时间可能会被有的声索国视为巩固和扩大其单方面主张的"窗口期";随着中国南沙岛礁的设施部署逐步提上日程,域内外国家可能会再度炒作"南海军事化"问题;伴随着"印太战略"的渐趋成型和付诸实施,美日军事同盟在南海和印度洋方向针对中国的地缘战略部署将会逐步展开。

鉴此,未来南海形势发展可能表现出以下五个方面的特征:

第一,中美以军事互动为主要表现形式的南海博弈将是影响南海形势发展变化的主要因素。美国在包括南海在内的西太平洋地区与中国的战略竞争态势,必然使其一方面通过加强与一些南海周边国家的军事合作,牵制和遏阻中国在南海方向的海上力量发展;另一方面,单独或拉拢日本等盟国在南海进行的"自由航行行动"和抵近侦察会更加频繁、更具挑衅性。2017年,美国针对我国在南海地区进行了4次航行,进入2018年以来已经开展了3次。此外,美国军舰还频繁访问周边国家在南海地区的军事基地,2018年3月5日—9日,美国的卡尔·文森号航母就访问了越南的舰港。2017年11月,特朗普政府正式提出"美国版"的"印太战略"。[1] 2018年6月2日,美国国防部长詹姆斯·马蒂斯(James Norman Mattis)在2018年香格里拉对话期间就该战略进一步表示:美国将加强与印太地区盟国和伙伴国间双边和多边合作,通过为盟国和伙伴国提供尖端武器装备和军事训练,建立能够遏制侵略、维持地区稳定和确保自由进入地区公域的安全架构网络;扩大对海洋空间的关注,通过提升伙伴国海军和执法力量及海洋秩序与海上利益的监控和保护能力,维护海上航行自由,确保地区内依据国际法以和平方式解决领土和海洋争端。[2] 马蒂斯还对澳大利亚等国承诺,将在中国对南海军事化的问题上继续持强硬立场。同时,美国国内(如前海军作战部长加里·拉夫黑德)近期还不断释放信号称:如果想要遏制中国,美国需要拿出比航行自由行动更加有力的手段。

---

[1] "印太战略"早期由澳大利亚、日本两国提出并推动。目前,澳、日、印及东盟各方对印太战略也都有各自的考量。

[2] "Remarks by Secretary Mattis at Plenary Session of the 2018 Shangri-La Dialogue, US Department of Defense", available at https://www.defense.gov/News/Transcripts/Transcript-View/Article/1538599/remarks-by-secretary-mattis-at-plenary-session-of-the-2018-shangri-la-dialogue, last visited on 1 May, 2018.

为了有效应对美国的"自由航行行动",随着南沙岛礁相应设施逐步部署到位,中方应对美国挑衅行动的手段和措施也会更加多样化,并具有一定的威慑效应。基于此,不难预言,中美南海军事博弈将成为影响未来南海形势发展的一条主线。

第二,作为美国在亚太地区的两个重要盟友,日本和澳大利亚对南海事务的介入,将成为影响南海形势发展的一个新的变数。从海上自卫队进入南海,与一些南海声索国军事色彩浓厚的双边合作及利用各种多边场合推动发表有关南海问题的联合声明等动作来看,日本已经将介入南海事务作为谋求军事大国地位、推动修改和平宪法、牵制中国发展和干扰中国—东盟关系的主要手段。2018年3月,日本在加拿大刚刚召开的"七国集团"(G7)外长会议发表的声明,要求中国执行裁决,指责中国在南海搞军事化。从军事上看,2017年5—8月,日本海上自卫队第一次成体系、长时间的在南海地区活动,访问越南港口、菲律宾港口,在印度洋参加美印的联合军事演习,其军事力量已经延伸到南海。

澳大利亚对南海事务的介入则主要表现在外交和政治上的高调发声,2017年11月,澳大利亚发布首份《2017年外交政策白皮书》,再次声称:反对出于军事目的在南海岛礁建设,仲裁裁决对各方均有约束力。[①] 同时,美国倡导的明显带有针对中国性质的"印太战略"背后不仅有日本推动的因素,澳大利亚对该战略也表现出了极大地参与和推动热情。此外,澳大利亚亦试图推动其在南海地区的军事存在,比如,2018年4月派遣了2艘护卫舰和1艘补给舰访问了越南、菲律宾和马来西亚的港口。

第三,可能引起南海问题再度升温的四大因素。一是我国在南海岛礁上的军事设施部署。所谓的航行自由行动对外口径就是挑战中国过度的海洋主张,使我国在南海岛礁的相关设施建设和军事设施部署不能放开手脚。二是美国航行自由行动会更加频繁,手段更加多样化,而中国反制的手段也会越来越多样化和强硬,因此,将会驱动南海问题升温。三是随着"准则"案文磋商正式提上议事日程和进入快车道,中国与东盟有关各方围绕"是否有法律约束力""适用海域""是争端解决机制还是危机管控机制"等问题的矛盾和分歧将逐步凸显。从东盟的视角来看,希望"准则"有法律约束力和作为一个争端解决机制,且越南还希望"准则"能适用于西沙群岛,与中方存在不同立场主张。

---

① *2017 Foreign Policy White Paper*, Published by Australia Government in November, 2017.

因此,期待"准则"在短时间里面达成共识是十分困难的,但国际社会肯定会借机抹黑中国,在这种情况下,南海问题就会再度升温。四是少数国家在南海争议地区的单边行动会导致南海形势不稳。特别是越南将会继续抓住时机重返万安北争议地区启动单边油气开采活动,并可能引发南海局势再度升温。

第四,越南成为继菲律宾之后美日搅局南海稳定的"代理人",以及菲律宾南海政策的两面性对南海形势的潜在负面影响不容低估。越南在南海的一些负面动作显得较为突出:一是在南沙争议地区进行单边油气开发活动,试图造成"既成事实";二是加强与美日在南海问题上的互动与合作。未来,越南有可能在美国、日本的挑唆和支持下,推动"西沙问题"国际化、在争议地区开展单边油气开发、所占岛礁填岛扩建和加强军事设施部署等。同时,杜特尔特在改善中菲关系、"搁置"仲裁裁决、开展共同开发合作等问题上面临菲国内巨大的阻力,菲国内要求杜特尔特"拒绝来自中国的经济诱惑""坚持裁决有效"的呼声始终不绝于耳。因此,未来中菲关系进一步改善恐难一帆风顺。

第五,仲裁裁决的负面影响阶段性显现将成为常态。菲律宾现政府虽然暂时搁置仲裁裁决,但随着未来菲政局变化,重提仲裁裁决的可能性不能排除。越南、马来西亚等其他南海周边国也是仲裁裁决事实上的受益者,仍有可能利用裁决开展针对中国的侵权活动。美日澳等域外国家也不会心甘情愿地将裁决视为一张"废纸"。因此,仲裁裁决的负面影响还会继续发酵,包括对中国南海维权、推动海上合作和"准则"案文磋商的干扰将逐步凸显。

四、中国在南海问题上面临的挑战

中国在南海问题上面临着一线维权、法理斗争、规则制定、话语权争夺四方面的挑战。

(一)海上维权领域的挑战

即使南海地区现在看似风平浪静,但海上一线维权形势仍然非常严峻。一是岛礁被占的风险仍然存在。长期以来,马来西亚都一直试图非法占领中国南沙群岛南康暗沙海域的琼台礁,中马两国围绕南康暗沙附近海域实际控制的较量将持续存在。同时,越南方面对我南沙群岛太平岛附近的中洲礁仍虎视眈眈,企图伺机占领;二是我国渔民在南沙群岛传统渔场作业仍面临来自印度尼西亚等国家烧渔船、抓捕渔民的威胁,保障我国在南海地区作业渔民的生命和财产安全的任务仍然艰巨;三是我南沙岛礁后续的军用、民用以及军民两用等设施部署仍面临来自美国、日本、越南等域内外国家的监视和干扰;四是从 2014 年 5 月西沙中建南海域发生的"981"钻井平台事件可以看出,中国向南海中南部海域推进油气存在将面临巨大的阻力和障碍,扩大南沙海域油气存在的挑战和难度依然严峻。

(二)法律斗争领域面临的挑战

针对菲律宾 2014 年 3 月提出的 15 项诉求,[①]仲裁庭于 2016 年 7 月 12 日公布的仲裁裁决结果几乎全部认同。第一,仲裁庭裁定:中国基于历史性权利对断续线内的资源提出权利主张没有法律基础;整个南沙地区的海洋地物,包括太平岛在内的所有海洋地物全部不属于"岛屿",即"南沙无岛"。[②] 第二,仲裁庭认为,南沙群岛不能作为一个整体来主张海洋权益。第三,裁定中国非法干扰菲律宾享有和行使对其专属经济区的主权权利,中国在黄岩岛附近海域的执法活动干扰了菲律宾渔民在黄岩岛附近海域的传统捕鱼活动。第四,中国没有履行《公约》规定的缔约国的保护海洋环境的义务。第五,中国一系列行为致使中菲之间争端的加剧。中国明知菲律宾将这些海洋地物对仲裁庭提交仲裁,却通过岛礁建设,改变了有关海洋地物的自然属性,导致争端的加剧。

仲裁裁决对我国在南海的权利及主张带来了巨大的负面影响:一是断续线的法律效力被弱化。二是南海的海域主张被碎片化。三是引发周边国家的侵权高潮。若按照仲裁裁决,中国在南沙群岛没有"岛",只有永暑礁、华阳礁、赤瓜礁、西门礁、南薰礁(北)属于岩礁,可以主张 12 海里领海,可主张的海域面积非常有限;同时,我国和周边国家也没有重叠的专属经济区。由此推断,中国在南沙有关海域的油气勘探开采、渔业资源开发等都将面临没有法律保障的挑战,周边国家在南海断续线内海域侵犯中国权益和主张可能更加有恃无恐。四是给中国未来宣布南沙群岛领海基线增加了障碍。

(三)规则制定领域的挑战

自 2016 年下半年以来,"准则"磋商进入快车道。但可以预见,伴随着"准则"制定进入实质性磋商阶段,中国与东盟有关国家及东盟国家内部围绕"准

---

① 十五项诉求共分为四大类:第一,中国划定的九段线是非法的,不符合《公约》,要求仲裁庭裁定九段线非法;第二,菲律宾提出:在 2013 年 1 月提交的诉状中只提出了对九个岛礁的法律地位进行定性,现在要求增加仁爱礁,总共十个,要求仲裁就这十个岛礁的法律地位进行裁定;第三,认为中国在南海地区的执法行动干扰了菲律宾在其专属经济区内对生物资源、非生物资源的正常勘探和开采,认为中国的执法活动违法,不符合《公约》精神;第四,提出中国没有履行《公约》赋予缔约国的海洋环境保护义务,即中国明知本国渔民在南海地区开展相关捕捞活动是针对珊瑚礁、海龟的掠夺性开采和破坏,却没有履行《公约》所规定的保护义务。

② 由于国际法中有一个基本的法律原则是不告不理,所以,我国认为仲裁庭扩权滥权。

则"涉及的实质性问题的分歧和矛盾将逐步显现。

其一,中国和东盟国家在"准则"是否应当具有法律约束力尚未达成共识。

其二,中国并不希望"准则"成为一个争端解决机制,但越南、菲律宾等国迫切希望其不仅是一个危机管控机制,同时还应具备争端解决机制的性质。鉴此,中国在"准则"磋商问题上既要把握时机,也要把握节奏,与东盟国家一道致力于加速"准则"磋商步伐。同时,中国还需着眼于利用"准则"磋商契机,构建南海地区安全合作的长效机制,给美国、日本等域外国家在南海定下新的规则,约束其在南海的军事行为。

(四) 南海问题话语权领域的挑战

2010 年以来,南海问题持续升温,一些国家指责中国实力提升后,就要"改变现状""以大欺小","威胁航行自由",等等,要求中国放弃"咄咄逼人、对外示强"的外交和安全政策,中国面临着巨大的国际舆论压力。美国、日本、澳大利亚、越南等国不断炒作南海岛礁建设、菲南海仲裁案等问题,不断在国际上抹黑中国形象,渲染"中国南海威胁论""中国海洋扩张论"等。特别是美、日、澳等国智库、媒体指责中国南海岛礁"军事化"将"威胁"地区安全局势;并认为中国对菲南海仲裁的"不接受、不参与、不承认"政策是不遵守国际规则。笔者认为,在话语权领域的这种被动格局可能会伴随中国崛起的全过程。短期内,中国面临的舆论被动态势难以彻底扭转,南海问题国际话语权争夺仍然是我国未来外交工作的重点任务。

五、结语:中国处理南海问题应着眼未来、长远布局

笔者认为,中国可借鉴美国 200 年前就开始为今日世界之霸权地位谋篇布局的思路,海上维权既要有一个长远的规划,又要主动作为。自中华人民共和国成立以来,中国在南海问题上有很多精彩的作为,例如,1974 年收复了西沙群岛;1988 年收复部分南沙群岛;1995 年控制美济礁,以及进行南沙岛礁建设等。未来,中国经略南海需要着眼于几十年之后的战略布局,抓住有利时机,主动作为。在今后相当长的时期内,为了更有效地维护南海权益,保持南海形势总体稳定,中国需要把南海问题要放在周边关系和大国关系的大背景、大格局下加以综合考量,统筹中美、中国—东盟及中国与其他国家之间的"三大关系",处理好国际与国内、维权与维稳、大国与周边、东海和南海"四对矛盾",围绕岛礁后续建设、推动海上合作及"准则"案文磋商"三大任务",注意平衡东海维权和南海维权的力量投入,逐步推进构建新的南海地区政治、安全秩

序。与此同时,中国还应把握机遇,主动作为,三管齐下,通过加速南沙岛礁建设和设施部署、推进 COC 磋商、推动构建"泛南海经济合作圈",稳定南海局势,牢牢掌握南海事务的主动权、主导权。针对美国的"航行自由行动"、日本对南海的军事介入,以及越南在争议地区的单边油气开发,中国还要致力于建设有压倒性优势的反制和威慑能力,从而真正实现南海地区的长治久安。

Current Situation and Future Trend of the South China Sea

WU Shicun

Abstract: The importance of the South China Sea to China is four-fold: it is a natural defense to China's national security, the carrier of China's maritime power dream and the 21st-Century Maritime Silk Road initiative, China's important access to the oceans, and possible future energy supply and resource base. The South China Sea dispute was born and evolved due to many reasons, including geopolitics, marine resource competition, the UNCLOS, colonialism and so forth. Presently, China has shown the ability to maintain peace and stability of the South China Sea: the negotiation of Code of Conduct on the right track, the relations between China and Philippines is improved, and extra-regional powers such as America, Japan, Australia and Vietnam, are powerless to intensify the South China Sea situation. However, looking ahead, China still faces many challenges, such as the safeguarding its maritime rights, the negative effects of the ruling of the arbitration, rule-based order establishment and have more saying in the public discourse. Keeping these in mind, China should develop long-term strategic planning and take initiative actions in the future to safeguard maritime rights and interests in the South China Sea.

Key words: South China Sea; disputes on the South China Sea; situation of South China Sea; safeguarding marine rights; South China Sea Arbitration; UNCLOS

南海军地联合维权执法：思考与建议

陈　伟*

摘　要：从南海维权形势、国际发展趋势及海军执行多样化军事任务的需求来看，加强南海军地联合维权执法十分紧迫和必要。应适应法治化潮流，完善我国相关法律，确保军队参与海上联合维权执法有充分法律依据。要综合考虑我国海洋法治环境建设的现状，把握军队参与海上维权执法的基本原则，明确执法时机与范围。要在国家新一轮机构改革中厘清军队与地方海上执法力量的关系，完善军地海上维权联合指挥体制机制。

关键词：南海；海上执法；军地联合

南海自古以来就是我国神圣领土不可分割的一部分，中国对南海诸岛及其附近海域拥有无可争辩的主权。这一历史事实为历届中国政府所长期坚持，为中国国内法多次确认，受到包括《联合国海洋法公约》在内的国际法保护。但一段时期以来，南海地区岛礁被侵占、资源被掠夺等权益受侵犯的情况十分突出，域外大国军用舰机频频在南海开展所谓"航行自由"活动，非法进入我国岛礁附近海域，严重违反了国际法和我国相关国内法。如何加强南海管

---

*　陈伟，海军航空大学航空基础学院讲师，法学博士。主要研究方向：国际军事法。邮箱：chwei822@qq.com。

控,有效维护我南海权益,成为一个亟待解决的现实问题。

一、充分认清南海军地联合维权执法的必要性和紧迫性

在我国海洋权益受到日益严重侵犯的背景下,为加强海上执法力量建设,2013年,国务院机构改革方案整合了地方海上执法体制,整合海监、渔政、边防海警和海上缉私警察力量,统一以中国海警名义开展海上维权执法活动。但从有关反映来看,执法效果一般。国家海洋局、中国海警局与公安部之间的关系难以理顺,在理论上存在着难以诠释的困惑,在实践中存在着尴尬运行的情况。[①] 整合后的南海维权活动存在一些认识上的误区和行动上的短板,一定程度上限制了维权活动的全面开展,降低了维权活动的整体效果。[②] 发展海洋经济、维护海洋权益、建设海洋强国是军地双方共同的历史使命。加强南海地区军地间的合作,提高海上执法能力,在当前复杂的南海局势下十分必要和紧迫。

一是适应我国南海维权形势的需要。近年来,我国维护海洋权益的形势严峻,南海执法维权涉及岛礁主权、国家安全等重大问题,一旦处理不当,将引发严重的海上对峙事件,影响双边关系大局,甚至成为影响地区稳定的重要因素。南海海上执法范围广,执法面积超过200多万平方公里。此外,南海海上执法涉及的事项多,包括环境保护、资源开发等多项事务,这种分散的专业管理事项,单一的执法力量难以实施。要实现南海海上执法无盲区和常态化,必须加强军地合作。

二是适应国际发展趋势的需要。一方面,美国、日本、韩国等均通过立法形式对其海洋权益详加规定,并制定专门的法律,规范海上执法活动,对军事力量参与协助海上执法事项做出明确规定,为维护本国海洋权益发挥了重要作用。[③] 另一方面,南海海上执法活动经常发生在争议海域,会面临南海周边国家的阻碍与挑战,涉外性较强,海上执法外部压力大,这就对执法装备以及执法人员的素质提出了很高的要求。在现有条件下,集中军地各方力量,走军民融合式维权执法之路成为必然选择。

三是保障军队依法执行多样化军事任务的需要。军队特别是海军是实施海洋强国战略的重要力量,是海洋权益维护的决定性力量。在南海地区加强

---

① 李佑标:《试论国家海洋局中国海警局和公安部之间的职务关系》,载《武警学院学报》2016年第11期,第5页。
② 李永级:《执法力量整合后的南海维权对策研究》,载《公安海警学院学报》2016年第1期,第56页。
③ 杨成:《美日韩海上执法力量比较研究》,载《公安海警学院学报》2017年第3期,第28页。

军事力量建设,是切实提高我国国防和军事威慑能力的需要。尤其是随着人民海军职能使命的拓展,要加强海军建设,必须以党中央、中央军委新时代军事发展战略和加强海军建设的一系列重要指示为指导,依法履行职能,不断提高包括参与海上联合维权执法在内的遂行多样化军事任务能力。

总之,在南海地区强化军地联合维权执法,是坚决捍卫南海主权和有效维护海洋权益的必然选择。

二、确立军队参与海上联合维权执法的法律依据

原海监东海总队副总队长、中国海洋发展研究中心研究员郁志荣指出,海洋维权执法必须有法可依。[①] 海洋权益维护涉及国家政治、军事、外交、经济,尤其与某一时期的国际大环境和国家对外政策息息相关。在全面依法治国稳步推进、依法治军、从严治军深入展开和国际治理法治化进程不断加快的新形势下,要坚持用法治手段和法治方法来维护我国南海权益,规范海上维权执法工作。

(一)国际法层面

《联合国海洋法公约》(以下简称《公约》)的生效建立了新的国际海洋法律制度,扩大了沿岸国管辖海域的范围,丰富了海洋权益的内容。《公约》第21条、42条、58条、73条等条款规定:沿海国享有对属于其管辖海域范围内的一切自然资源的主权权利和专属管辖权,沿海国及群岛国有权依据公约规定,制定维护本国海洋权益的法律法规。同时,《公约》第111条规定:当沿海国相关部门如认定其他国家的海上行为与该国的相关法律法规相背离时,有权出动军舰和军用飞机对其进行紧追。此外,《公约》第17条还规定了军舰享有紧追、登临检查、自卫、紧急避难等一系列权力。上述规定赋予沿海国,包括海军在内的政府船舶以海上执法主体职能。世界各国为维护海洋权益,纷纷改革海洋执法体制,强化海洋立法、执法和综合管理工作,取得了较为明显的效果。海上军事力量是我国维护海洋权益不可或缺的重要角色,也应把它看成海上执法力量的一部分。[②] 因此,从国际法的角度来看,我国海军参与海上联合维权执法有充分的法律依据。

---

① 郁志荣:"海洋维权执法必须有法可依",来源于 http://www.xinhuanet.com/2016 - 11/25/c_1119990411.htm,最后访问日期:2017 年 3 月 20 日。
② 吴继陆:《中国海洋执法的制度与实践》,载高之国等编:《国际海洋法问题研究》,海洋出版社 2011 年版,第 41 页。

（二）国内法层面

在海上执法实践中，海军发挥着重要的保障和支援作用。从国内法层面来看，《领海和毗连区法》《专属经济区和大陆架法》是维护我国海洋权益最主要、最直接的法律依据，但这两部法律并没有明确具体的执法主体，也没有明确规定海军在海上执法中的职能，从而导致职权混乱，违背了依法行政原则的要求。① 这也在一定程度上反映出我国相关立法上的不足。

首先，从立法形式上看，我国海洋立法以单行法规为主，缺乏综合性的海洋基本法。海上执法主体执法权的赋予，多以国务院定机构、定编制、定职能方案为依据。现行海洋法律法规不仅原则性强，缺少辅助实现的配套措施，而且可操作性不强、执法手段与程序存在欠缺。

其次，从立法内容来看，我国涉海法规中，实体海洋法数量较多，而规范海上执法活动的程序法比较缺乏，一些重要的执法程序规则还存在空白。如《领海和毗连区法》《专属经济区和大陆架法》中仅对我国主要海洋权益进行了原则性宣示，而对于巡航执法活动中紧追权、临检措施的行使条件和程序缺乏具体的操作性规范，对我国海上维权执法工作造成不利影响。

我国目前已经制定的涉海法律规范都是部门法或具体法，大多是从保障某个海域或涉海部门、产业的需要而制定的单项法规，缺乏全局性和整体性，无法适应国家海洋事务的不断拓展和海洋权益不断受到侵蚀的现实需要，无法提供有效法律支撑。② 在南海军地联合维权执法行动中，中国海军、海警及其他执法力量代表的是中国政府，是典型的公务执法活动，应当有具体完善的执法程序和规范。特别是作为国家军事力量的海军部队，受国际社会高度关注，敏感性强，尤其需要有明确的法律制度作为行动依据。

当前，将"建设海洋强国"的国家意志和政策目标上升为法律，尽快出台《海洋基本法》已成为学术界和实务界的共识。海上执法体制是《海洋基本法》的一项重要内容。要在海洋基本法中确定军队在维护国家海洋权益、海上维权执法中的地位。目前，《海洋基本法》草案已由中国海洋局牵头起草完毕，还需要进一步完善。③ 通过明确我国海洋国土的构成、管辖海域及相关权益、海上力量建设、侵犯我国海洋权益应承担的法律责任等内容，有效应对我国面临

① 裴兆斌：《海上执法体制解读与重构》，载《中国人民公安大学学报》（社会科学版）2016年第1期，第135—136页。
② 汪家栋等：《中外海洋法律与政策比较研究》，中国人民公安大学出版社2014年版，第287页。
③ 《王宏局长在全国海洋工作会议上的讲话》，载《中国海洋报》2018年1月12日，第1版。

的复杂海洋形势,为维护海洋权益提供充足的法律依据,确保军队参与海上联合维权执法"师出有名"。

三、合理确定军队参与海上维权执法的基本原则和时机范围

军队参与海上维权执法不仅仅是一个简单的立法过程,还需要综合考虑我国海洋法治环境建设的现状,把握军队参与海上维权执法的基本原则,明确执法时机与范围。

(一)基本原则

第一,必要性原则。一方面,军队执行海上联合维权执法任务,是现阶段有效维护国家海洋利益和海上安全秩序的必然选择,海军作为中国人民解放军的一个军种,是与其他军种协同防御敌人从海上的入侵、保卫国家领海主权、维护国家海洋权益的主要军事力量。另一方面,南海作为世界重要的国际航道,维权执法具有很强的涉外性,不分情节轻重,动辄出动海军进行执法,容易形成不良国际舆论,造成我国外交上的被动。因此,军队参与海上维权执法必须坚持必要性原则。

第二,辅助性原则。虽然我国军队,特别是海军建设近年来取得了重大进展,保护国家海洋利益的能力不断提升,但作为国家正规武装力量,主要职责在于保护国家领海及相关管辖海域的安全,过多参与维护海上秩序和打击海上违法犯罪行为,可能会对有限的海上军事资源造成浪费,形成地方海上执法机关对部队的依赖,不利于其执法能力的提升,因此,军队参与海上联合执法任务还应坚持辅助性原则。

第三,对等性原则。如有学者认为,针对美国军舰在我国南海管辖海域进行的非法测量活动,我国海军可以开展维权执法,实现执法力量上的对等。[①]因此,当外国动用军事力量或准军事力量对我国南海和平稳定及合法权益造成严重侵害时,应坚持对等性原则,部署海军等军事力量进行维权执法,坚决维护国家海洋权益。

(二)时机范围

从总体上说,军队履行海上维权执法职能应遵循必要性原则。当出现严重侵害我国海洋权益的行为,特别是某些别有用心国家操纵的恶意侵害行为,动用其他海上非武装执法力量以及其他一切正常手段仍不足以维持和恢复海

---

① 熊勇先:《争议专属经济区内适度性执法研究》,载《中国法学》2016 年第 5 期,第 103 页。

上秩序时,或遇有重大事件需要动用军队时,才可以动用军队执行海上维权执法任务。一般应由国家海上执法机关通过一定程序提出协助请求,而且这种参与必须是被动的、有限的,不能对战备作战中心任务造成不利影响。

一是其他海上执法力量人员不足时。这是海军履行海上维权执法职能的主要原因,即事发当时可以动用的地方海上执法力量严重不足,而从其他海区调集又存在某种困难,为快速处置危机,需要海军出兵进行协助。

二是其他海上执法力量装备不足时。海军装备因其为抗击侵略,保护国家主权而设计和配发,其技术含量和效能发挥往往高于民用装备。当民用装备不足以应对突发事件或无法进行有效风险防范时,调用海军装备进行支援也就在情理之中。

三是其他海上执法力量无法快速回应时。与社会和其他武装力量相比,军队的组织结构和指挥系统更具有高效、迅速的特点,容易在短时间内集结,形成合力,以快速处置危机,所以,在非常紧急的情况下,常常会调集军队协助。

在上述情况下,由于普通海上执法力量的不足,需要海军以其装备和人员直接参与海上执法行动,与地方海上执法机关协作,共同实现我国在南海的管辖权。但是,这种参与要遵守严格的限制,要有法律法规的明确授权。同时,在执法过程中应当遵循法定的执法程序要求与限制,以保证其执法行为的正当性与合法性。

四、完善军地海上联合维权执法体制机制

经略南海、加强海上维权执法、维护我国南海权益,迫切需要加强海上执法力量建设,加强海上执法部门之间的合作交流和联合执法。[1] 早在国家海洋局重组成立之初,海洋局专门与海军就海上维权举行座谈会,双方均强调要加强维护国家海洋权益的合作,深入推进军地合作机制创新,深化双方联合维权执法合作。[2] 联合执法首先需要军地之间建立相应的联合维权执法体制和有效的指挥机制。

(一)厘清南海军地维权执法机关关系

当前,在南海地区行使海上执法权的主要有隶属于国土资源部的中国海

---

[1] 安应民等:《基于南海主权战略的海洋行政管理创新》,中国经济出版社 2015 年版,第 99 页。

[2] 中国广播网:"海洋局与海军就海上维权举行座谈会 提出 6 点合作建议",来源于 http://china.cnr.cn/ygxw/201302/t20130220_511992682.shtml,最后访问日期:2016 年 12 月 24 日。

警、隶属于交通运输部的中国海事、隶属于中央军委的海军以及地方政府部门执法力量。

首先，从执法机构分布情况来看，当前南海主要有四支海上执法力量：中国海警南海分局、中国海事执法力量、三沙市海上执法力量以及海军。根据国务院 2013 年 6 月 9 日公布的《国家海洋局的主要职责、内部组织及人员编制规定》，国家海洋局的一项重要职责是：负责组织拟订海洋维权执法的制度和措施，制定执法规范和流程，在我国管辖海域实施维权执法活动。在组织机构上，设置国家海洋局北海分局、东海分局、南海分局，履行所辖海域海洋监督管理和维权执法职责。中国海警局可以直接指挥海警总队开展海上维权执法。[①]2013 年，国务院机构改革后，国家海洋局南海分局以中国海警南海分局的名义开展南海海上执法，是南海海上执法的主要力量。中国海警作为海上综合执法主体，内部人员在构成上既有现役部队官兵，又有缉私警察，还有普通公务员和事业编制员工，[②]在内部管理上各成体系，实质上并未有效整合，海上执法效益也必定会受到一定影响。同时，海南海事局、广东海事局以及广西海事局及其下属分局均可以开展南海海上执法活动。此外，三沙市海事局管辖着 200 万平方公里的海域，负责管辖海域范围内的交通管制和救助任务。根据属地管辖原则，三沙市在南海享有行政管辖权。为此，三沙市设立了综合执法局，并设置了海上综合执法支队，以行使海上执法权。

其次，从南海海上执法实践来看，各海上执法力量主要在其职权范围内开展海上执法活动，但也出现了联合执法的形态。一种形态是不同执法部门间的联合执法，即不同海上执法主体间开展的南海海上联合执法；另一种联合执法形态是同一部门不同层级执法主体间的南海海上联合执法。但这两种联合执法形态，均为不同执法部门间的暂时性的联合执法，只是在特定时期和特定事项上开展的联合执法，并未形成常态化的联合执法机制，各执法主体仍在其职权范围内开展维权执法活动。因而我国在南海海域的现行执法模式无法有效统合海上执法力量、形成执法合力，影响了我国南海维权执法的效果。

国家新一轮机构改革即将展开，从目前已公布的文件来看，南海维权执法机构出现了一些调整。在新构架下，南海地区执法力量关系将有所变化。

第一，军警民地位作用将进一步明确。根据"军是军、警是警、民是民"的

---

① 《国家海洋局主要职责内设机构和人员编制规定》，载《国务院公报》2013 年第 20 号。
② 李林：《海警实行准军事建制的必要性研究》，载《北京警察学院学报》2016 年第 3 期，第 19 页。

原则，2018 年 3 月 21 日，中共中央印发了《深化党和国家机构改革方案》中关于深化跨军地改革的调整改革方案，明确：“将国家海洋局领导管理的海警队伍转隶武警部队”；“公安边防部队不再列武警部队序列，成建制划归公安机关，现役编制全部转为人民警察编制。”为深入推进军警民协调机制，切实增强维权执法效果，首先要明确军、警、民的作用，确立“民”是基础、“警”是核心、“军”是保障的基本原则。渔民和海上民兵是南海海上违法信息的提供者和维权执法活动的协助者，海警、海事等部门是南海海上维权执法的主体，而海军是南海海上维权执法活动的保障。要建立军、警、民协调指挥制度，明确各自的职责以及开展联合执法活动的流程，以确保执法活动的顺利开展。

第二，海警部队与海军联合维权执法将进一步顺畅。根据《中共中央关于调整中国人民武装警察部队领导指挥体制的决定》，自 2018 年 1 月 1 日零时起，实行中央军委—武警部队—部队领导指挥体制，武警部队归中央军委建制，不再列国务院序列。① 转隶武警后的中国海警与中国海军同在中央军委的统一领导指挥下，在海上维权执法方面将会有更深程度的协作，联合维权执法效果值得期待。

第三，可加强不同执法力量之间的混合配置。如美国海岸警卫队设有海上安全反应部队，可以部署在美国海军海军的水面舰艇上，按照国际法和美国法律进行海上执法。② 可借鉴美国经验，在海军、海警、海事各类执法船舶中混合互派人员，进行混合配置。如在南海巡航的海军军舰上部署海警力量，充分利用海军先进舰艇装备，及时对有关违法行为进行处理。

（二）完善军地海上维权联合指挥体系

海上维权执法的环境特殊，除对人员、装备、后勤保障等均有很高的要求外，还有赖于高效的指挥系统。尤其是在南海地区军地联合执法行动中，统一顺畅的指挥体制是确保海上执法行动取得预期成效的基本条件。在海洋权益维护问题日益凸显的背景下，我国先后组建了中央海洋权益工作领导小组、国家海洋委员会，国家层面的协调机制已经建立，在维护我国海洋权益方面也发挥了相应作用。但在具体海上联合维权中，军地配合仍然存在随机性和应急性。③

---

① 新华社：《中共中央决定调整中国人民武装警察部队领导指挥体制》，载《人民日报》2017 年 12 月 29 日，第 1 版。

② 知远等：《海岸保护神：各国海上执法力量研究》，知远战略与防务研究所 2009 年，第 33 页。

③ 王道伟：《海洋维权视域下中国海警执行任务能力建设若干问题思考》，载《武警指挥学院学报》2016 年第 6 期，第 6 页。

要提高联合执法效果亟须建立高效顺畅的联合指挥体系。

第一，借鉴三沙经验设立南海联合维权指挥部。目前，三沙市已经设立了西沙群岛军警民联防协调中心，联防指挥中心也于 2016 年 7 月 25 日在西沙永兴岛奠基开工，"一个信息平台、一个值班室、一个轮值计划、一个联合执法方案、一支海上民兵、一个司法维权机制"的"六个一"军警民联防机制初步形成。① 为了更好地落实中央设立三沙市的战略意图，应整合军地资源，借鉴三沙市现有军警民联防机制，支持三沙综合执法局与海军编队、海警编队建立军警民协调机制，使军警民的角色相互转化，从而有效协调、整合各支执法力量，缩短执法反应时间，提高执法效率。在条件成熟时，可考虑以三沙协调中心为基础，成立国家南海联合指挥部，统筹安排与协调不同执法力量的执法活动。根据国家经略南海的战略需求，结合不同执法队伍的特点以及装备水平，制定南海维权巡航执法计划，统筹安排南海海上综合执法，将南海维权执法的重点逐步向南沙群岛及其海域推进，当发生海上突发事件时，其有权协调各执法主体开展执法活动。

第二，设立联合执法行动中的临时指挥协调中心。在具体联合执法行动中，充分发挥海军舰艇吨位大、通信系统可靠性强等特点，将海军大型舰艇作为军地联合维权指挥舰，设立临时指挥协调中心。海军主要为联合执法编队提供目标信息、通讯联络、组织指挥及后勤补给等方面保障。为防止事态升级，造成失管失控，在与侵入我管辖海域的外国军警对峙时，可采取"海警一线，海军二线"的部署模式，②海军配置于海警后方，根据海上形势，随时准备支援掩护。在维权行动中如发生特殊情况，例如，外国舰艇首先向我国军警民船舶进行武力攻击时，在南海联合维权指挥部的指挥下，海军接替海警一线位置，双方舰艇相互配合，采取必要自卫措施，坚决维护我国海洋权益和国家尊严。

五、结论

要有效应对复杂的南海局势，切实维护我国海洋权益，必须军地联合维权。从国际法层面看，以《联合国海洋法公约》为代表的国际涉海法规为各国军队参与海上维权执法活动提供了依据。但我国在将国际法规转化为国内法

---

① 熊勇先：《论南海海上执法模式的选择与建设》，载《河南财经政法大学学报》2015 年第 3 期，第 17 页。

② 周晓成：《中国海警南海海域维权执法力量运用研究》，载《武警学院学报》2016 年第 11 期，第 18 页。

适用过程中，还需建立完善相关法规，进一步明确授权，确保军队参与海上联合维权执法有充分的法律基础。军队参与海上联合维权执法，要坚持必要性、辅助性和对等性原则，一般在普通海上执法力量人员不足、装备不足或无法快速回应时才能介入。此外，要提高联合维权执法效果，首先，要厘清南海维权执法机关之间的关系，在国家新一轮机构改革背景下，进一步明确军警民地位与作用，畅通海警部队与海军协作机制，还可考虑在不同力量间进行人员混合配置。在完善联合维权指挥体系上，可借鉴三沙经验，设立南海联合维权指挥部，在具体维权执法行动中，设立临时指挥协调中心。

Reflections and Suggestions on the Military-Civilian Joint Law Enforcement in the South China Sea

CHEN Wei

Abstract：It's urgent and necessary to strengthen the military-civilian law enforcement cooperation in the South China Sea interests. There should be a sound legal basis for the PLA to participate the maritime law enforcement and the basic principles and contexts should be clear. Furthermore, the interrelation of military and civilian organs should be clarified under the reshuffle of the State organization, and the commanding mechanism should be improved.

Keywords：South China Sea; maritime law enforcement; military-civilian cooperation

中国在南海历史性权利的证明模式
——以考古证据的相关性为视角

覃冠文*

摘　要：历史性权利是一国在某一区域内长期行使其主权以及各种特定权利，同时该权利得到了其他国家的承认或容忍而逐步形成的一项权利。历史性权利是我国主张南海海域划界的重要依据，也是我国进行南海维权的重要法理基础。中国人民长期在南海诸岛及海域的开发和经营的过程中，遗留了丰富的历史文物。这些文物经过科学的考古程序可认定为考古证据。考古证据作为历史证据的一类，在国际法中证明历史性权利方面拥有特殊的证明价值。由于国际法庭对于证据的可采性规则没有作出强制性的规定。因此，证据的相关性则成为法庭采纳当事国的重要依据。本文以我国在南海诸岛及海域的考古证据为对象，以证据相关性的两个方面，即证明性和实质性为视角，分别论证了历史性所有权、历史性捕鱼权以及历史性航行权的证明关系，探讨考古证据在证明历史性权利的证明模式。

关键词：考古证据；历史性权利；水下文化遗产保护公约

---

* 覃冠文，广西民族大学法学院讲师，法学博士，主要研究方向：海洋法、证据法。邮箱：guanwen_qin@163.com。

历史性权利的内涵主要包含历史性所有权、历史性捕鱼权以及历史性航行权,其法理基础是尊重并承认习惯法在国际法法理中的地位。国际习惯是"被接受为法律者的通例对国际习惯存在提供的证明"。① 正如《国际法院规约》第 38 条所言:"国际习惯,作为通例之证明而经接受为法律者。"历史性权利是我国主张南海海域划界的重要依据,也是我国进行南海维权的重要法理基础。中国人民发现、经略南海已经有两千多年的历史。在开发、经略南海的漫长历史过程当中,我国先民在南海各个岛礁以及海域存留着大量的生产、生活的历史遗迹和历史文物,包括古沉船、古遗址、古建筑、古墓葬、古书籍,等等。这些文物通过考古专业人员的科学认定,则成为考古证据。这些考古证据不仅是论证我国人民最早发现、最早开发南海的有力物证,更是我国在南海诸岛和海域享有历史性权利的重要铁证。

一、价值连城:考古证据何以重要?

(一)考古证据之证据属性分析

1. 考古证据之定义

考古证据是考古专业人员通过科学的、公开的考古程序对某一历史信息、历史文物的固定或提取,属于历史证据的范畴。考古证据是人类在长期的历史生活、生产活动过程中所形成的历史积淀,是反映某一族群在一定历史空间和区域内曾经存在的客观载体,同时,也是后人还原和了解古人的一个重要窗口。考古证据以遗迹和遗物为表现方式。遗迹和遗物的考究必须达到考古学、历史学等多学科对证据的基本要求,方可作为某项考古证明活动中的依据。考古证据作为历史证据的一类,在国际法中证明历史性权利方面拥有特殊的证明价值。《水下文化遗产保护公约》中明确规定:"'水下文化遗产'系指至少 100 年来,周期性地或连续地,部分或全部位于水下的具有文化、历史或考古价值的所有人类生存的遗迹,比如:(i)遗址、建筑、房屋、工艺品和人的遗骸,及其有考古价值的环境和自然环境。"由此可知,考古证据不仅是国际公法上一项重要的证据,而且具备了证据法学上的诸多特征。例如,考古证据对于还原某个历史事件或重新得出新的历史结论,其本身必须具备相关性和可采性等基本要素。证据的相关性又称关联性,是指证据有助于证明事实存在

① [德]拉萨·奥本海:《奥本海国际法》(第 1 卷,第 1 分册),詹宁斯、瓦茨修订,王铁崖等译,中国大百科全书出版社 1998 年版,第 16 页。

可能的属性。相关性是证据之根本属性,是证据与待证事实之间的逻辑联系。考古证据所具备的相关性,也应当与待证的事实存在某种联系,对该待证事实存在证明其成立或不成立的可能性。证据的可采性,又称证据的容许性,指的是一项证据能够提交到法庭上作为法官采纳的法律资格,它解决的是证据材料是否被法律所认可的问题。

2. 考古证据之载体

证据载体是指承载和证明相关事实的客观证据形体。人们认识事物的逻辑起点,首先是通过经验法则和一般常识将认为对事实的认识和证明有用的材料以一定的形式加以固定。这类涵盖有用信息的有体物统称为证据载体。任何证据的认定和审查,都必须将这些材料以一定的形式表现出来,以增加证明的可操作性和审查性。人们可以通过这些证据载体来审查、识别、排除证据的真伪,也可以验证这些证据载体在哪一事实环节上具备证明性。考古证据的证据载体主要表现为以下方式:其一,岛礁海域的沉船遗址。自古以来,我国古代有着极其发达的航海技术。2 000 多年前的"海上丝绸之路"正是我国古代繁荣海上航运的历史见证。然而,礁石暗滩遍布的南海常常是我国先民航海的"雷区",在方圆 200 多万平方公里的广袤海域内分布着数百处礁石、暗礁和浅滩。我国数以百计的航海先民船只沉没在南海海域,成为南海岛礁海域的历史遗址。其二,岛礁上遗存的文物古迹。南海各岛礁上的文物古迹作为重要的考古证据,见证着我国古代先民在南海岛礁上生产、生活的方式。南海诸多岛礁上的文物古迹通过科学的考古发现和发掘,可以成为我国最早发现南海、最先开发和利用南海的重要证据。其三,岛礁相关的历史文献。关于我国古代先民在南海岛礁上的历史文献记载颇为丰富。它既包括我国古代的历史记载,又包括外国的历史记载。这些珍贵的文物典籍和历史资料通过考古专业人士科学的考古程序进行认定之后,则可以认定为一项考古证据,成为证明我国在南海的历史性权利的有利佐证。

3. 考古证据之相关性释义

目前,国内外对于证据的相关性存在诸多理解。陈一云将相关性定义为:"可以作为证据的事实,与诉讼中应当予以证明的案件事实,必须存在某种联系,即能够反映一定的案件事实"。[①] 美国著名学者乔思·R.华尔兹认为:"如果所提出的证据对案件中的某个实质性争议问题具有证明性,那它就

---

① 陈一云:《证据法学》,中国人民大学出版社 1991 年版,第 89 页。

具有相关性。"①英国著名的学者斯蒂芬对于证据的关联性的定义为:"所应用的任何两项事实是如此互相关联着,即按照事物的通常进程,其中一项事实本身或与其他事实相联系,能大体证明另一事实在过去,现在或将来的存在或不存在。"证据的相关性是指一个证据所具有的、能够证明某一案件事实成立或不成立的能力。证据相关性如果证明某项事实更加可能成立的叫正相关性;而如果证明更加不可能成立的则叫负相关性。证据的相关性是一种逻辑上的关联性,而非哲学意义上的普遍联系。"考察证据与案件事实的信息相关性,遵循严密的逻辑规则进行经验推论。"②从证据的相关性构成要素上分析,它可分为证据的证明性和证据的实质性,两者共同构成完整意义上的证据相关性之概念。证据的证明性,又称为证明关系,是指某项证据能证明某一事实成立或不成立的能力。证据的实质性,又称法律上的相关性,是指与实体法构成要件事实有密切关系的能力,必与实体法上的构成要件相关。判断一个证据有无证明性和实质性,关键看该证据是否能简单证明某事实成立,还是以实体法的构成要件事实相关。南海诸岛及海域出土、出水的考古文物,从证据的相关性角度来考查,也存在考古证据的证明性和实质性两方面。在证据的证明性方面,应当从文物本身所携带的客观信息以及经过科学合理的考古推论来进行。考古证据的相关性应当结合文物的具体年代、国别、相关信息等历史内容来鉴别该文物的证据价值。在实质性方面,应当从考古证据与国际法(包括国际习惯法)关系上证明历史性权利的实质要件之间的密切关系和证明力大小。

(二)考古证据在国际法上的证据地位

考古证据作为一国提交国际法院的原始性权利,一般多出于当事国需要援引对争议岛屿拥有历史性权利的证据。在英法两国的"明基埃和埃克荷斯群岛案"中,③两国均不约而同的举证出大量涉及古代历史文物、足迹和遗迹的证据,以佐证自己在该领域自古以来就享有的历史性权利。当前,国际法院在解决各国领土纠纷中采取了所谓的"三重性分级"的裁判规则,④特别是在2008年新加坡与马来西亚的白礁岛、中岩礁和南礁案中进一步强化了该裁判规则,压缩了作为原始性权利的举证空间,也减损了历史性权利的证据能力。

---

① [美]乔思·R.华尔兹:《刑事证据大全》,何家弘等译,中国人民公安大学出版2004年版,第81页。
② 张保生、王进喜等:《证据法学》,高等教育出版社2013年版,第20页。
③ 《国际法院判决、咨询意见和命令摘要》(1948—1991),联合国出版物1993年,第31页。
④ 张卫彬:《论国际法院的三重性分级判案规则》,载《世界经济与政治》2011年第5期,第82页。

但是,国际法院在裁决中并没有一概将考古证据的证明价值予以否认。因为并非每一个案件中在举证上都存在三重分级的判案规则所要求的全部证据。而且,在双方证据的证明力均持平的情况下,作为原始性权利的考古证据就凸显出其独特的证明价值。此外,在一些没有争议的考古证据面前,国际法院依然会在某些个案中承认考古证据的可采性,将这些考古证据作为证明历史性权利的佐证。

对于这些历史性权利的证明责任,国际法院规定了类似民事诉讼中"谁主张,谁举证"的规则,即要求争议国双方需要自己承担其提出的事实主张的证明责任。当事国应该对其主张的权利向国际法院提供相应的证据,否则,就要承担败诉的风险。同时,国际法院确定了优势证据规则作为历史性权利的证明标准。这就对证明这些历史性权利提出了较高的证明标准要求。因为这些用来证明该国历史性权利的证据均来自某一国家,国际法院的法官们在审查和认定的时候,不仅需要通晓基本的历史学、考古学和逻辑学知识,而且还需要该法官对于对提交证据的该国的人文历史、地理风貌基本了解。"在根据保持占有原则确立边界线的过程中,法院承认,它经常难以确定那些非常原始的古代权利是否存在。"[1]

二、独树一帜:考古证据之于历史性权利的证明优势

从证据角度分析,我国在南海地区的考古证据具备最丰富的证明载体、最被认可的证据能力以及最具说服力的证明力。

(一)我国南海的考古证据拥有最完整、最充分的证据链条

我国是一个有着五千年悠久历史的文明古国。当东方大地上刚刚出现文明的曙光之始,我们的祖先便开始了对那片蔚蓝的大海的征程。考古证据表明,早在七千多年前长江流域的河姆渡文化,我国的先民已经掌握先进的造船技术并已经能够驾舟出海,是世界上最早探索海洋的族群之一。[2] 据史料记载,自春秋战国一直到明朝,我国的航海水平都位居世界前列。闻名世界的中国"古代海上丝绸之路"和郑和七下西洋等一系列的壮举,都充分说明了我国古代航海在世界航海史上的领先地位。进入 20 世纪,随着航海技术以及水下

---

[1] Robert Kolb, General Principles of Procedural Law, in Andreas Zimmerman (eds), the Statute of the International Court of Justice: A Commentary, Oxford University Press, 2006, p.830.

[2] 《中国国家地理》2010 年第 10 期,第 75 页。

考古技术的突飞猛进，南海诸岛及海域陆续发现了大批中国古代的海洋文化遗迹和遗物，这些以沉船为代表的文物，绝大多数均来自中国或与中国有密切的交易往来关系。这些沉船不仅数量巨大，分布范围广，时间跨度自宋代至清代。据海南省文物部门的粗略统计，在整个南海的西沙、中沙和南沙海域，已经被准确认定的古代沉船遗址有 136 处之多。① 它向世人展示出我国人民早在汉朝以来就已经在南海地区进行开发和利用，行使主权，进行航运通行以及捕鱼作业的历史画面。我国的古代先民在南海的一系列生产、生活所存留下来的考古证据，数量规模巨大、年代持续时间最长、历史信息最丰富，其作为证明我国先民在南海的历史性权利的证据链条也最为完整、充分和严密。

（二）我国南海的考古证据拥有较强的相关性

国际法院对于当事国提出的历史性证据进行审查时，采取的是优势证据规则，即当事国双方提出的证据与历史性权利最具有相关性，其证明力最大，则可以判定该证据较之对方具备优势证据的地位。南海诸岛及海域遍布着大量的文物遗迹，将考古证据作为证明我国在该区域享有历史性权利的有力证据，其相关性最强、最具有证明优势。

首先，考古证据作为一种实物证据，其包含的证据信息具备较强的真实性，因此，具备强大的证明力。以证据的表现形式来划分，证据可分为实物证据和言词证据。实物证据是以物体、文件、痕迹等为客观存在物为载体的证据形式。实物证据是以实际存在的客观物质来表现的一类证据，该类证据常常具备更强而长久的客观稳定性，不以人意志为转移，因此，具备很强的证明力。考古证据是以实物的形态出现，是典型的实物证据。从南海出土和出水的文物中，均以文物本身的物质形态为表现形式。这些文物经过了岁月的积淀，不仅本身包含了丰富的历史信息，而且这些历史信息较为稳定和真实，一般难以伪造和篡改。

其次，考古证据作为一种原始证据，其证据的可靠性、真实性相对于传来证据要强。证据按照其来源的不同可分为原始证据和传来证据。与之相对的是传来证据。划分原始证据和传来证据的意义在于揭示两类证据在证据的可靠性、真实性上的差异，从而为两种不同的证据的收集和运用提供不同的标准。原始证据强调的是证据来源、出处的原生性。它没有经过复制、辗转，是"第一手资料"。考古证据直接来源于南海岛屿和海底的文物，而且并不存在

---

① 《我省水下家底摸清》，载《南国都市报》2016 年 7 月 25 日，第 7 版。

复制、辗转等环节。因而,考古证据作为原始证据比传来证据的可靠程度要更高,更容易被法庭所采纳。

最后,某些考古证据在证明某些国际法规则上则属于直接证据。国际法上的发现、先占原则,均需要提交该国在该地区生产、生活和占领的历史信息和历史证据。在证明某国对该领土是否最先发现,是否享有先占原则时,考古证据则成为证明该原则的最强有力的实物和历史证据。如果这些证据被证实,一般情况下,则被视为一项直接证据,极易被法庭所采纳。例如,1956 年菲律宾声称在南海地区发现了"既无所属又无居民"①的岛屿,并于 1970 年起陆续侵占了我国南海中业、马欢等 8 个岛礁。菲律宾以这些南海岛屿是"无主地"为由,并援引国际法上的发现且先占原则而声称对南海诸岛享有"主权"。然而,这些岛上及海域大量的考古证据无不表明:我国先民早在菲律宾发现在上述岛礁之前,早已在该岛屿上生产、生活,其所谓的"发现原则"不攻自破。

(三)我国在南海的考古证据拥有较强的可采性

在国际法庭上,对于证据的可采性规则规定得较为宽松,这主要还是考虑到各个国家的法律制度的不同,以尊重和倡导国与国之间的主权平等原则。例如,除了《国际法院规则》第 58 条以及《国际法院规约》第 52 条规定的迟延证据必须排除以外,对于其他证据在可采性规则方面则没有强制性的规定。法官对于该证据的可采性问题采取的是自由裁量方式。此时,一项证据是否具备可采性,是否更易于被法官所接受,并提交到法庭之上,取决于该证据取证的合法性。考古学是一门科学、严谨和公开的学科。考古证据的提取需要经过专业的考古专业人士,通过科学的程序,公开透明地进行科学发掘和认定。考古程序中特别强调考古过程的公开性和参与性。按照程序正义的基本要求,公开性和参与性是正当程序所不可或缺的基本要素。长期以来,受历史文化、意识形态、地缘政治等因素的影响,我国在南海历史性权利的声索及证据极少被域外国家所知晓和认可。而在南海地区我国大量存在的考古证据则是论证我国南海历史性权利最有力的物证,通过国际性、区域性的联合考古发掘历史文物和遗迹,可以更好地向国际社会展示我国在南海主权的法理和历史依据。考古程序中将取证的每一个过程都对外公开进行,并邀请纠纷当事国和与纠纷无关的第三国一起进行国际科考,不仅极大地增强了取证程序的中立性和参与度,而且也极大提高了考古证据所包含历史信息的国际认可度。

---

① 吕一燃:《南海诸岛:地理、历史、主权》,黑龙江教育出版社 2014 年版,第 147 页。

著名的"南海一号"沉船的考古作业,就是我国历史博物馆与日本水中考古学研究所一同合作调查、科学考古打捞的国际考古典范。这种国际联合考古犹如一次"证据开示",增强了我国历史性权利证据论证的可采性。

三、历史车痕:我国在南海历史性权利证据载体之史地考证

长期以来,我国先民在南海的生产作业活动,留存下来了大量遗址和遗物,如沉船、房屋、庙宇、碑文、古籍等。这些文物记录着我国先民在南海的生产生活的历史印迹,是我国在南海拥有历史性权利的证据载体。

(一)古代沉船遗迹

举世闻名的"古代海上丝绸之路",最早始于秦汉,鼎盛于宋元时期。它以我国的广东、广西及福建沿海为始发港,经南海海域向东南亚各国、印度洋沿岸、波斯湾地区等进发。南海海域中的西沙群岛、东沙群岛、中沙群岛以及南沙群岛无疑成为南下各国的重要航线。宋人赵汝适的《诸蕃志》记载:宋代远洋海船多从泉州、广州出发,"率以冬月发船,盖借北风之便,顺风昼夜行,月余可达(阇婆)"。[①] 然而,岛礁众多、暗礁丛生的南海却是许多古代航海家的噩梦,如今却成了水下考古的圣地。这些宝贵的沉船遗迹成了证明我国在南海拥有历史性权利的有力铁证。目前,南海地区统计到的中国古代沉船如下表。[②]

表 1 南海地区中国古代沉船统计表

主要遗址	发现时间	遗址位置	年代断定	出水文物
南海 1 号沉船遗址	1987 年	广东阳江海域	南宋	大批瓷器及铜铁金器
华光礁 1 号沉船遗址	1998 年	西沙群岛光华礁西北	南宋至元初	出水文物近万件,产自福建和江西景德镇陶瓷
北礁 1 号沉船遗址	1999 年	西沙群岛北礁灯塔东北偏东 7 000 至 8 000 米	明代	采集到青花瓷、青白瓷、青瓷等
南澳 1 号沉船遗址	2007 年	广东南澳岛	明代至清代	大批"克拉克瓷器"

① (宋)赵汝适:《诸蕃志》卷上,《阇婆国》第九十二页。
② 侯毅、吴昊:《南海历史遗迹与文物的保护、发掘与利用》,载《暨南学报》(哲学社会科学版)2017 年第 7 期,第 54 页。

（续表）

主要遗址	发现时间	遗址位置	年代断定	出水文物
石屿 2 号沉船遗址	2010 年	西沙群岛石屿东侧	元代	文物均为元代瓷器
金银岛 1 号沉船遗址	2010 年	金银岛西南约 2 500 米	清代	发现有大量石质建筑构件和瓷器残片

（二）岛礁上遗存的文物古迹

1. 庙宇遗址及遗物

我国先民长期在与南海生产生活的过程中，逐渐在岛屿上建立了各式建筑及庙宇，常见的如大王庙、兄弟公庙、天后庙、孤魂庙等。例如，南海的太平岛、中业岛都有中国先民居住并开展祭祀活动的印迹。还有，土地庙，延续古代中国典型的祭祀风俗，传承了千年之久。土地庙通常由几块石板架设而成，长 3 尺左右，宽 2 尺有余，石板中央供奉着土地爷的石尊，虽然风吹日晒，雕像已经模糊不堪，但是衣着服饰、端坐姿态依然清晰可辨。除太平岛、中业岛外，南钥岛、南威岛及西月岛上也由类似土地神龛及类似庙宇。[1] 再如，1813 年，一支由英国人组成的探险队非法前往到我国南海的东沙群岛进行探险时，就曾记录下我国在东沙群岛上建立庙宇的记载。[2] 根据中西文献记载和我国在南海诸岛进行的考古调查显示：我国先民在南海 20 多个岛礁上建立有庙宇，包括西沙群岛、南沙群岛等的主要岛屿。这些庙宇中还发现了残存的祭祀祈祷的遗物。[3]

2. 居民生活遗迹

中国的先民长期生活在这片广袤的海域，自然也留下了当时生产生活的历史印记。20 世纪 70 年代，我国就在西沙群岛发现了大量中国先民的生活遗址。比如，在西沙群岛的甘泉岛西北部，科考人员发现了唐宋时期的古建筑地基，另出土了铁刀、铁锅、铁凿、陶器、瓷器等生产生活器物 50 余件，这些器物与同时期的广东内陆居民使用的基本一致。在永兴岛、珊瑚岛及金银岛也出土了明朝和清朝时期的瓷器、钱币等器物，再现了唐宋明清时期我国对南海诸岛的实际控制。另外，在太平岛上，也有中国先民定居的遗迹。岛上矗立的两

---

[1] 张振国：《南沙行》，载《中国南海诸岛文献汇编》八，台湾学生书局 1974 年版，第 39—40 页。

[2] 李长傅：《东沙岛和西沙群岛》，载《地学杂志》1922 年第 89 期。

[3] 《人民日报》1976 年 8 月 31 日，第 4 版。

块清朝时期的墓碑"皇清显考纯直郭公之墓""黄郁堂之墓"说明太平岛也为古代中国人居住之地。

3. 主权收复纪念碑

1945年，随着日本第二次世界大战的战败和投降，当时的南京国民政府遵照《开罗宣言》和《波茨坦公告》，随即派出4艘军舰前去南海的西沙和南沙开展收复接收工作。在西沙和南沙的一系列岛上竖立了象征着主权收复的纪念石碑。

（三）社会民间收藏文物

在社会民间存在着大量涉及我国人民在南海生产、生活的文物。这些文物经过考古专业人士的科学鉴定，方可认定为历史文物，具备考古证据的价值和属性，这其中以古籍、地图、航海日志最为典型。据不完全统计，我国自古以来记载南海诸岛的历史古籍文献数量众多。中国是已知绘制南海及其诸岛地图的最早国家。仅"宋元明清四代，记述南海诸岛石塘、长沙之类的文献、图籍多达百种"。[1] 北宋时期完成的《诸番图》，被公认为是最早指明南海诸岛自古以来均在中国政府管辖有力的地图证据。元朝著名的《元代疆域图叙》当中已经标明：中国的领土疆域北达北海，南达南海。明朝时期的《混一疆理历代国都之图》，已经明确把南海诸岛的行政管辖纳入中国疆界之内。国家图书馆馆藏清朝时期的中国领土疆域版图，在这份清朝绘制的《大清万年一统天下全图》中清晰地标识了南澳气（即东沙群岛）、七洲洋（即西沙群岛）、万里长沙（即中沙群岛）及万里石塘（即南沙群岛），明确了中国对南海诸岛的历史主权地位。此外，记载了海南民间以文字、口头相传的南海航行路线的典籍——《南海更路经》详细记录了西沙、南沙及中沙群岛的岛礁名称、准确位置和航行航向、距离及岛礁特征。作为千百年来海南渔民在南海航行的经验总结和集体智慧结晶，它为后人了解南海、捍卫国家领土主权提供了坚实的依据。

（四）外国近现代文献典籍

在近代，随着西方航海大发现以及工业革命的完成，许多殖民国家将殖民的触角伸入到我国。他们曾通过航行日志、调查笔录以及私人日记等公文信件中记录过我国先民在南海的一系列活动。例如，英国皇家海军档案1897年

---

[1] 林金枝：《中国最早发现、经营和管辖南海诸岛的历史》，载吕一燃主编：《南海诸岛：地理·历史·主权》，黑龙江教育出版社1992年版，第28页。

版的《中国海航行指南》、①法国人保尔·奥古 1894 年编写的《插图本新拉劳斯百科辞典》②等均记载了我国渔民在南海的生产纪录。1899 年,英国"旅游者"号船舶在南沙群岛安波沙洲发现了中国先民的遗迹。英国官方文献《中国海指南》也描述了生活在南沙岛礁上的海南居民有收集龟甲的习惯,以及海南的帆船上常年装载用于和岛上居民进行物物交换的生活必需品。③ 法国人承认在 1933 年法国人入侵南沙九岛时发现岛上只有中国居民在此居住,岛上建有中国人的神庙、院落和水井,美国的文献《亚洲航海指南》也有类似的描述。④日本文献《新南群岛沿革略记》中,作者池田写道:在南沙群岛北子岛上有两座中国人的墓碑,碑文刻载"同治十一年 翁文芹""同治十三年 吴□□"。⑤ 在 1868 年英国官方文献《中国海指南》,描述了这样一段中国渔民的岛上生活景致:"林康岛……此岛上有泉水,水质极好,岛上仅有一座井,是海南渔民所挖,在一棵矮小的椰子树旁,海水过滤后,有淡水渗入井内""觅出礁……1 月至 5月,海南渔船经常前往此处捕鱼。"⑥

四、铁证如山:考古证据对于历史性权利的证明模式

当代领土的争端解决,不仅需要取决于国家权力的行使,也需要援引历史性的权力来作为支撑依据。这表明一国在证明"自古占有"原则之外,还需要对该国的历史性事项作出举证和说明。传统边界特别是在亚洲发挥着重要的作用。当前,国际法院已经承认了原始性历史权利的概念,但必须要对该权利提供相应的证据。⑦ 国际法院在审查一国的历史性证据的可采性方面没有设置过多的限制,对于证据的排除也没有强制性的规定。因此,证明历史性权利的则应当从考古证据的相关性方面重点突破。

(一)考古证据对历史性所有权的证明模式

从目前的考古证据可以直观的证明:中国是最早发现、命名南海诸岛的国家。南海水下的考古文物属于我国古代先民的历史文化遗物,不仅有力地

---

① The Hydrographic Department, Admiralty, China Sea Directory vol. Ⅱ, 66.
② [法]保尔·奥古:《插图本新拉劳斯百科辞典》,巴黎拉劳斯书店出版社 1904 年版,第 663 页。
③ Choon-Ho Park, East Asia and the Law of the Sea, Seoul National University Press, 1985, p.186.
④ 赵理海:《海洋法问题研究》,北京大学出版社 1996 年版,第 12 页。
⑤ 韩振华:《我国南海诸岛史料汇编》,东方出版社 1988 年版,第 570 页。
⑥ China Sea Directory II, hydrographic office, admiralty, 1868, pp.86 - 87.
⑦ [英]伊恩·布朗利:《国际公法原理》,曾令良、余敏友等译,法律出版社 2007 年版,第 124 页。

证明了我国先民最早发现了南海诸岛,并且对南海诸岛进行了有效的占领和管理,可以有效地阻止南海周边国家对南海诸岛的主权声索。这是证明历史性所有权的最佳证据。

1. 对"发现原则"的证明方式

从证据的证明性角度分析,我国在南海岛屿与海域出土和出水的考古证据,不论从文物所追溯最早的年代,还是从历史时间跨度的连接性和完整性角度,或是从考古证据的数量上分析,均强有力的支持和证明我国最早享有对于南海诸岛无可辩驳的发现权,也最早享有对南海诸岛的领土主权。最早出土和出水于南海诸岛的文物始于1920年,由日本渔民在西沙群岛的珊瑚下发现我国的古代钱币。这些中国古代钱币,"其中最少的是王莽钱,最新最多的是永乐通宝……据看钱(永乐通宝)的形样,并没有人手磨灭的形迹,可见此钱的沉没,当在明成祖永乐年间或稍后,算起来不会后于500年前"。① 1974年,广东省的相关考古人员对西沙海域展开了一次科学系统的考古科研工作。在甘泉岛上意外地发现了两处我国古代先民的历史文化遗存。从出土的文物断定,均是渔民生活器具。② 1974年,广东省组织的此次科学考古发掘出的器物,居然与"广东韶关张九龄墓出土的同类器相同,属于唐代遗存";③而另外一部分出土文物,"与广州皇帝岗窑址、潮安笔架山窑址等广东沿海地区窑址出土的同类器相同,属于宋代遗存。"④这说明我国先民此生活过相当长的历史时期。这些器物均处于厚厚的堆积地层当中,并且周围有铁锅的残片出土。铁锅残片的出土被认为是我国先民在岛屿上生活的有力证据。

从证据的实质性角度分析,在国际法上,发现原则作为一项传统的国际法原则,在领土取得方面一直发挥着举足轻重的作用。18世纪之前的大航海时代,特别是工业革命以前,发现原则成为国家取得无主地领土主权以及解决相关的领土主权纠纷的基本准则。在15—16世纪的世界范围内存在许多尚未被发现的领土。发现原则强调:"发现本身即能赋予完整的权利。"⑤此时的发现原则区别于首先发现并占领的国家活动以及象征性的兼并行为,并且发现

① 《西沙群岛主权问题之初步研究报告》(1947年3月15日),载《广东省西南沙群岛志编纂委员会资料》,第57页。
② 许永杰、范伊然:《中国南海诸岛考古述要》,载《江汉考古》2012年第1期,第41页。
③ 广东省文管会等:《唐代张九龄墓发掘简报》,载《文物》1961年第6期,第46页。
④ 黄玉质、杨少祥:《广东潮州笔架山宋代瓷窑》,载《考古》1983年第6期,第518页。
⑤ See Hall, International Law, p.126.

原则并不排斥个人的象征性行为,例如,悬挂国旗、竖牌、立碑等。当时的许多学者都认为,发现是一国主张取得领土主权的有效依据,并一致将该原则确立为国际法的一项重要原则。随着西方资产阶级革命的相继完成以及工业革命的完成,世界范围内的领土基本被发现殆尽,这使得发现原则在很大程度上减弱了在领土取得方面的现实基础。然而,这种现实基础并不能否定它作为国际法准则的根基。随着新疆域的发现和拓展,发现原则依然会在国际法舞台上活跃自由。例如,据新华网报道:2014 年 10 月 10 日,俄罗斯在北极地区发现了因冰盖融化而露出的新岛屿并对其进行命名,同时俄罗斯还主张增加了452 平方海里海域面积。[①]

　　2. 对"先占"原则的证明方式

　　从证据的证明性角度分析,我国政府是最早对南海诸岛进行长期有效的管理。1935 年,在东沙群岛的马蹄礁附近,由当时国民政府海军部东沙群岛的气象台台长方均收集到了 89 枚凝结在珊瑚沙石块的我国古代钱币。在这 89 枚我国古代铜钱中,南宋古钱币共计 48 枚。这 48 枚南宋古铜钱币很有可能来自代表官府的船舶。因为我国到了五代十国之后,铜产量已经严重不足,铜作为国家重要稀缺的资源已经禁止出口,铜钱自然也在禁止外流的行列。南宋时期的民间交易用交子、会子、钱引等作为取代铜钱的货币进行流通。而一般的普通百姓很少使用铜钱,因此,几乎更不可能还偷偷装运出海进行对外贸易。但是铜钱的使用却有一个例外,即当时的市舶司却不受这个禁令的约束。作为政府机构的市舶司实际上是可以使用铜钱作为交易货币的。《宋史·食货志》记载:"嘉定元年,三省言,……绍兴末,臣僚言,泉(州)、广(州)二司(市舶)、西南二泉司,遣易市舶,悉载金钱。"[②]这些数量较大的古代钱币无疑是南宋官舶停泊或者沉船所遗留下来的历史文物。这就证明了我国古代政府对于南海诸岛不仅仅是享有国际法上发现的权利,而且存在政府的国家行为,完全符合国际法先占原则的基本条件。

　　从证据的实质性角度分析,先占原则是国际社会通行的国际法准则,它主要用于主权国家对某一领地主权归属的确认。先占原则适用的对象,必须是某一国家对于无主地的领土主张。主张领土主权的国家可以通过占领、命名、

① 新华网:"俄军发现北极小岛,俄领海增 1 500 平方公里",来源于 http://www.js.xinhuanet.com/2014 - 10/12/c_1112791595.htm,最后访问日期:2017 年 2 月 19 日。

② 福建师大历史系、地理系、外语系、图书馆编:《东西南沙群岛问羡慕及重要资料选辑》,转引自韩振华主编:《我国南海诸岛史料汇编》,东方出版社 1988 年版,第 102 页。

升旗等国家行为,并通过一系列法律上升为国际上认可的标准地名。因此,要想构成先占,"单纯之'发现'并不足以构成先占",①还必须附带上述国家行为。按照国际通行的准则,一国构成对某一无主地的先占,必须满足四个要素:其一是先占的主体只能是国家。个人和民间组织不构成先占的主体要素;其二,先占的对象必须是无主之地;其三,国家在占领无主之地之后,必须为一定的主权行为;其四,先占必须形成有效的占领,对无主地行使有效的国家主权。从我国考古文献可知:我国古代即对南海诸岛进行了有效的占领。据明代和清代的《琼州府志》、《万州志》的记载:南沙群岛在当时隶属于广东省的琼州府管辖,这就证实我国对南沙诸岛行使有效的占领和管理。此外,古代中国的政府也早已将南沙群岛纳入到行政版图之中。最为著名的是宋朝政府制作的《诸藩图》;明朝绘制的《郑和航海图》;清朝时期绘制的《大清一统天下全图》等考古文献。这些铁一般的考古证据,均说明我国政府已经对南海诸岛进行了有效的管辖,因而获得了历史性所有权。

(二)考古证据对历史性捕鱼权的证明模式

从证据的证明性角度分析,考古证据表明:南海自古以来都是我国渔民传统的捕鱼海域。"捕鱼为业,安常习故,数百余年。"②数千来以来,我国先民常常季节性的按照固定的航线到南沙群岛的海域进行捕捞生产作业。从汉代开始,南海逐渐成为中国渔民的传统渔场。到了明清时期,随着我国民间航海事业的进步和发展,集中表现在民间《更路簿》的完善和普及程度。清朝时期,我国渔民已经能够远航至南海48个岛屿和礁滩上进行开发利用。③ 清道光时期,海南谭门镇上的渔民就航行至南沙群岛并从事渔业生产和在居住在岛上。《广东琼东草堂港渔民申诉法占珊瑚岛九小岛书》中曾有一段历史记载:"吾琼东文昌县渔民因生活所迫,于清道光初年,已到其地从事渔业。嗣后各县渔民渔户移居其地,建立房屋和兄弟公庙多所。"④清同治年间,英国人蒲拉他士在航行中曾遇风暴至此停船,故西国作蒲位他士岛。向为闽粤渔户经营这所,沿海渔民,不下数百艘,而在此捞海采矿之小舟,亦不可胜计。⑤ 海南渔民各个时

① 傅崐成:《海洋法专题研究》,厦门大学出版社2004年版,第312页。
② 郑资约:《南海诸岛地理志略》,商务印书馆1947年版,第72页。
③ 夏章英主编:《南沙群岛渔业史》,海洋出版社2011年版,第73页。
④ 林金枝:《中国人民对西沙、南沙群岛物产开发的悠久历史》,载吕一燃主编:《南海诸岛——地理·历史·主权》,黑龙江教育出版社1992年版,第121页。
⑤ 李长傅:《东沙岛和西沙群岛》,载韩振华主编:《我国南海诸岛史料汇编》,东方出版社1988年版,第167页。

期的手抄本《更路簿》,更是详细记载了我国渔民在南海各海域生产和生活的印记。这些海上作业包括捕捞经济鱼类、采海参、捕捉海龟、居住、晒制海产品等一系列活动。此外,通过考古挖掘,南海诸岛上遗存了大量的汉、唐、宋、元、明、清等各朝代中国的文物,如古钱币、古陶片、古水井、古民居、古庙宇和古墓葬等。上述考古证据表明,我国渔民是在南海最早展开捕鱼作业、捕捞规模最庞大、持续时间最长的传统捕捞群体。我国渔民在南海捕鱼作业已经具备悠久的历史,这些传统性捕鱼的历史均记载在各时期的历史文献和考古文物当中,成为证明我国对南海历史性捕鱼权的有力证据。

从证据的实质性角度分析,在专属经济区制度正式确立之前,传统捕鱼权得到了多数沿海国家的承认与尊重。"如果一个国家的捕鱼船根据公海捕鱼自由原则,自远古以来或已经在相对长的期间内,习惯于在某些海域从事捕鱼活动,那么,可以说该国已经……取得了一种既得利益,即该海域内的捕鱼……应该是可以继续得到的……这种权利必须继续得到尊重。"①历史性捕鱼权是国际公认的一项通过传统性、历史性的巩固过程所取得的利用生物资源的权利。它既是划定一国专属经济区必须考量的因素,又是衡量专属经济区划界是否合理是否公正的标准。人类为追逐"渔盐之利",很早就对海洋进行各种渔猎活动,形成了固定的生产、生活习惯。政府基于管理的需要,逐步把传统本国渔民的作业区置于本国的管辖之下。这种基于传统捕鱼作业的权利而产生的权利声索慢慢在国际法实践中演变成为一条世界各国公认的国际习惯法准则。该国际法准则认为:传统捕鱼作业区作为本国主张的区域,可以排除他国渔民的进入。这种历史性捕鱼权得到了一些国家的认可。这些国家通过多边和双边的条约,相互尊重并承认对方传统的渔业作业区域。最有代表性的是 1964 年签订的《欧洲渔业公约》,以及 1979 年印度尼西亚与巴布亚新几内亚在海域的划界协议,其中,第 5 款规定:"承认和尊重双方国民根据习惯和传统方式在对方水域内享有的捕鱼权。"②而从上述考古证据表明,南海诸岛和海域一直以来都是中国渔民的传统捕鱼作业区。从岛上出土的渔民生产、生活的遗迹,以及各式各样的庙宇,都是渔民为开展渔业作业、祈祷渔业丰收等一系列与渔业有关的活动遗迹。因此,基地国际法的准则,我国应当享有该地

---

① Gerald Fitzmaurice, Law and Procedure of the International Court of Justice, 1951 – 1954: Points of Substantive Law-I, 31Brit. Y.B. Int'l L., 1954, p.371, p.376.

② 国家海洋局政策研究室编:《国际海域划界条约集》,海洋出版社 1989 年版,第 619—621 页。

区的历史性捕鱼权。

（三）考古证据对历史性航行权的证明模式

从证据的证明性角度分析，据《汉书·地理志》记载："自日南障塞、徐闻、合浦船行可五月。"①该历史文献记载的是两千多年前的汉代，我国政府从当时的合浦郡的合浦港和徐闻港出发，途经北部湾、西沙海域、南沙海域、孟加拉湾沿岸，再从斯里兰卡折回的官方贸易路线。这表明我国早在两千年前的汉代，就与东南亚国家保持着紧密的商业联系。最有力的考古证据来自广西北海合浦汉墓群中出土的大量文物，这些文物有相当多的一部分来自古代东南亚各国、古印度、古波斯等海外国家，最典型的器物为"钠钙玻璃"（又称"罗马玻璃"），这种器物"与广西以钴着色的钾玻璃中高锰的特点不同……钠钙玻璃与埃及和东地中海地区关系密切，应是通过海路输入"。②又如，《新唐书·地理志（下）》记载：自宋代以后，我们航海先民通过南海逐步向南、向印度洋沿岸发展对外交流事宜，逐步形成了"通海夷道"。③各国使节也是通过这条航线纷纷前来中国朝贡、交流和访问。最为显名的航海创举当属明朝初期的郑和七下西洋。此次创举开辟了几十条海上航线，沿途共计访问了 30 个太平洋及印度洋国家，是当时古代国航海事业的顶峰。此外，民间渔民收藏并承传，经过考古人士认定的考古证据——手抄版《更路薄》，更是一部珍贵的、描述我国沿海渔民的航海经书。它详细地绘制了我国南海诸岛各个地理名称、地貌特征、具体定位、航向针位、距离远近等精确的数据，记载着从海南各港口到南沙群岛的主要航线。从考古证据相关性的证明性角度分析，这些航线清晰地表明我国在南海历史性航行权在中国古代已经形成，它是中国人民持续开发利用南海诸岛最直接、最有力的历史证据。

从证据的实质性角度分析，基于某国家在该地区的传统航线，可主张因历史性权利而可在特定海域享有航行权，即"群岛海道通过权"。在未划定群岛的水域，历史上群岛国之外的国家长期就在此海域自由航行。因此，为了照顾到群岛国之外国家历史上在该海域长期享有的历史性权利，该国可以在该海域行使特定的航行权。这种历史性航行权适用于内水的无害通过权、群岛水域的通过权、国际海峡的过境通行权等。早在《联合国海洋公约》出台之前，许

---

① 《汉书·地理志二十八下》，中华书局 1960 年版。
② 广西文物考古研究所：《广西合浦寮尾东汉三国墓发掘报告》，载《考古学报》2012 年第 4 期，第 490 页。
③ 《新唐书·地理志》（下）。

多国家都在行使着历史性航行权。《联合国海洋公约》出台后，其第 35 条明确规定：“某些海峡的法律制度，这种海峡的通过已全部或部分地规定在长期存在、现行有效的专门关于这种海峡的国际公约中。”这就从法律上承认了历史性航行权。据目前的考古资料统计，南海海域共计中国沉船达 170 多处，时间跨度达千年之久。这些珍贵的中国古代沉船静静地述说着我国航海者开拓南海航线，与外国通商贸易的历史。基于我国自古以来在南海的航行活动而获得的历史性航行权，以及《联合国海洋公约》中有关航行制度的规定，均有力地证明了我国在南海享有历史性航行权。

The Proof of China's Historic Rights in the South China Sea
——based on the relevance of archaeological evidence

Qin Guanwen

Abstract: The historic right is the right of a country to exercise its sovereignty and various specific rights over a long period of time in a certain region, and the right is gradually formed by the recognition or tolerance of other countries. The historic right is an important basis for China's claim of maritime delimitation in the south China sea, and also an important legal basis for China to carry out its rights protection in the south China sea. The Chinese people have long maintained rich historical relics in the development and operation of the south China sea islands and its waters. These cultural relics can be identified as archaeological evidence by scientific archeological procedures. As a kind of historical evidence, archaeological evidence has a special proving value in international law. Because the international court has not imposed mandatory rules on the admissibility of evidence. Therefore, the relevance of the evidence becomes an important basis for the court to adopt the countries concerned. This article takes our country in the south China sea islands and waters of archaeological evidence, correlation with the evidence of two aspects is proved and the view of substantive and demonstrates the historic ownership, historic fishing rights and the certificate of historic voyage right relationship, explore the archaeological evidence proves that historic rights model of proof.

Keywords：Archaeological evidence；historic title；Convention on the protection of underwater cultural heritage

域外视角

对 1982 年《海洋法公约》作为
海洋宪法的批判性研究
——法国的国家惯例(政府法律咨询)与理论

安东尼·卡蒂*

摘 要:有观点认为,国际仲裁法庭,如中菲争端特别仲裁庭,可以仅通过对国际法律文本"幻想的""主观的"、单方面的解读,不认真考察国家惯例,就创造出制约一些国家的国际习惯法。本文的写作目的就在于反驳这一观点。批判性法律研究继承自美国现实主义法学,该方面的研究一直认为,由于司法中含有公开,或更多是无意识的偏见,司法机构作为正义与法律的执行工具根本上存在缺陷。1986 年,笔者撰写了《国际法的衰亡》,至 2017 年出版了《国际法的哲学》(第 2 版),一直试图论证这种观点,但并没有明显成效,本文对南海争端仲裁的理论讨论的反思也能反映这一点。笔者的目的并非继续批判该特别仲裁庭,而是对先前及此后的相关理论文本进行反思。本文最后将详细论述法国参与起草 1982 年《联合国海洋法公约》的情况及其国家惯例,这个当时充斥着看似理想化,实则充满偏见的对国际法律文本的解读。

关键词:联合国海洋法公约;国家实践;南海仲裁案;海洋宪章

---

* 安东尼·卡蒂,北京理工大学法学院教授。主要研究方向:国际法理论、国际法哲学和国际法史。

一、对 2016 年 7 月 12 日特别法庭仲裁的理论反思

在近期关于南海问题的重要出版物——《2016(香港)海洋争端解决国际法研讨会》中,几位支持中菲南海争端最终裁决的作者将《海洋法公约》认定为海洋宪法。其中,埃里克·弗兰克斯称:1982 年的《公约》"已具有海洋宪法的地位"。① 并详细阐述道:"167 个国家和欧盟都签署了该公约,终于实现了其创始人最初的蓝图——使之成为海洋宪法。"②这些评述是其论文的第三部分,该部分的结语如下:"不幸的是……《海洋法公约》第三次谈判人员采取了不明智的方式来商定这一特殊问题。当时他们认为小型岛礁不会发展成很大的海域,最终导致相关规定完全模糊不清,且毫无内在逻辑。"③

这是他对《公约》第 121 条的评价,也是该文章第三部分的结尾。很难理解弗兰克斯对海洋宪法的准确定义究竟如何,因为在同一篇文章中,他再次评价《公约》第 121 条:"这方面的历史历经波折,而且缺少统一的国家惯例,作者们似乎普遍认为(第 121 条)第 3 款与第 1 款、第 2 款不同,并不构成国际习惯法。只有在这点上各位作者似乎达成了共识。"④

塔拉·达文波特也有类似观点,她赞成该法庭对海洋基线的仲裁结果,但她并不认为《海洋法公约》是海洋宪法。她研究了《公约》谈判前及谈判期间的关于群岛制度的争端时,指出:"确认本公约未予规定的事项,应继续以一般国际法的规则和原则为准据。"⑤

达文波特的结论是,无论其序言的条款或先前及之后的国家惯例如何,《海洋法公约》是非常特殊的法律问题。她表示:"尽管《联合国海洋法公约》没有明确排除使用直线基线,但其中第 7 条,加上第 46 条和第 47 条中的有条件许可,一并排除了不符合群岛基线标准的离岸群岛使用直线基线的可能性。"⑥《南海争端仲裁书》第 575 款)当然,一旦将《公约》视为海洋宪法,支持另外处理方法的国家便要承担举证责任,证明这种做法是无异议的,它才有资格成为《公约》条款之外的一项新的习惯法。仲裁法庭本身则无需考虑这种做法,因

---

① The Public International Law Colloquium on Maritimes Disputes Settlement (HK 2016), p.179.
② Ibid, p.183.
③ Ibid, pp.183 – 184.
④ Ibid, pp.188 – 189.
⑤ Ibid, p.155.
⑥ Ibid, p.163.

为没有非常明确的证据表明这需要制定一项新法规。达文波特认为没有必要去考察国家惯例,因为"仲裁法庭基本上认定该问题仅由《公约》管治"。

尽管如此,法庭在解读《海洋法公约》时却"实质上"改变了《公约》的条款。法庭称:第 47 条第 1 款规定了群岛直线基线只限于群岛国家使用。然而,该条款并未包含"限制"一词,只是说群岛国家可划定直线基线。法庭裁决书是这样阐述的:"尽管《联合国海洋法公约》没有明确排除使用直线基线,但其中第 7 条,加上第 46 条和第 47 条中的有条件许可一并排除了不符合群岛基线标准的离岸群岛使用直线基线的可能性。"(第 575 款)

如果说探讨公约作为"真正的"宪法这一论点的意义是一个理论难题,那么,与之相关的另一个难题则是在背离该公约的做法出现时,要证明它已获得各国一致认同,才能批准这种对"宪法性"公约的"违背"。达文波特文章的优点是在讨论最终裁决之前,她能清楚认识道,对于"离岸依附群岛是否使用直线基线、能否行使海洋权利",各国的国家惯例大不相同。但她的文章也有不当之处,由于她支持仲裁结果,她就能"容忍"裁决中明显不符合法学素质的做法。事实上,她没有批判其裁决,相反,在法庭和法院往往认为没有必要为结论提供说服力的法学论据时,她便为其结论寻找学术上的解释。这个问题非常关键,因为人们必须认识到,无论是否从国家档案馆取得,该领域的国家实践都没有被南海争端特别仲裁法庭重视。事实上,根据达文波特非常被动的理论,"学术界的唯一职能就是事后说明法庭为什么认为不需要解释原因就可进行裁决",批判相关仲裁是无意义的。

所以,达文波特称:"从法律角度看,法庭的推理是不能出错的。《联合国海洋法公约》清楚地限定了在何种情况下可使用直线或群岛直线基线,而南沙群岛显然不符合上述情况"。[1] 在她看来,这"消除了以前存在的很多不确定因素……因此有助于建立稳定的海洋法律秩序……。"然而,她又表示:"可能人们对裁定的批判不在于其结果,而在于裁决方法——法庭在考察所涉及的国家惯例和与此案相关的国际习惯法时敷衍了事"。[2]

仲裁法庭的基本论点是"《海洋法公约》即海洋宪法",达文波特称:"法庭知道有关离岸群岛的国家惯例,但认为它并不足以构成一项新的国际习惯法,因此,法庭的裁决不能违反《联合国海洋法公约》明文规定的条例。"

---

[1] The Public International Law Colloquium on Maritimes Disputes Settlement (HK 2016), p.164.

[2] Ibid, p.164.

接下来,她便为这一行为开脱道:"我们可以对这种批评提出反驳,因为法庭其实不必深入考察国家惯例,也不需要考虑前者是否足以构成新的国际习惯法,因为仲裁法庭认为该问题基本上仅由《公约》管治。此外,在决定是否该创建新的国际习惯法时,该仲裁法庭与国际法院等国际法庭一样采取了更务实的做法。"①

她更进一步地阐明此规程根植于国际法的整体判例与实践中。她引述了现任国际法委员会"国际习惯法的形成与证据"特别报告员迈克尔·伍德的一篇报告:"简而言之,在法院的判例法中,有两种主要的方法来确定国际习惯法的特定法规是否存在。某些案件中,即使没有详细分析,法院也可决定习惯国际法法规存在与否,这可能是由于法院认为该问题显而易见(这种判断可能基于法院以前的调查结果或参照法院认为无可置疑的法律等因素)……对于其他案件,法院会对国家实践和法律确信进行更详细的分析,以判定习惯国际法法规是否存在。"②

以上两种情况都假定法院或法庭不会犯错。那么,无论它们选择哪种程序,都有很好的理由。达文波特回到原来的话题——探讨法庭的裁决结果,对此,她仅评论:"该裁决规定了大陆国家将永远无权在其依附群岛周围划定直线基线。"当然,这个裁决只约束当事国家——鉴于管辖权问题,这非常值得质疑。并且根据第28条的附属法规,"这可以用来质疑大陆国家是否有权划定直线基线"。③ 因此,除了管辖权问题之外,完全可使用理论标准来判断该裁决是否作为有价值的辅助性证据与国家实践相匹配。

达文波特认为这也取决于《海洋法公约》是否是一部宪法。她进一步表示,如果说排除离岸群岛"是政治妥协的结果而不是依照任何支配性法律原则的判决",④《海洋法公约》就很难称得上宪法。尽管如此,达文波特倾向于认为"法庭巧妙地制定了依附群岛的法律……然而,法庭仍必须依照现行法律来解释其法律,法庭认定不存在与《公约》明确规定相背离的国际法新规定,有令人信服的法律论点(作者并没有列举出来)支持这一判断"。虽然作者声称该裁决约束的是中国,她却表示裁决书作为辅助证据可说明:"其他国家现在可以依照裁决结果证明在南沙群岛周围划定直线基线违反了国际法。"⑤

---

① The Public International Law Colloquium on Maritimes Disputes Settlement (HK 2016), p.164.
② Ibid, pp.164 – 165.
③ Ibid, p.166.
④ Ibid, p.166.
⑤ Ibid, p.167.

　　将《公约》视为宪法的理论对有关群岛的争论尤为重要。达文波特也认同《海洋法公约》最初没有根据其政治地位区分各群岛,但之后因各种原因改变了立场,原因之一是有依附群岛的大陆国家无法形成统一的、有凝聚力的阵线,也无法显示出稳定的制海权。这与"群岛国家"的概念完全相反。

　　事实上,自 20 世纪 80 年代以来,人们对《海洋法公约》的立法历史的看法就有着深刻的分歧。达文波特认为,索菲亚·科佩拉是主要的理论权威。我们需要将《海洋法公约》及其会议视为含有群岛的大陆国家与其他国家(包括群岛国家和其他类型的国家)之间持续斗争的一部分。会议记录显示大陆国家当时被排除在外,但这不说明这些国家默许这一行为,而且会后大陆国家的仍各行其是。索菲亚·科佩拉的《海洋法中的依附群岛》详细研究了《海洋法公约》会议,详尽介绍了《公约》关于离岸依附群岛的谈判情况,是该领域最主要的权威研究之一。

　　这确实可以说明,拥有这些群岛的大陆国家无法说服会议的全体与会者将它们涵盖于《海洋法公约》中,但问题仍然在于法庭如何得出这一结论:作为国际社会立法者,此次会议可以判定大陆国家的要求在法律上是无效的;同时,会议之前、期间及之后,这些国家一贯的国家惯例均被判为非法行为,而不仅是未被普遍接受的做法。换句话说,法庭仍然坚持习惯法本质的观点之一。提出这一问题并没有带来什么改变,因为《海洋法公约》详尽无疑,需要求证相关论点非常困难;而不具有普遍性的国家惯例便不具有法律意义,这已成了毋庸置疑的事实,但关于会议期间(1973—1982 年)及随后的国家惯例,有两点需要说明:第一,有大量海域划界条约确实接受大陆国家离岸依附群岛划定的直线基线和海域划界;第二,争端不在于群岛单个岛屿的主权问题,且与其地质性质无关。

　　如科佩拉所言,英国在会议开始时提出了关于属于大陆国家的群岛的一项提案,"本条的规定,即针对群岛国的规定,对适用于形成(非群岛国)群岛的岛屿的《公约》与国际法不存在偏见"。[1] 显然,群岛政权只适用于群岛国家,科佩拉认为"(群岛政权)拥有政治内涵,最终只适用于完全由群岛组成的独立国家"。[2] 他们的目的是宣扬其"基于地理原因,且出于政治考虑"的主张。[3] 这

---

[1]　Sophia Kopela, Dependant Archipelagos in the Law of the Sea, Nijhoff, 2013, p.31.

[2]　Ibid, p.27.

[3]　Ibid, p.27.

一点随后反映在法国的国家惯例中——法国与群岛国家的争端主要在于该地区政治地位的竞争,而不在于其地质资源。当时法国将那些海上领土作为宣扬海事主张的阵地。

会议辩论期间,拥有依附群岛的国家,如厄瓜多尔、希腊、西班牙、印度、中国、阿根廷、葡萄牙、法国、加拿大、澳大利亚和洪都拉斯等国要求扩张其权力,①尽管他们有着共同利益,却并没有提出一份共同提案。② 希腊和厄瓜多尔提交了草案,③但遭到土耳其、泰国、巴基斯坦和缅甸等邻国的极力反对。④科佩拉发现,奇怪的是,包括英国在内的海上强国集团,除法国外都反对将群岛的概念扩展为依附性领土。⑤ 下文会讲到,情况并非如此。由于主要海洋大国之间不可能达成共识,英国在会议期间的政策是保持沉默,并建议法国也这样做,但后者没有采取其建议。因此,科佩拉认为在海上强国中,唯独法国与其他强国对立。然而,她表示,只要确保群岛海域权利得到保障,⑥其他国家便没有严正反对扩展群岛的概念。

群岛问题的非正式工作组中没有任何大陆国家,厄瓜多尔对此表示抗议。正式私人会议上并没有讨论该问题。科佩拉称:针对依附群岛的条款含糊不清,只说明国家群岛制度并不适用,但暗示可能针对依附群岛应使用另一种特殊制度。她认为由于该规定本身十分模糊,对其暗示的解读也不明确,所以,这条规定被删除了。大会最后几届会议期间,拥有依附群岛的国家倡议列入该方面的条款,厄瓜多尔提交的一份草案也得到了法国和希腊的支持。但由于发现其他国家不愿接受该提案,厄瓜多尔最终将其撤回。希腊也有相同的经历。科佩拉不无讽刺地强调说:反对的声音主要来自海上强国,他们想要维护自己的航运权。可以看出,英国的沉默是战略性措施,而法国从始至终都没有保持沉默。

事实上,科佩拉果断地解释了会议结论如何达成,其运作程序是各国协商一致通过某提案。正因意识到提案不可能被采纳,希腊撤回了提案。⑦ 显而易见,希腊和英国都没有在会议上积极推进其主张,究其原因,只是因为他们的提案

---

① Sophia Kopela, Dependant Archipelagos in the Law of the Sea, Nijhoff, 2013, p.31.

② Ibid, p.31.

③ Ibid, p.32.

④ Ibid, p.33.

⑤ Ibid, p.33.

⑥ Ibid, p.34.

⑦ Ibid, p.38.

被采纳的可能性微乎其微,因为没有投票程序来通过提案。因此,我们不应该认为《公约》没有包含的内容便被排除在外,其实它可能只是尚未处理的问题。

科佩拉总结说:大陆国家在大会最后阶段表示反对《公约》不列入依附群岛,并"强调群岛的法律地位仍没有定论"。[①] 大会的整体运作原则是"将达成的共识列入《公约》",由此可见,会议成果本质上是务实的。否则,一则条款可能就会破坏会议的整体成果。[②] 她引用了许多作者的观点,包括两位印度学者 R. P. 阿南德和 V. 沙买,他们认为这是个开放式问题,鉴于会议未能解决该问题,"各国单方面为边远群岛划定了直接基线。"[③]

在对法庭关于法律问题(岛屿、群岛、历史权利与名称)的定义进行更实际的考察之前,盖·德·拉夏里埃先讨论的是条约和习惯之间的关系,同时他表示,会议程序作为重要国家惯例,是形成国际习惯的基础。会议期间,他担任法国外交部法务司负责人,1979—1982 年升为部长级官员。他推进了法国关于领土和专属经济区的立法,以先发制人地引导会议的方向。他还表示,《海洋法公约》没有提供海洋划界的法律手段,因而未能颁布专属经济区法律,此外,《公约》基本上不适用于第三方法律裁决,因为其关键内容是政治性的,它们把西方国家和第三世界国家划分开来。

1983 年,德·拉夏里埃当上国际法院法官后,出版了《法律与外交政策》一书,[④]以一名法官的身份讲述了大会的工作。他认为国与国之间不可避免地存在冲突关系,因此,一国总会在制定和解释一则法规时尽可能保护自身利益,同时损害邻国的利益。国际律师作为法律学者应当客观地看待当时的特殊状况,例如,一国要说服另一国同意其不愿接受的条款,作为交换,它也要被迫通过自身不愿接受的条款,这种状况下各国往往认为自己别无选择。作者对康德"绝对命令"的极力反驳贯穿于整部作品中,即尽量不要按照普遍准则行动,其他人决心要做同一件事时,如果你也妥协,最后只会半途而废。

公约的起草和结论可作为一般习惯法演变的证明,这是国际法院在处理"北海大陆架"和"(尼加拉瓜)某些军事活动"两起案件中高度关注的一项原则,德·拉夏里埃对该问题的思考尤为重要。1982 年的《海洋法公约》是一项公约,作者坚称,就其在国际法方面的价值而言,各国仅将该公约作为便利手

① Sophia Kopela, Dependant Archipelagos in the Law of the Sea, Nijhoff, 2013, pp.50 – 51.

② Ibid, p.51.

③ Ibid, p.51.

④ Law and Foreign Policy, Paris, 1983.

段用于预先确定国际关系中的相关的行动,是否会坚持实行公约很大程度上取决于各国是否愿意遵循公约行事。此外,起草公约遵循的是外交会议的程序,即基本务实的制定原则,试图将会议环境转变为严格的学术求证以考察各国在形成习惯法方面的法律意见是极不科学的做法。也就是说,外交代表有权通过谈判获取他们所能取得的各种优势。政府和议会的许可也是有区分的。最后,各国在逻辑上或理论上有前后矛盾或不一致的立场也并非奇事。"禁止反言原则"只是司法术语,实际上,各国在形成利益观时并不遵循该原则。国家行为的基本原则是各国都坚持自己的独特性。同时,每个国家都认为自己是普适价值的唯一代表,正是在这种意义上,各国通过自身实践推动了一般习惯法的发展,这是很有价值的。①

这并不是说国际法不存在。而是强调对其功能的科学研究应集中于各国操纵法律现象所使用的手段上。处理某事件时不存在统一的国际法,而是与其紧密相关的国家采取的对外法律政策在起作用。

德·拉夏里埃认为还能从(法学意义上的)超越主义或理想主义学说的角度探讨这个话题。如果一国认为某项法律是强加的限制,那就意味着一定有其他国家强迫其接受它。他极力否认存在一种国际法律秩序(或法律共同体)来赋予各国权力以处理其未受管治的事项。其言下之意是国家的权利是由外部赋予的,其自由裁量权是有法律限制的。各国保留对国际法律的解释权,因此,并不存在国际法,只是相互冲突的各国政策起了共同作用。②

概括而言,德·拉夏里埃认为将公约法与习惯法对立来看纯粹是天方夜谭或过于简单化了。在多边谈判中,各国都尽可能做出妥协。公约不是某个人,而是一部法律,如果某事没有被公约明确禁止,不能认为它就是可接受的。

二、海洋会议期间及之后法国对离岸依附群岛以及国家惯例中海洋权的态度与措施

实际上,法国不认为大陆国家的离岸依附群岛有任何特殊性。它仍将1958年领海会议的精神作为其基本的法律立场,即所有土地自动生成大陆架,并随之产生经济区。由于依附群岛(实际意义是"欧洲人拥有的群岛")有人居住并且能带来经济利益,法国外交部法律顾问于1976年提议立法宣布法国的

---

① Law and Foreign Policy, Paris, 1983.

② Ibid.

所有领土都享有专属经济区。他在国际法主要期刊上发表的一篇文章中阐明了这一提案。1978 年正式立法,法令命名了属于法国领土的群岛及岛屿,并授予它们专属经济区。群岛中的所有岛屿,无论是否有人居住都被命名为前者的一部分。这一法令清单参考了 1976 年的文章,并发表在国际法另一本主要期刊中。

1976 年 7 月 16 日颁布的第 76－655 号法令的命名参照的就是法国领土沿岸的大陆架和特殊经济区等领地。其中,关键的第 5 条规定:国务院将确定"共和国领土不同海岸的"专属经济区的相关法律生效的日期和执行方式。这一标准划定了 188 海里的专属经济区,1978 年通过了统一制定的法令。其主要目的是监管渔业,包括某些地区授权外国捕鱼。每项法令都会列举海外属地的特定领土。

德·拉夏里埃意识到,法国如果能将欧洲领土的专属经济区扩张到 340 000 平方公里,那么,其欧洲之外的领土就可能扩张 1 000 万平方公里。[1] 从美国的经历中就可以看到这种趋势。作者在文章中表示,当时许多发展中国家都在攫取海洋权利以获取专属的捕捞权,1975 年的苏联就是如此。那么,法国为保护其渔业采取了什么措施? 首先它必须遵守《海洋法公约》,法国很担忧当时的舆论环境:《公约》规定通过殖民获取的领土或不是天然属于欧洲国家的领土,不能作为其海上领土。这可能会使舆论针对法国,因此,法国决定在《海洋法公约》完成之前立即依照习惯法宣布拥有那些领土。[2] 加拿大也在《公约》宣布之前开辟了 200 英里的捕渔区。美国也采取了相同的措施。法国高度关注美国的行动,因为当时法国正在波多黎各、关岛和维尔京群岛开设专属经济区,根据《公约》草案第 136 条,这些领土有可能被认为不天然属于欧洲或其他西方国家。[3]

当时,新喀里多尼亚还被称为科摩罗群岛。德·拉夏里埃强调称:《海洋法公约》对欧洲共同体的规定尚不完善,因此,法国认为必须尽快采取措施,否则《公约》一旦完成,法国的海上领土可能就会遭遇质疑,所以,法国必须为争取其海外部门和海上领土的利益行动,根据《公约》的最终版本,这些领土可能会以不同的方式进行治理。[4] 1976 年 5 月,法国派往《公约》大会的代表参加

---

[1]　Annuaire Française de Droit International 1976, The EEZ of France, p.644.

[2]　Ibid, p.645.

[3]　Ibid, p.646.

[4]　Ibid, p.646.

纽约的会议后回国倡议立法宣有海上领土,两个月内该法案就正式通过了。此举使法国成为扩大海事管辖权的第三大国家。①

德·拉夏里埃探讨了与经济区概念有关的法律内容,通过深入分析,他认为法国对这一问题的态度不是排外的。当时法国必须应对第三世界争夺资源的威胁,尤其是对渔业产生的冲击。法国特别制定了方便外国渔船在其海域内活动的法律框架。法国必须颁布法令以应对其他国家宣布占有专有区域的做法。因此,加拿大扩大纽芬兰省经济区后,法国也为圣皮埃尔和密克隆群岛划定了 188 海里的经济区。同样,法国不得不取消马约特岛的一个经济区,该海域不符合衡平原则和特殊情况下的离子浓度标准,尽管国家没有立法明确规定,法国还是需要遵守该标准。

1982 年 12 月 10 日,法国签署《国际海洋法》时声明:《海洋法公约》关于不同海域地位的条款确定和巩固了海洋法的一般规则。根据《公约》规定,法国不承认任何由外国强制执行的法规,或与上述一般规则不符的法律。1996 年 11 月 11 日,经过批准,法国对第 298 条第 1 款作出保留:法国不接受根据《公约》第十五部分第 2 节对第 15 条、第 74 条和第 83 条的解读及应用做出的裁决,该部分内容涉及海洋边界限制与历史海湾及名称问题。

法国将其 1976 年关于经济区的立法视为治理(非专属性)经济区的国际习惯法基准,因此拒绝接受《海洋法公约》对第 15 条、第 74 条和第 83 条有关海洋边界限制的解读。他们的目标仍然是建立一个(不一定是专属的)经济区,并且与沿海国家和拥有沿海岛屿的国家协商解决问题。岛屿不仅仅是岩礁,它还拥有经济区和大陆架,与之有关的问题存在分歧时,必须进行谈判寻求解决方案。

1983 年 3 月 1 日,J. F. 杜伯利在《国际海洋法中的岛屿司法制度》中作出上述评论,该文章出自未公开出版的法国外交部法务司档案编号:Box 83/1DJIM8。②

评价《公约》第 121 条第 3 款杜伯利首先认为,"岩礁"一词过于随意,《公约》没有给出明确定义,因此,该条款不是国际习惯法。可居住性以及经济可行性的标准含糊不清且不够稳定,也不能作为国际习惯法。对岛屿的定义是

---

① Annuaire Française de Droit International 1976, The EEZ of France, p.647.

② Reference of the Archives of the Ministry of Foreign Affairs: Les Iles Regime Juridique: 5/1/1983 — that is, weeks after the LOSC Conference adopted the LOSC on 10 December, 1982.

天然的；一国为防止岛屿消失所采取的行动也不能消除其天然特征。

《公约》中海域的划分从来没有区分不同类型的岛屿，制定第 121 条第 3 款时，公约没有遵循国际习惯。各国呼吁使用 1958 年的《大陆架公约》对海域进行划分，描绘等距线时，小岛也必须充分考虑在内，因此，岛屿对海域的划分会产生重大影响。该方面的实践有很大差异，因此，不存在法律确信。1969 年国际法院大陆架案、1977 年海峡群岛案和突尼斯-利比亚大陆架案显示，法院判决对岛屿并不重视，岛屿的地位被削弱或判为无效。然而，国际谈判则充分重视岛屿在经济区划分中的作用，如 1978 年澳大利亚和新几内亚就托雷斯群岛直线基线签订了公约。法律意见认为：岛屿与沿海国家一样都有经济区和大陆架，可能会与沿海国家产生冲突，此时应通过协商解决分歧。

实际上，根据法律档案显示，法国与其他国家之间的严重争端始终围绕着领土主权问题。发生争端时，对方只在领土主权方面进行争辩，而法国则很清楚地意识到这一问题不会被当作海洋划界来处理。考虑到政治背景，不可能寄希望于第三方司法裁决，因为法官不能忽视第三世界的政治情绪。法国也知道，与福克兰群岛主权争端中英国的处境一样，法国在联合国也无法获得有意义的政治支持。

主流观点认为：法国仍在东南印度洋和南太平洋地区有重要影响，这令人十分惊讶；法国代表团表示绝不会在联合国大会宣扬这种做法。然而，法国自己的态度是，第三世界对专属管辖权的主张不利于建立国际海洋秩序，他们采取的方式通常是无限制地扩大领海面积（不一定是经济区）；在完全建立国际秩序之前，最好不要作出让步。

下文将详细研究三个案件。第一个案件涉及马约特岛和格洛里厄斯岛，法国因此与科摩罗产生纠纷；第二个案件涉及法属印度洋诸岛争端，法国因此与马达加斯加和莫桑比克产生纠纷；第三个案件涉及马修岛和亨特岛，它们属于法国海外领地新喀里多尼亚，这一案件引发了法国与瓦努阿图（原英国属地：新赫布里群岛）之间的纠纷。

档案编号：DJIM8，Box 84，1984 年 5 月 6 日，第一部分。马约特被列为具有经济区的群岛之一，德·拉夏里埃称：1978 年 9 月 19 日，第 78-963 号法令旨在提供一个框架，以管理马约特沿海渔业。这些法令允许外国人继续在马约特群岛捕鱼，该地区原本就不是专属经济区。档案显示：科摩罗总统给法国总统密特朗写了一封信作为回应，他在信中表示科摩罗打算在 200 海里专属经济区和马达加斯加之间划一条中线，马约特岛和格洛里厄斯岛将被划入基线。密特朗回复称：后者是法国领地。

　　属于法国军事内阁的国防委员会会议记录了 1978 年颁布法令的背景。秘书长西蒙将军对法国总理报告(1987 年 10 月 21 日)称马约特岛和法属印度洋诸岛会被剥夺所有的经济区权益,它们的资源也会被大都市攫取。这一论点是由《海洋法公约》第二届委员会主席提出的,在单一协商文本中也出现过,马达加斯加、莫桑比克和科摩罗都签署了这两个协议。在这些情况下,与邻国协商划分经济区将遇到很大困难,实际上也不可能达成。1976 法国颁布的法律规定,法国有权在马约特和法属印度洋诸岛设立经济区,其行动仅由本国政府决定。

　　西蒙将军表示,如果不能达成一份双边协议,基于衡平原则单方面推进也是可行的。法国曾在《海洋法公约》会议上和英法大陆架仲裁案中都坚决捍卫衡平原则。也就是说,法国应自动适用等距离原则,以毫无争议的方式划定经济区的界限。

　　这一决定标志着法国在外交层面维护本国利益的决心。法国不仅要捍卫这些岛屿,而且要确保在这些岛屿周围海域部署海军。此外,考虑到《海洋法公约》的通过以及近期马达加斯加、莫桑比克和科摩罗三个国家在完全无视法国的情况下,划分莫桑比克海峡水域整体水域,法国借此机会表示法国的立场不可忽视。

　　此后,1978 年 11 月 6 日,德·拉夏里埃发布报告指出：1978 年 2 月 3 日制定、2 月 10 日颁布的法令规定,根据与邻国的划界协定,领海外部界限起 188 海里内为马约特经济区(以及特罗姆兰岛)。在法国领土海岸与他国领土的距离不超过 400 海里的情况下,法国应与该国进行划界。这种划界应该通过协议来完成,并且应该依据衡平原则并考虑到相关情况。因此,只有在协议签订之后,才能正式绘制特罗姆兰岛和马约特岛的区域地图。

　　到了 2010 年,法国与科摩罗的争端依然存在。法国与塞舌尔签订的划界协定认定马约特岛和格洛里厄斯岛构成群岛,但没有得到科摩罗群岛的认可。毛里求斯宣称拥有特罗姆兰岛的主权(可参见法国与塞舌尔于 2001 年 2 月 9 日签订的协议)。档案文件表明,法国对于经济区的主张必须考虑到马达加斯加自 1973 年以来宣称拥有 50 海里水域的主权,并且塞舌尔计划建立经济区这两个事实。争端的起因是马约特岛于 1976 年进行全民公投后决定与法国保持关系,而科摩罗群岛的其他三个岛屿在联合国的大力支持下对此提出异议。

　　法国和马达加斯加在对法属印度洋诸岛的主权归属问题上产生了类似的争端,并且与瓦努阿图在马修岛和亨特岛的主权归属问题也有争端。也就是说,争议不在于群岛中部分无人居住的岛屿是否可以用于海洋划界,而在于这些争议岛屿的主权归属于哪国。法国对于《海洋法公约》的法律立场与德·拉夏里埃保持一致。法国人依靠依据习惯法来确定岛屿的重要性以及在法国领土周边划定经济区。因此,根据 1976 年 7 月 16 日法律的规定,1978 年 2 月 3 日,法国颁布了第 78 - 146 号法令,为特罗姆兰岛、格洛里厄斯岛、新胡安岛、欧罗巴岛和印度礁等岛屿创建经济区。

　　外交部海洋法档案,关于岛屿和群岛,法属印度洋诸岛,档案编号:Box 93 Notes 1954 - 1985 DJ/HC,1981 年 5 月 7 日。法务司讨论这个问题时表示,《海洋法公约》表现出了对岛屿的重视,甚至是非常小的岛屿。法国 1978 年在法属印度洋诸岛海岸线以外 200 海里以内设立了经济区,印度礁、欧罗巴岛、新胡安岛和格洛里厄斯岛的经济区面积分别为 246 980 平方英里、68 000 平方英里和 35 000 平方英里,总共为 349 980 平方英里。如果再加上特罗姆兰岛面积为 276 290 平方英里的经济区,总面积达 626 270 平方英里。这是法国欧洲领土经济区面积的两倍。法属印度洋诸岛周围海底拥有丰富的石油资源。

　　根据档案文件,这些岛屿对法国来说并没有军事用途,但是印度洋东部的莫桑比克海峡是重要的石油运输路线,而马达加斯加与苏联保持良好的关系,因此,具有战略地位。

　　该档案还表明,值得注意的是,马达加斯加的 60 海里领海是不符合国际法规定的,并且规定船舶的无害通过需要事先通知。马达加斯加既然意在扩大对法属印度洋诸岛的主权范围,那么,它可能明天就要求在莫桑比克海峡大部分海域的航行和飞越领空必须事先获得授权。

　　根据非洲和马达加斯加事务司的说法,只有考虑全球层面才能找到这一问题的政治解决方案。这涉及莫桑比克海峡、格洛里厄斯岛和特罗姆兰岛。还有许多其他国家都试图与法国争夺这些岛屿的主权,它们虽无人居住,但有广阔的经济区。法国如果妥协于来自莫桑比克的压力,那么,之后的长期抵抗将变得更加困难,毕竟法国还就克利珀顿岛的归属面临着来自墨西哥的压力,其经济区域达 430 000 平方海里,蕴藏着丰富的渔业和矿产资源,并且在马修岛和亨特岛的问题上也在抵抗瓦努阿图,这两个岛屿的经济区同样重要,达 20 万平方海里。

　　此外,1981 年 3 月 17 日,法国外交部的法律顾问吉尔伯特·纪尧姆写信给凯辛档案馆,信中提到法国对特罗姆兰岛、格洛里厄斯岛、新胡安岛、欧罗巴岛和印度礁的代表性立场是法国驻联合国大使于 1980 年提出的。雅克·莱普雷特说:法国依照国际法管理着面积为 11 平方英里的无人居住的岛屿,国际社会对此并未异议,自那时起,法国一直占领这些岛屿。因此,尽管这些岛屿与150—380 英里开外的国家相连接,但这并不代表这些岛屿就属于那些国家。

有人认为 200 海里的新限制给予马达加斯加"事实依据",使其能够在莫桑比克海峡的大部分区域拥有领土和海上控制权,以及在留尼汪和毛里求斯方向拥有广阔的海洋空间。这样的论证完全有悖于《海洋法公约》的会议记录。无论是在过去还是在将来,国家管辖范围内的海域延伸都不可能有效地扩大国家对不属于它的领土的主权。这些区域的划界必须符合邻国的要求。如果每个沿海国家都要求拥有所有距离海岸不到两百海里的岛屿的主权,那么,全球政治地图将会面目全非,世界和平将受到威胁。

把这些岛屿作为马达加斯加大陆架的一部分也是不可能的。它们是在海底孤立存在的岛屿,所有岛屿都由 3 000 多米深的海沟隔开,所以,它们都没有依附于马达加斯加。

在 1973 年 7 月 31 日的一份档案中,法务司对国际法院有关法属印度洋诸岛的司法判决进行了审议。该案件是高度政治化的,是被殖民政权和殖民政权之间的博弈,所以,不仅涉及法律因素,也涉及对殖民主义的情感因素,并且该案件的判决或多或少会对其他相似案件产生影响,例如,克利珀顿岛、福克兰群岛以及印度洋的其他岛屿的归属问题。考虑到每个案子的特殊情况,国际法院如果不能获得第三世界的支持,就无法重新建立威信。如果可以与马达加斯加达成一致,也可能进行仲裁。

还有一个类似的判决,即 1981 年 4 月 6 日对非洲和马达加斯加事务部的法律论证的评估,后者虽然在语气和政治后果上与前一个判决有所不同。法国的法律论据包含了这样一个事实,即法国长期有效占有这些无主、无人居住的岛屿,无可争议。但是,这一观点并没有真正说服国际舆论。人们认为法国停留在这些距离法国本土非常遥远、距离马达加斯加海岸却很近的岛屿上是不合时宜的。这些岛屿与马达加斯加的联系不仅仅是假想的经济利益。鉴于国际新形势和印度洋上的紧张局势,法国的政策在一定的条件下应该可行。

但是,1983 年 8 月 8 日,国际社会对未来的石油开采进一步展开讨论。人们认识到,法国需要与马达加斯加和莫桑比克就海峡上的"小岛"达成划界协定。这些国家不接受开放此类谈判。无论如何,汽油公司无法开采 3 000 米深的石油。这些岛屿上没有饮用水,在岛上建立海军基地的成本高昂。

法国的态度是防卫性的,即阻止任何其他权力在踏足这些岛屿。法国对主权的法律立场很坚定,如果现在让步于马达加斯加,那么,法国将来也会难以抵抗墨西哥和瓦努阿图。这将促使对巨大经济区产生的法国领土开始争论。

接下来,让我们来研究一下法国对新喀里多尼亚群岛的立场,其中包括无人居住的马修岛和亨特岛。克利珀顿岛(非群岛)的问题具有单独的利益,体现了法国依据习惯国际法,而非《海洋法公约》第 121 条的第(3)款来捍卫这些岛屿的主权并划分经济区的决心。法国的法律文件并未提及群岛和岛屿之间的区别。他们的基本概念都是“共和国领土”。

1978 年 2 月 3 日法令在新喀里多尼亚及其所有附属岛屿的沿海建立了一个经济区,包括马修岛和亨特岛。外交部法务司海洋法,马修岛和亨特岛,档案编号:Box 88 957/DJ/JFD/VP。该文件由国际律师 M. 杜伯利起草,并由第一法律顾问吉尔伯特·纪尧姆在 1983 年 5 月签署。他们代表政府出现在电视节目上谈论《海洋法公约》会议的意义,还特别强调了马修岛和亨特岛的地位。纪尧姆认为,得益于《海洋法公约》,法国在太平洋和印度洋拥有约 1 100 万平方英里的经济区。这些岛屿实际上无人居住,但能使法国占有经济区。

杜伯利的文件中还提到,马修岛和亨特岛是位于瓦努阿图南部的两个火山岛。它们是新喀里多尼亚的附属岛屿,并且使我们有权拥有大面积的经济区。法国对这些岛屿的主权是无可争议的。1965 年,瓦努阿图还是新赫布里底群岛,在一个英国法庭上,它表示马修岛和亨特岛不属于他们的管辖范围,不会接受那里的土地所有权登记。1980 年,瓦努阿图从英国独立时,法国大使申明英法两国从来没有达成过将两个岛屿与新赫布里底群岛分开的协议。实际上,这两个岛屿一直是新喀里多尼亚的一部分。

1976 年 12 月 28 日,关于新喀里多尼亚法令第 1 条规定:其领土包括马修岛和亨特岛;1978 年 2 月 3 日关于在岛屿周围建立经济区的法令明显适用于马修岛和亨特岛。法国海军会定期巡查这些岛屿,此外,法国于 1979 年 12 月在马修岛设置了一个自动气象站,服务于全球气象系统。瓦努阿图试图占领这两个岛屿的一次行动迅速被法国解决。实际上,同有人居住的岛屿一样,法国拥有太平洋和印度洋上所有无人居住的小岛屿的主权有利于将领海范围扩展到 12 英里,经济区扩展到 200 英里。

至于马修岛和亨特岛的司法解决,自从法国退出核试验以来,我们认为由于国际法院在殖民者和非殖民化问题上的政治倾向,将很难获得有利于法国的判决。法官在非殖民化问题上的态度以及类似案件的判决(如法属印度洋诸岛或克利珀顿岛)会对本案产生重要影响。

最后,还有宪法的影响。法国于1976年立法将这两个岛列为新喀里多尼亚的一部分,这是在瓦努阿图独立的四年前,两岛已归新喀里多尼亚的地方管辖,再讨论领土完整是非常不方便的。法国将不得不与努美阿的领土议会进行磋商,在此之前,国际社会一直认为法国侵占新喀里多尼亚的领土,斥之为帝国主义。

事实上,除了上述文件之外,1980年10月2日,法国与澳大利亚就经济区划界问题达成的一项协议中法国的领海就包括了马修岛和亨特岛,1982年1月4日与澳大利亚和1983年1月19日与斐济达成的协议也是如此。

在瓦努阿图于1981年独立后,该国的领海基线包括马修岛和亨特岛。囊括这两个岛屿之后,瓦努阿图的经济区达到50万—69万平方英里不等。瓦努阿图颁布海洋法之后,法国多次以照会形式提出抗议。

马修岛和亨特岛是法兰西共和国海外领土新喀里多尼亚的一部分。这样一个实体既有法人资格,也有财务自主权。有议员在法兰西共和国议会和巴黎经济及社会理事会中代表两岛,也有一位总督以政府委员会和领土议会名义管理两岛。

这种管治方式的思路在于,马修岛和亨特岛是新喀里多尼亚领土不可分割的一部分;而新喀里多尼亚是法国的海外领土,因此,马修岛和亨特岛本身也是法国领土的一部分,此外,可以依据海洋习惯法划分属于法国的领海和经济区,当然,岩礁除外(需经明确界定)。

最后的研究涉及克利珀顿岛,档案编号:Box 85 1 M8,该文件记载了1908—1986年5月28日的内容。该报告从1986年开始按照时间顺序回溯。文件开篇为1978年2月3日第78-147号关于在岛屿周围建立经济区的法令,与《海洋法公约》第121条第3款不相符(见1986年5月28日的备忘录)。该岛经济区面积约为40万平方公里,该岛目前主要用于气象观测。1980年4月7日法国在该岛建造了一个常设气象站。

这个经济区面积几乎与法国城市领土一样大,且靠近多金属结核的潜在开采区,是地球上资源最丰富的地区之一,有人类永久居住在此且熟悉环礁的光线管理,才有利于保护该区域。

1981年6月2日重建的海外领土科学院一致通过下述决定:鉴于该海域的重要性,并且根据新的海洋法,如果克利珀顿岛本身没有经济生活,那么,他国可能会跟法国争夺该岛的主权。鉴于如果岛上的泻湖仍然保持封闭,可能会带有毒性并造成损害,且发展该岛的经济生活有助于将该岛建设成一个法国渔业设备(渔船)的基地,因此,法国希望能够通过开放和管理泻湖将克利珀顿岛建设成一个渔港,并且岛上还有一条跑道可供飞机短暂停留,从而打破克利珀顿岛的孤立性。

1984 年 5 月 25 日,海外领土部表示,法国宪法第 72 条不适用于克利珀顿岛,它既不是法国海外领土,也不是集体领地,它仅仅是法国的一个国家公共领域。特别是由于克利珀顿岛无人居住,所以,它是一个国家领域。

报告还指出:如果要在岛上建立一个捕鱼基地和磷酸盐开发基地,因而导致永久性的人员存在,那么,可能该岛的地位有可能发生改变。杜伯利询问过这样的岛屿能否是公有领域,毕竟一个岛屿是由不同的元素组成,其中包括泻湖的水域和环礁构成的永久性陆地区域。

1984 年 3 月 15 日,负责海外领土事务的内政部讨论到,如果克利珀顿岛成为法属波利尼西亚的属地,那么,法属波利尼西亚独立后,法国就会失去这个岛。目前克利珀顿岛不是法属波利尼西亚的属地,法属波利尼西亚只是管理它。宪法委员会在 1975 年 12 月 30 日的一项决定中确认,根据宪法第 72 条,存在不具有正式地位的领土的可能性。克利珀顿岛应该遵守所有管辖大都市地区的法律,它并非特殊的"海外领土"。在此基础上,1976 年 7 月 16 日,法国颁布关于经济区的定义的法案后,又于 1978 年 2 月 3 日颁布了针对克利珀顿的第 78-147 号法令。鉴于 1950 年 5 月 3 日国务委员会关于阿姆斯特丹岛和圣保罗岛的决定,这两个岛也是无人居住的,这个决定明确指出它们具有国家公有领域的性质,给予捕鱼权。一般国家很少会给予捕鱼权,因此,渔船进出可能对环境造成损害。现在,根据 1936 年 6 月 12 日法令第 1 条,克利珀顿岛隶属于法国海洋政府管辖。

档案还指出,日本已于 1979 年 7 月 20 日与法国就克利珀顿岛的渔业开发达成了一项协议,这参照了 1976 年 7 月 16 日关于经济区的法律,其中包括 1978 年的第 78-147 号法令,涉及克利珀顿岛、新喀里多尼亚以及法属波利尼西亚。

此外,1976 年 8 月 3 日,参与马约特岛案件的西蒙将军指出:自 1938 年以来,法国从未表现出任何对克利珀顿岛的兴趣,因为克利珀顿岛既没有锚地,也没用资源可供开采。但 1976 年 7 月 16 日的法律颁布后,就涉及 400 000 平方公里的经济区问题。

法务司的文件附件一根据海洋法会议的发展情况,提出了几个一般性观点。因为克利珀顿岛无人居住,其经济区可能存在争议,所以,有人建议设置永久性装备。然而,《海洋法公约》第 121 条第 3 款规定:"不能维持人类居住或其本身的经济活动的岩礁,不应有专属经济区或大陆架。"当然可以认为克利珀顿岛不是一块岩礁,而是一个珊瑚环,且在某种程度上是可居住的。但是,如果面对不能保证公正性的争端解决机制,例如,国际海洋法法庭,那么,法国就不能依赖于这一论点。

附件中还指出,无论《海洋法公约》在将来是变成法律还是依然是习惯法,经济区的理论家们还是会坚持,设定经济区的基础原则在于领土的人口与邻近该领土的海域资源之间的联系。如果领土无人居住,就没有理由设置一个经济区。

第三世界希望国际海底管理局来管理偏远的岛屿。为了防止这种情况的发生,法国如果希望拥有克利珀顿岛的经济区,最好的办法是在这个岛上设置一个永久性的装置以完成一个永久性的任务,例如捕鱼、磷酸盐开采、气象监测等。

1980 年 12 月 10 日,法国根据 1976 年 7 月 16 日法律又颁布了一条关于设立 200 海里经济区的法令,并且没有遭到外交抗议。早在 1980 年 6 月 10 日,马丁·萨恩部长就在寄给外交部长和盖·德·拉夏里埃的信件中表示:在克利珀顿岛简单地设置一个气象站,即使这个气象站是自动的,也可营造这个岛已有人居住的事实,因此,可以在周边建立一个经济区。在 1984 年墨西哥外交部长塞普尔韦达访问法国期间,杜伯利和纪尧姆也提到了以下几点:仲裁的事实、气象站、宣布建立经济区以及墨西哥没有发表任何正式抗议。

法国法律的最终解决方案是 1985 年 4 月 24 日和 1985 年 5 月 2 日达成的协议,由杜伯利和纪尧姆确认,根据 1981 年 6 月 2 日海外领土科学院的建议,与两家法国私营公司签订合同重新开放泻湖并建立渔业基地。必须是法国的公司,才能保证法国拥有克利珀顿岛的主权。

总结一下法国的国家实践。法国的国际法意见和做法是依照国际法习惯而非《海洋法公约》,但是后者可能会影响前者的发展,所以必须采取稳健的、开放的立场。关键的基本概念不是"岛屿"或"群岛",而是属于法国人民的法兰西共和国的陆地领土。根据习惯法,这些领土会产生领海、经济区和大陆架。《海洋法公约》第 121 条第 3 款并不是习惯法,它对人类居住和经济生活的规定含糊不清且不稳定。文中的"岩礁"一词意味着这条规定并不适用于其他的地质构造。法国人愿意在克利珀顿岛问题上改善其法律政策和实践,他们正试图制定一项政策,使克利珀顿岛有人居住。与这种做法相关的是,法国认为《海洋法公约》第 121 条第 3 款明显不反对采取措施改变岛屿的自然状态。例如,克利珀顿岛上自然状态下的潟湖是封闭、停滞和有毒的,必须小心开放潟湖,为捕捞提供经济基础。

德·拉夏里埃和杜伯利多次提及,法国最基本的立场是起草《海洋法公约》,这是一项政治活动。他们承认,《海洋法公约》会议上某些经济区的理论家认为领土的人口与邻近该领土的海域的现有资源之间存在联系。这一观点主要来自第三世界国家。然而,他们也认识到,第三世界也敌视那些试图保留"第三世界"领土的"殖民"大国,不管这些领土上是否有人口居住,也不管这些人口是否希望维持与大国的关系。法国人认为这一趋势是第三世界国家对这些领土的经济区保持敌对态度的根源,除非这些领土获得独立。最后,法国人认识到,对附属关系的敌意也植根于希望为"人类共同遗产"和"深海权威"提供广袤的海洋空间。

1976 年春,在德·拉夏里埃的领导下,法国明确了这些趋势,并致力于完善除《海洋法公约》之外关于经济区政策的所有的法律基础,完成这些法律政策的制定还需六年,并且是否完成也是未知数。他们宣扬法兰西共和国领土的一般概念。经过反思,他们认为,对于涉及法国大都市区域以外经济区的案件,不论是国际法院还是国际海洋法法庭的裁决都有失公允,所以,法国在签署并批准《海洋法公约》时持保留意见。

法国从来不会把遥远国家的岛屿或群岛问题与另一个国家的经济区问题混淆起来。法国认为,在离岸岛屿和群岛(法国不区分两者)之外就是广阔的经济区,这一点毋庸置疑,事实上,法国对法属波利尼西亚(480 万平方公里)、克利珀顿岛(40 万平方公里)和新喀里多尼亚(136 万平方公里)的主权维护一直为人所理解。如果不涉及离岸领土的经济区问题,就没有国家反对法国对这些领土的主权。法国已经与澳大利亚、新西兰、英国、美国等国,以及斐济、库克群岛和基里巴斯等太平洋小国签订海洋划界协议。除了第三世界和西方国家之间存在争议以外,世界上海洋的大部分区域都没有出现领土主权问题。对人类共同遗产的概念存在争议是冲突的根源。

三、结论:1982 年《联合国海洋法公约》是海洋宪法?

法国的法律思考和实践对评估 2016 年 7 月 12 日南海特别仲裁法庭理论

思考的质量具有重大的意义。批判性法律研究反映出第一部分讨论中的理论思考所缺乏的内容。但是,这种国家实践的审查对特别法庭众所周知的审议会造成不利影响。国际社会宣称《海洋法公约》是宪法,所以,只有一个压倒性的、获得一致同意的国家惯例才能推翻《海洋法公约》。因此,特别法庭不需要对任何国家实践进行法律分析来支持其观点。

正如勒内·迪皮伊在 1986 年国际法论坛上所说的那样,国际法并不包含抽象的普适法律,这正符合 18 世纪的理论学家卢梭对现代宪政的定义。社会契约和共同意志的理论可能适用于某些国家的内部事务,但国际法需要包含非常具体的规则,适用于各个国家彼此之间特殊关系的特殊性质。

因此,在这种情况下,很难说一个国家没有遵守客观法的国际规定,实际上,任何法律对国家的适用都需要仔细研究该国与另一个国家关系的特殊情况。因此,在通常情况下,通过国际仲裁来解决争端是有偏向的。一个国际争端无法通过应用一般知识来轻易解决。这取决于仲裁员如何应用"衡平原则"或"特殊情况的重要性"等标准。仲裁结果不一定是主观的、武断的,但他们也明显没有应用一般法的知识,因此,国家官员不得将结果的责任转移给其他官员,除非这个最终判决对非双方国民有所裨益。

对于一般习惯法的性质,法国有一个自发的旧传统,起源于社会成员的共同良知,但没有明确的阐述,这不纯粹是国家实践价值的表现。一方面,国家总是会坚决拒绝所有超过本国法律的原则,这称为关系型方法。另一方面,则是不断创造超越一国法律的规则和方式。前一种方法与权力和法律的概念相关,而后一种方法,即国际法的组织概念,明确区分国家和法律,使国家附属于国际组织。然而,尽管这种方法可以被当作控制权力的手段,但鉴于国际社会的本质,试图剥夺民族国家的特性而过度鼓励削弱其特性的组织化是没有意义的。

迪皮伊认为,社区的概念跟合同、条约等其他基本法律概念一样存在误解。社区会推动变革,它不会终止意识形态冲突,而是反映一个具体的、经常处于斗争状态的民主平均主义。伴随着法律普遍性特征的消失,差异化逐渐成为主流。后者拒绝接受卢梭所谓的类神秘主义观念(认为法律应该是普遍和抽象的),而致力于使法律尽可能地具体化和情境化。从某种意义上说,人们所经历的是回归革命前的法律概念,以适应各种不同的法律主体的需要,而不是容纳一种普遍的和抽象的法律类型。

法律概念的神秘力量对法律规则有不稳定的影响,这种力量的根源不在于国家本身,而是来自真正主权国家的人民的权利。社区的概念是一种链接式概念,它将问题从纯粹的关系背景中解放出来,并将它们推向制度化。根据 1982 年《海洋法公约》,即使没有一个经过商定的管理机构,独立国家也有义务 酌情合理管理,诸如"公共财物"这样的人类资源以维护其利益。当然,所有国 家都不得被迫加入任何国际组织。然而,尽管国家可能试图抵制,但没有一个 国家可以存在于纯粹的关系法律体系中。

特别法庭非常强烈地表达了这些观点,即为了社区的利益,需要对声称拥有 离散岛屿海域主权的国家加以限制。然而,迪皮伊也强调,共同制定规范是一个 漫长的斗争过程,其中最重要的一点是国家要意识到本国与其他国家的差距有 多大,以及一个已经进入革命前的时代(与法国宪政的历史进行比较),其中具体 和情境支配着法律的各种不同主体。特别法庭与并没有对《海洋法公约》的目的 和措辞进行法律分析,也没有研究它的历史背景,而是试图创造新的法律。正如 德·拉夏里埃和其他外交部法律人员所说的那样,之后的仲裁可能会成功,但 也可能遭到抗议,因为《海洋法公约》的制定过程在某种程度上值得质疑。

A Critical Approach the Idea of the 1982 Law of the Sea Convention as a Constitution of the Oceans
— French Perspectives in State Practice (Government Legal Advising) and Doctrine

Anthony Carty

Abstract: The aim of this article or chapter is very simply to discredit the idea that a Tribunal, such as the Special Arbitration on the China — Philippine dispute, can simply invent international customary law binding upon states merely by engaging in "dreamy", "subjective" and purely wishful interpretations of international legal instruments, and without any serious examination of state practice. Critical legal studies, as a successor to American legal realism, has been arguing that the judiciary is a fundamentally flawed instrument of justice and the application of law, mainly because of bias, either open or, more often unconscious. I have been arguing this since The Decay of International Law (1986) until the more recent Philosophy of International Law (2nd edition, 2017), without any notable effect, as will appear from reflection below on doctrinal discussion of the above mentioned arbitration. My contribution will not be yet another critique of the Special Arbitration tribunal itself but more a reflection on some relevant prior and subsequent doctrinal writing. However, I will conclude with a presentation, in some detail, of French participation in the drafting of the 1982 Convention and its contemporary state practice, where the type of supposedly idealist, but actually biased interpretations which have occurred (in favour of a particular group of developing countries) in the South China Sea arbitration of July 12 2016, were very much anticipated.

Keywords: UNCLOS; State Practice; South China Sea Arbitration; Constitution of the Oceans

从气候治理到资源开发：特朗普北极气候资源政策的转向

摘　要：气候治理和资源开发是美国北极治理中的两个重要议题。特朗普上任后，大幅修改奥巴马政府的北极政策，单方面退出《巴黎协定》，从而加快北极资源开发进程。阿拉斯加州基础设施建设改善的需求推动了该政策调整，国内利益集团北极政策共识的缺乏也为特朗普调整政策创造了条件。北极政策的调整激化了联邦政府与环保利益集团之间的矛盾，破坏了奥巴马政府的北极政治遗产。为加快北极地区经济发展和资源开发，选择性地参与"冰上丝绸之路"建设可能将成为特朗普政府的北极政策选项。

关键词：特朗普政府；资源开发；气候治理；冰上丝绸之路

气候变化是引发北极其他领域治理的重要变量，是北极各领域治理的重中之重。[1] 奥巴马政府积极推动北极气候治理，提升国内应对气候变化的行动

---

* 杨松霖，武汉大学中国边界与海洋研究院暨国家领土主权与海洋权益协同创新中心博士研究生，武汉大学国家治理与公共政策研究中心研究人员。主要研究方向：北极治理、中美关系。
本文是南北极环境综合考察与评估国家重大专项课题"极地国家政策研究"（项目编号：CHINARE2016－04－05－05）；教育部哲学社会科学研究重大课题攻关项目"中国参与极地治理战略研究"（项目编号：14JZD032）的阶段性成果。
[1] 杨剑等：《北极治理新论》，时事出版社2014年版，第349页。

能力,为特朗普政府留下了丰厚的气候政治遗产。特朗普上任后,宣布美国退出《巴黎协定》,加快北极资源开发和调整北极政策实践,对北极治理和国内政治产生重要影响。应对气候变化与加快资源开发是美国北极事务中两个相互联系、彼此制约的重要议题。本文将在梳理奥巴马政府北极气候政策实践的基础上,探究特朗普政府北极气候资源政策调整的内容和原因,进而对其政策的影响和走向进行思考和前瞻性评估。

一、奥巴马政府：积极推动北极气候治理

奥巴马政府在北极行动上坚持和平利用与绿色利用原则,[①]高度重视应对全球和北极气候变化,从国内和国际两个层面采取措施提升美国应对气候变化的行动能力。气候议题在美国北极事务议程中的地位不断得到提升,也得到了北极理事会优先议程和工作计划的重点关注。

（一）国内层面

首先,高度重视北极气候变化,加强气候变化科学研究。奥巴马政府积极参与全球气候治理谈判,推动绿色能源研究与应用,加强美国与中国、欧盟的气候治理合作,为全球和北极地区气候应对做出了贡献。其颁布的《北极地区国家战略》[②]将对北极地区负责任的管理作为美国北极战略的优先议程之一。2013 年 2 月,"跨部门北极政策小组"出台美国北极研究计划——《北极研究计划：2013—2017》。[③] 该计划设定了包括海冰、海洋、陆地生态系统在内的未来北极研究的七大领域。白宫、国家海洋委员会、跨部门北极研究政策委员会、美国北极研究委员会、海军、海军战争学院、国家大气与海洋管理局等多个涉北极部门纷纷加强北极研究,相继出台了包括《国家安全：变化的气候》[④]《气候变化对阿拉斯加意味着什么？》[⑤]《北极地区的变化、战略行动计划、

---

① 刘雨辰：《奥巴马政府的北极战略：动因、利益与行动》,载《中国海洋大学学报》(社会科学版)2014年第 1 期,第 16 页。

② "National Strategy for the Arctic Region", available at http://www.whitehouse.gov/sites/default/files/docs/nat_arctic_strategy.pdf, last visited on 10 March, 2018.

③ "Arctic Research Plan", FY2013 – 2017, available at http://www.whitehouse.gov/sites/default/files/microsites/ostp/2013_arctic_research_plan.pdf, last visited on 10 March, 2018.

④ Findings from Select Federal Reports: "THE NATIONAL SECURITY IMPLICATIONS OF A CHANGING CLIMATE", available at https://www.whitehouse.gov/sites/default/files/docs/National_Security_Implicati ons_of_Changing_Climate_Final_051915.pdf, last visited on 9 March, 2018.

⑤ FACT SHEET: "What Climate Change Means for Alaska", available at https://www.whitehouse.gov/sites/default/files/docs/state-reports/ALASKA_NCA_2014.pdf, last visited on 9 March, 2018.

纲要》①《NOAA 北极远景与战略》②等多份报告文件，探讨在气候变化的背景下美国如何有效维护北极利益，为奥巴马政府北极决策提供技术支撑和战略支持。

其次，提升应对北极气候变化的专业性。为加强对气候变化事务的协调，整合国内涉北极事务机构的工作效能。2012 年，奥巴马政府通过决议把 2010 年成立的阿拉斯加北方水域工作组正式升级为阿拉斯加北极政策委员会。③ 2015 年 1 月，奥巴马签署第 13689 号总统令，④又成立推进联邦政府各部门北极事务协作的"北极事务行政指导委员会（Arctic Executive Steering Committee）"。该委员会下设 6 个跨部门工作组，加强各部门对北极气候变化事务的处理和协调。为加强生态环境保护应对的专业性和科学性，奥巴马政府积极任用具有气候变化相关学科背景的人担任高级别北极事务官员。⑤ 2014 年 7 月，国务卿克里宣布任命美国北极研究委员会主席弗兰·乌尔姆（Fran Ulmer）担任国务院北极科学与政策特别顾问。⑥ 2016 年 2 月，奥巴马任命曾担任海洋保护协会（Marine Conservation Alliance）执行总裁和北太平洋管理委员会（North Pacific Management Council）主席的戴维·本顿（David Benton）为北极研究委员会（Arctic Research Commission）海洋资源顾问。⑦ 应对气候变化事务专业性的提升有力地推动了奥巴马政府参与北极气候治理，塑造美国的领导地位。

---

① "Changing Conditions in the Arctic Strategic Action Plan Full Content Outline", available at https://www.whitehouse.gov/sites/default/files/microsites/ceq/sap_8_arctic_full_content_outline_06 - 02 - 11_clean.pdf, last visited on 10 March, 2018.

② "NOAA's Arctic Vision & Strategy", available at http://www.arctic.noaa.gov/docs/NOAAArctic_V_S_2011.pdf, last visited on 10 March, 2018.

③ "Members of Alaska Arctic Policy Commission", available at http://www.akarctic.com/members/, last visited on 10 March, 2018.

④ "Executive Order — Enhancing Coordination of National Efforts in the Arctic", available at https://www.whitehouse.gov/the-press-office/2015/01/21/executive-order-enhancing-coordination-national-efforts-arctic, last visited on 11 March, 2018.

⑤ 孙凯、杨松霖：《奥巴马第二任期美国北极政策的调整及其影响》，载《太平洋学报》2017 年第 12 期，第 32 页。

⑥ "Retired Admiral Robert Papp to Serve as U.S. Special Representative for the Arctic", available at http://www.state.gov/secretary/remarks/2014/07/229317.htm, last visited on 11 March, 2018.

⑦ "President Obama Announces More Key Administration Posts", available at https://www.whitehouse.gov/the-press-office/2016/02/19/president-obama-announces-more-key-administration-posts, last visited on 11 March, 2018.

(二)国际层面

首先,加强与域内国家的北极气候合作。北极 8 国是北极气候治理的重要参与方,在奥巴马政府的北极气候合作中占有重要地位。2014 年 12 月,美国北极特别代表罗伯特·帕普(Robert Papp)公布了美国担任北极理事会主席国期间的优先议程:北冰洋的安全与管理、北极社区的经济和生活条件、加强气候变化的适应,[1]表示美国将积极推进任期内对北极气候问题的关注和治理。2015 年 11 月,北极理事会发布 2015—2017 年工作计划,[2]将应对北极气候变化纳入其中。美国任期内北极理事会的工作始终保持对气候问题的关注和重视,与奥巴马政府的北极气候治理互相协调与配合,取得显著成效。奥巴马政府通过主导实施工作计划和协调涉事相关国际组织及下属机构的工作,推动北极气候变化应对、促进地区可持续发展。另外,双边气候合作作为北极理事会框架下气候合作的重要补充,也得到了奥巴马政府的重视。2016 年 3 月,美国和加拿大共同发表《美加两国关于北极、气候及能源问题的联合声明》,[3]双方商定应对北极气候挑战需要共同努力的四大目标。奥巴马通过上述措施有力地推进与北极国家的气候合作,实现美国利益。

其次,加强与域外国家的北极气候合作。随着气候问题的不断政治化与安全化,北极气候问题的治理外延不断扩大,渔业、航道、海洋环境保护等事务被逐步纳入其中,治理范围也由域内拓展至域外。因此,同域外国家开展北极合作成为奥巴马政府北极合作的重要内容。2016 年 10 月,中美两国元首宣布两国将在海洋极地领域加强合作并决定签署备忘录,推进南北极相关事务的互利合作。[4] 2012 年起,美国与韩国共同发起"北太平洋北极论坛",论坛主要由来自美国、加拿大、俄罗斯、中国、日本、韩国的学者进行研讨。北冰洋海水温度的上升给渔业治理带来了巨大挑战。2015 年 7 月,沿岸 5 国发布《防止北冰洋中心海域不规范公海捕鱼的联合声明》,对北冰洋中部公海区域商业捕捞

[1] "America Is an Arctic Nation", available at https://www.whitehouse.gov/blog/2014/12/02/america-arctic-nation, last visited on 11 March, 2018.
[2] "Chairmanship Projects, U.S. Department of State", available at http://www.state.gov/e/oes/ocns/opa/arc/uschair/248957.htm, last visited on 14 March, 2018.
[3] U.S.-Canada Joint Statement on Climate, Energy, and Arctic Leadership, available at https://www.Whitehouse.gov/the-press-office/2016/03/10/us-canada-joint-statement-climate-energy-and-arctic-leadership, last visited on 13 March, 2018.
[4] "中美元首杭州会晤中方成果清单",来源于 http://news.xinhuanet.com/world/2016-09/04/c_1119508276_7.htm,最后访问日期:2018 年 3 月 25 日。

进行管制。随着渔业治理的推进,美国适时引入域外国家参与其中。2015年12月,沿岸5国在美国召开"北冰洋中央海域公海渔业会议",邀请中国、欧盟、冰岛、韩国、日本参加。2016年3月,包括中国、日本、韩国等国在内的多国专家参加了在韩国举行的北冰洋公海渔业圆桌会议,就渔业问题进一步研究交流。

二、特朗普北极气候资源政策的调整

特朗普上任后,美国北极气候资源政策正在发生一系列调整和变化。特朗普积极推进北极地区资源开发,减少对气候治理的关注。北极地区基础设施建设的不完善和美国气候政策的改变推动了特朗普北极政策的调整。同时,国内利益集团尚未就气候变化与资源开发问题达成共识,也为其北极政策的调整创造了条件。

(一)调整

第一,解除油气钻探开采禁令,扩大北极资源开发范围。奥巴马政府要求对北极事务进行负责任地管理,严格控制北极资源开发。2016年12月,奥巴马颁布无限期限制在北极和大西洋地区进行油气钻探开发的禁令,[①]将美国楚克奇海、阿拉斯加州的西北部以及波弗特海大部分地区排除在未来可进行石油钻井活动的区域之外。为改善国内经济情况和提升居民就业率,特朗普积极推动化石能源开发,对奥巴马时期的北极政策进行了相当幅度的调整,清除北极资源开发的政策障碍,扩大资源开采范围。2017年4月,特朗普政府发布"优先海上能源战略",扩大在北极和大西洋的石油钻探。2017年11月,参议院通过了一项预算决议,将开放150万英亩的北极国家野生动物保护区用于未来的能源发展。拟任能源和自然资源委员会主席的参议员莉萨·穆尔科斯基(Lisa Murkowski)强调"我们需要在联邦地区进一步扩大能源开发。"阿拉斯加州参议员丹·莎利文(Dan Sullivan)进一步指出:能源开发会带来更多的就业机会,并刺激阿拉斯加州经济增长。[②] 2017年12月,共和党的最终税收计划经国会两院通过并写入宪法,允许在阿拉斯加北极国家野生动物保护区

---

① "Obama's Arctic Decision Trashes Years of Work", available at https://www.adn.com/opinions/ 2016/12/23/obamas-arctic-decision-trashes-years-of-work/, last visited on 16 March, 2018.

② "The Senate's Sly Plan to Begin Drilling in Arctic Refuge", available at https://www.mensjournal. com/adventure/the-senates-sly-plan-to-begin-drilling-in-arctic-refuge-w510202, last visited on 14 March, 2018.

进行油气勘探。与此同时,美国安全和环境执法局批准了意大利埃尼集团在波弗特海的石油钻探申请。局长司各特·安热勒(Scott Angelle)认为,批准钻探有利于实现特朗普设定的以能源开发为主导的目标。①

第二,退出《巴黎协定》,对北极气候变化的重视程度降低。2015 年 12 月,《巴黎协议》顺利通过,成为人类历史上应对气候变化里程碑式的国际法律文本。② 北极地区是全球气候变化的敏感地带,北极气候治理是全球治理的重要组成部分。《巴黎协定》的签署推动了北极气候治理的演进,2017 年 5 月,北极8 国和北极理事会 6 国永久参与方签署了《北极国际科研合作协议》,推动北极气候、水文、地理等问题的科学研究和国际合作。③ 同时,芬兰宣布将应对气候变化作为其担任北极理事会主席国期间的四个重点优先项之一,继续加强北极气候事务的国际合作。不顾国际社会的一致反对,特朗普宣布美国退出《巴黎协议》,终止执行协定的所有条款。此举给全球气候治理、北极合作带来了负面影响和不确定性,遭到各国的一致批评。不仅如此,美国国内有关气候变化的研究经费大幅缩水,相关气候项目受到影响。在白宫公布的 2018 财年蓝图中,特朗普已经将美国环保署预算削减了 31%,环保署许多环保项目和气候变化研究项目都将受到影响。美国多个政府机构的气候研究经费都将面临削减,其中能源部、内政部、国务院、国家海洋和大气管理局、国家科学基金会等机构均涉及北极事务,难逃研究经费减少的影响。特朗普推翻奥巴马政府的能源开采禁令,推动北极资源开发。而在气候变化问题上,不仅未采取措施应对北极气候变化,还削减气候变化研究经费。在一定程度上,气候议题在特朗普北极事务议程中的排序明显下降,资源开发议题得到了高度重视。

(二) 政策调整的动因

第一,北极地区基础设施建设不完善。落后的基础设施制约美国的北极行动能力,严重阻碍极地资源开发进程。奥巴马政府曾签署第 13580 号总统令,成立协调阿拉斯加州能源开发的部门间工作小组,监管和协调与阿拉斯加

---

① "Trump Administration Approves Oil Project In Arctic Waters", available at http://www. globaltrademag.com/global-logistics/trump-administration-approves-oil-project-arctic-waters?gtd= 3850&scn=trump-administration-approves-oil-project-arctic-waters, last visited on 14 March, 2018.

② 吕江:《巴黎协定:新的制度安排、不确定性及中国选择》,载《国际观察》2016 年第 3 期,第 92 页。

③ "Arctic Council Ministers Meet, Sign Binding Agreement on Science Cooperation, Pass Chairmanship from U.S. to Finland", available at http://www.arctic-council.org/index.php/en/our-work2/8-news-and-events/451-fairbanks-04, last visited on 15 March, 2018.

能源开发和基础设施建设相关的联邦政府各部门的活动，①试图改善这一问题。由石油产量降低导致的管道内石油流速减慢使运行多年的输油管道受到损坏，阿拉斯加州石油运输管道的整体性风险提升，②迫切需要加强石油钻探和提升管道流量。2017 年 1 月，阿拉斯加州参议员丹·苏利文（Dan Sullivan）发表声明称：输油管道一旦出现问题，将会影响整个北部地区的石油生产，破坏阿拉斯加州经济发展。③ 对阿拉斯加州而言，加快蓝色经济发展是实现经济多元化、刺激投资和加强基础设施建设的有效途径。2017 年 9 月，阿拉斯加州举办"海洋 17"（OCEANS'17）国际会议，讨论海洋科技发展、海洋观测和大数据，以及吸引国际投资等议题。④ 然而，加快海洋科技进步和发展蓝色经济又进一步要求完善基础设施建设。阿拉斯加州呼吁联邦政府采取措施，帮助其摆脱经济转型面临的困境。2018 年初，州长沃克给特朗普政府写信，希望联邦政府对阿州基础设施建设项目给予支持。⑤ 阿拉斯加州的呼声得到了联邦政府的重视，加强国内基础设施建设也是特朗普经济政策主张的重要内容。2018 年 2 月，特朗普政府发布了未来 10 年美国基础设施建设方案，机场、铁路、海港、防洪、饮用水设施、雨水排放系统等作为"核心基础设施"将得到改善。大规模的基础设施建设拉动了对能源资源的需求，北极资源开发也进入到特朗普政府的决策视野。

第二，特朗普政府气候政策的调整。北极气候政策是美国气候政策的组成部分，其演进要服务于美国全球战略和气候政策的调整，⑥受到国家战略的

① "Executive Order 13580 — Interagency Working Group on Coordination of Domestic Energy Development and Permitting in Alaska", available at https://www.whitehouse.gov/the-press-office/2011/07/12/executive-order-13580-inter agency-working-group-coordination-domestic-en, last visited on 12 March, 2018.

② 较低的流量会导致石油温度过低，进而导致水结冰，侵蚀管道。石油温度过低也会导致管道周围的土壤结冰—冻胀可能导致管道自身破裂，从而造成损坏。

③ "How the Alaska Pipeline Is Fueling the Push to Drill in the Arctic Refuge", available at https://e360.yale.edu/features/trans-alaska-pipeline-is-fueling-the-push-to-drill-arctic-refuge, last visited on 5 March, 2018.

④ 由尖端的海洋科技公司和企业赞助的国际会议。参见"Alaska stands to gain by boosting its blue economy"，来源于 https://www.adn.com/opinions/2017/09/17/alaska-stands-to-gain-by-boosting-its-blue-economy/，最后访问日期：2018 年 3 月 11 日。

⑤ "Alaska hatches plan for vast road network across the Arctic", available at https://www.alaskapublic.org/2017/09/07/alaska-hatches-plan-for-vast-road-network-across-the-arctic/, last visited on 25 March, 2018.

⑥ 杨松霖：《美国北极气候政策：历史演变与发展启示》，载《领导科学论坛》2017 年第 5 期，第 90 页。

约束和指导。早在竞选期间,特朗普就表示出对气候变化真实性的怀疑,对奥巴马政府制定的气候政策大肆批判。特朗普认为《巴黎协定》将主要的减排任务都分派给发达国家,而中国、印度等发展中国家未能有效参与,但是减排所产生的治理收益却是所有国家都可以享受到的。在特朗普看来,中国、印度等国继续扩大其煤炭产量,相应地增加温室气体排放量,但是美国的资源生产却被限制和禁止,这将对美国经济增长是不利的。① 在北极地区,阿拉斯加州蕴含有丰富的能源资源:约 221 万亿立方英尺的天然气和 229 亿桶石油聚集在这里,锌、铅、铜、金、铀、铁矿石等矿物资源储量也十分丰富。② 阿拉斯加州生产的石油通过管道系统源源不断地流向美国南部市场,对国内能源保障十分重要。同时,阿拉斯加州经济发展高度依赖能源产业,居民生活水平、经济收入、就业率等与其密切相关。严格的北极气候政策将对阿拉斯加州经济发展带来负面影响,不利于阿拉斯加州资源开发和国内能源消费保障。无论从州的角度还是从联邦的角度思考,特朗普政府北极气候政策的转向并非偶然,是基于政治、社会、经济等多方面利益的考量。

第三,围绕北极气候变化与资源开发议题,国内利益集团之间摩擦不断。积极应对北极气候变化将会加快绿色能源开发,改善生态环境,原住民群体、环保利益集团将会受益;推进资源开发则可以提升阿拉斯加州就业率、加快经济发展,促进传统能源产业的繁荣。出于对自身利益的考量,不同利益团体对北极事务优先议程的排序有不同的态度。无论是奥巴马政府将应对气候变化作为北极事务优先议程,还是特朗普政府积极开发北极资源能源,都不同程度地遭到两党、阿拉斯加州、环保主义势力的阻挠和抗议。相关各方围绕这一问题展开政治较量和利益博弈,也为特朗普政府调整北极政策提供了政治条件。

党派在气候问题上的意见分歧对当选者政策的影响是非常明显的。民主党支持严格的气候变化减排措施,共和党则呈现出大致相反的态度。具体来看,布什总统鼓励石油天然气能源的开发,对北极气候治理反应冷淡。小布什

① 何彬:《美国退出〈巴黎协定〉的利益考量与政策冲击——基于扩展利益基础解释模型的分析》,载《东北亚论坛》2018 年第 2 期,第 105 页。
② 阿拉斯加州的锌、铅、铜、煤产量丰富,在美国资源总量中占有相当比重。Heather A. Conley: "Arctic Economics in the 21st Century: The Benefits and Costs of Cold, CISI European Programe", available at http://csis.org/files/publication/130710_Conley_ArcticEconomics_WEB.pdf, last visited on 11 March, 2018.

在其颁发的《第 66 号国家安全总统指令/第 25 号国土安全总统指令》①中尽管明确了美国面临北极气候变化的威胁，承认其对国家安全利益产生影响，但并未对北极资源开发和使用作出限制性规定。奥巴马颁布《北极地区的国家战略》，将应对气候变化，负责任地开发管理等列入北极事务优先议程中。颁布了北极海域能源开采禁令，限制资源开发。特朗普尽管尚未公布其北极政策，但重视资源开发，轻视气候变化的政策趋势已经十分明显。特朗普对北极气候政策的调整很大程度上受制于共和党气候政策的传统立场，具有鲜明的党派色彩；近年来，阿拉斯加州石油产量逐渐下滑，阿拉斯加州要求联邦政府对其经济发展给予更多支持。原住民群体认为联邦政府应该将粮食安全以及原住民自决权等置于北极政策的优先位置。② 然而，在联邦政府看来，北极事务应当作为国家政策和对外战略的一部分予以考量。联邦政府更重视北极安全利益、航道利用等对塑造北极领导地位有益的议题。在联邦政府和阿拉斯加州内部，还存在强大的环保主义势力，掣肘北极政策的制定和实施。上述因素使得联邦政府与阿拉斯加州围绕北极事务的摩擦和争执难以避免，且呈现出日益加剧的趋势。

三、影响与走向

一方面，特朗普北极气候资源政策的调整激化了国内利益集团之间的矛盾，破坏了奥巴马政府北极政治遗产，对北极气候治理产生负面影响；另一方面，"冰上丝绸之路"建设对加快北极地区港口、船舶、导航等基础设施建设具有重要意义。特朗普政府有可能选择性地参与"冰上丝绸之路"建设，推动阿拉斯加州开发建设。

第一，激化了与环保利益集团之间的矛盾。美国涉北极事务机构众多，彼此制衡和牵制，共同作用于联邦政府的北极政策。环保组织可以通过合法的手段参与北极治理，在某些问题上对联邦政府施加强大压力。2017 年 4 月，特朗普签署行政命令，重新开放楚科奇海的联邦水域和波佛特海的大部分地区进行油气勘探。特朗普此举遭到了环保组织的强烈反对和抗议，环保组织认为该地区一

---

① "NSPD‐66/HSPD‐25 on Arctic Region Policy", available at http://www.fas.org/irp/offdocs/nspd/nspd-66.htm, last visited on 15 March, 2018.

② Matthew Smith, "As U.S. Outlines Arctic Council Goals, Native Groups and State Lawmakers Left Wanting", available at http://www.alaskapublic.org/2014/11/03/as-us-outlines-arctic-council-goals-native-groups-and-state-lawmakers-left-wanting/, last visited on 28 March, 2018.

旦发生石油污染等生态灾害,将对北极脆弱的自然环境造成毁坏性影响。2017年5月,阿拉斯加北方环境中心(Northern Alaska Environmental Center)、抵制原生环境破坏组织(Resisting Environmental Destruction on Indigenous Lands)和生物多样性中心(the Center for Biological Diversity)等环保组织向联邦法院提起诉讼,将特朗普、内政部长瑞安·津凯(Ryan Zinke)和商务部长威尔伯·罗斯(Wilbur Ross)列为被告。上述组织认为联邦政府要开放的北极水域是阿拉斯加原住民赖以生存的家园,也是《美国濒危物种保护法》所保护物种的栖息地,联邦政府这一行为违反法律规定,[①]特朗普政府欲推动位于北极野生动物保护区之内的阿拉斯加东北海岸石油和天然气开发,此举再次遭到环保人士的强烈批评。阿拉斯加荒野联盟执行董事亚当·科尔顿(Adam Kolton)指出:"让哥威迅人冒着生存风险赚取资金收益,是不道德的。"野生动物保护组织首席执行官杰米·拉帕波特·克拉克(Jamie Rappaport Clark)指出:"将一个重要的野生动物栖息地变成油田,是纯粹政治性的行为。"[②]一直以来,开发北极海域和野生动物保护区的油气资源就是一个敏感话题,《西雅图时报》曾撰文指出:"在这个敏感的生态地域进行钻探是一个可怕的想法。"2018年3月,美国进步中心进一步指出:近海钻井对海洋环境、商业和渔业以及依赖清洁海洋和海滩的沿海经济体会构成极大的风险。[③] 随着特朗普政府北极开发进程的加快,来自环保利益集团的政治、法律以及舆论压力将会进一步加大。

第二,破坏奥巴马政府的北极政治遗产。2016年7月,世界气象组织表示全球气温达到了自1880年观测以来的最高值,北极海域的冰川面积持续缩小。[④] 北极脆弱的环境一旦遭到破坏,将会对北极生态圈造成难以估量的负面影响。对北极地区进行负责任的开发,平衡经济发展与环境保护的关系是奥

---

① "Alaska files motion to join Trump in lawsuit over Arctic drilling", available at https://www.adn.com/alaska-news/2017/09/01/alaska-files-motion-to-join-trump-in-lawsuit-over-arctic-drilling/, last visited on 15 March, 2018.

② "Alaska Senator Denounced for 'Deplorable' Attempt to Force Drilling in Arctic Wildlife Refuge", available at https://www.commondreams.org/news/2017/11/09/alaska-senator-denounced-deplorable-attempt-force-drilling-arctic-wildlife-refuge, last visited on 10 March, 2018.

③ RELEASE: "Trump Administration's Offshore Oil Lease Sale Gets Tepid Response, Devalues Public Resources, CAP Column Says", available at https://www.americanprogress.org/press/release/2018/03/26/448419/release-trump-administrations-offshore-oil-lease-sale-gets-tepid-response-devalues-public-resources-cap-column-says/, last visited on 18 March, 2018.

④ "世界气象组织:2016年或成史上最热年",来源于 http://news.cnr.cn/native/gd/20160722/t20160722_522753828.shtml,最后访问日期:2018年3月25日。

巴马政府北极治理的重要关注点。奥巴马通过双边、多边等形式积极开展气候外交，加强与域内外国家的国际合作。2015—2017 年，美国是北极理事会轮值主席国，奥巴马政府充分发挥北极理事会轮值主席国的身份优势，加强与北极理事会及其成员方的气候合作，推动北极气候治理进程和治理机制的完善。奥巴马政府的气候外交努力赢得了国际社会的认可和赞许，也为美国塑造北极治理主导权发挥了积极作用。芬兰接任北极理事会轮值主席国后，宣布将继续推动北极理事会应对气候变化，气候变化议题也因此成为北极理事会未来两年继续重点关注的问题。因此，在加强美国与北极理事会及域内外各国的气候合作方面，奥巴马实际上已经为其继任者奠定了良好的政治基础。然而，特朗普上任之初，就单方面退出《巴黎协定》，使全球气候治理、北极治理走向面临极大的不确定性，引起了北极相关各国对特朗普政府气候政策的严肃批评和高度关注。2018 年 1 月，在挪威特罗姆瑟召开了第 12 届北极前沿国际会议，来自 35 个国家的政界、商界及科学界人士就如何实现各国极地区域可持续发展、北极生态系统的保护等方面进行讨论。包括挪威、丹麦、匈牙利、芬兰和瑞典等在内的多国政要就上述主题交换意见以加强合作。[①] 在气候政策问题上，特朗普政府站在了北极理事会及其成员国、欧盟、部分域外国家的对立面，使奥巴马政府为应对气候变化付出的外交努力付诸东流。

第三，有可能选择性地参与"冰上丝绸之路"建设。"冰上丝绸之路"倡议是中国向国际社会提供的深化北极各领域务实合作，实现普惠共赢的中国方案，[②]将推动极地破冰船、码头等基础设施的建设和完善，协助包括美国在内的相关国家加快北极开发进程。尽管特朗普政府尚未就美国是否参与"冰上丝绸之路"建设作出表态，但北极地区基础设施建设已经成为国会众议院北极政策、经济发展和旅游专门委员会的一项新决议（第 33 号众议院联合决议）中首先考虑的核心议题。该委员会认为，在阿留申群岛或科迪亚克以北修建深水港对阿拉斯加州自然资源开发和经济发展是十分有利的，还可以提升美国整个北部地区的应急响应能力。[③] 对特朗普政府而言，利用"冰上丝绸之路"建设

① "Over 3 500 people take part in Arctic Frontiers conference in Norway", available at http://arctic.ru/international/20180122/700733.html, last visited on 11 March, 2018.
② 国务院新闻办公室：《中国的北极政策》白皮书（全文）"，来源于 http://www.scio.gov.cn/zfbps/32832/Document/1618203/1618203.htm，最后访问日期：2018 年 3 月 15 日。
③ "Resolution pushes for Arctic port, Coast Guard base", available at http://www.thearcticsounder.com/article/1810resolution_pushes_for_arctic_port_coast_guard, last visited on 13 March, 2018.

带来的投资、融资机遇,加大招商引资力度,可以缓解在基础设施建设上的财政窘境和资源需求与供给之间的矛盾,①借力中国在基建项目上的比较优势,加快基础设施建设和能源开发。

特朗普政府是否参与"冰上丝绸之路"建设会综合政治、战略等多方面要素进行考量和设计,维护和实现北极利益是最为关键和核心的原则。特朗普十分担忧中俄合作推动的"冰上丝绸之路"建设会威胁美国在北极治理中的领导地位。一方面,美国与俄罗斯在北极航道、大陆架划分等北极权益问题上摩擦不断,战略博弈持续加剧;另一方面,美国对中国参与北极事务始终持防范态度,对中国的战略意图多加揣测。特朗普政府一旦参与"冰上丝绸之路"建设,不排除在部分项目中设置政治、经济、外交障碍,影响项目的顺利开展。对此,我们应当加强对策研究和预案设计,防范"冰上丝绸之路"建设过程中可能出现的"美国风险"。

四、结语

特朗普政府北极气候资源政策的调整对奥巴马大力推进的北极气候治理造成严重破坏,对美国北极治理中的领导地位和外交软实力带来不利影响。特朗普主张以资源开发和经济发展的路径来巩固美国实力,②通过能源产能和出口规模的扩大,获得新的财富和权力,使美国的经济霸权地位重新获得能源优势的护持。③ 在美国北极治理进程中,气候治理带来的北极领导地位的巩固与加快资源开发推动经济发展之间呈现出一定的矛盾和对立的关系,如何协调气候应对和资源开发之间的复杂博弈关系在美国北极决策中尚有讨论空间。

在当前复杂多变的国内、国际形势下,美国北极政策需要在应对多种制约性因素的情况下艰难前行。特朗普可能在政策工具以及落实手段上有所调整,但其最终目的是要塑造美国在北极治理中的领导地位。④ 作为北极大国之一,美国北极政策的调整将对国内政治博弈和北极治理走向产生重大影响。其

---

① 阮建平:《国际政治经济学视角下的"冰上丝绸之路"倡议》,载《海洋开发与管理》2017年第11期,第4页。
② 何彬:《美国退出〈巴黎协定〉的利益考量与政策冲击——基于扩展利益基础解释模型的分析》,载《东北亚论坛》2018年第2期,第105页。
③ 李巍、宋亦明:《特朗普政府的能源与气候政策及其影响》,载《现代国际关系》2017年第11期,第41页。
④ 杨松霖:《特朗普政府的北极政策:内外环境与发展走向》,载《亚太安全与海洋研究》2018年第1期,第101页。

如何制定、落实其北极战略构想和回应"冰上丝绸之路"倡议，值得进一步关注。

From Climate Governance to Resource Development:
Trump's Turn of the Arctic Climate Resources Policy

YANG Songlin

Abstract: Climate control and resource development are two important issues in the US Arctic governance. After taking office, Trump drastically revised the Obama administration's Arctic policy and unilaterally withdrew from the Paris agreement to speed up the development of Arctic resources. The need for improvement in infrastructure construction in Alasas California has promoted the policy adjustment, and the lack of consensus on the Arctic policy of domestic interest groups has also created conditions for Trump's adjustment policy. The adjustment of the Arctic policy has intensified the contradiction between the federal government and the environmental protection interest groups, and destroyed the Obama administration's Arctic political legacy. To accelerate the economic development and resource development in the Arctic region, the selective participation in the construction of the "Polar Silk Road" may become the Trump administration's Arctic policy options.

Keywords: Trump administration; resource development; Climate Governance; polar silk road

实践动态

从朝鲜半岛视角看国际法

摘　要：亚洲各国在文化和利益等方面存在差异，但由于几个世纪以来，各国一直保持着文化联系、宗教联系和相互联络，亚洲国家之间仍然存在着一种不太明确但颇为强烈的彼此熟悉、相互理解，甚至是彼此凝聚、相互团结的意识。在引入"西方式"的国际法之前，东亚地区存在着一套国际区域规范体系，制约着中国与朝鲜、日本、越南等多个周边政治实体的关系。在国际法研究领域内，对亚洲的国际法研究至关重要，却一直未受重视，研究资料相对缺乏。本文重点论述国际法在亚洲地区的演变以及对亚洲国家的影响。

关键词：国际法；东亚地区；争端解决

一、引言

李硕宇（Seokwoo LEE）　李熙英（Hee Eun LEE）*

在引入"西方式"的国际法之前，东亚地区存在着一套国际区域规范体系，制约着中国与朝鲜、日本、越南等多个周边政治实体的关系。这套区域规范体系被称为"华夷秩序"，认为世界由一个中心及其周边区域构成。这一中心即是文明程度较高的中华帝国，由一位"受命于天"的帝王统治。中国境外的地区则被认为居住着未经开化的民族或野蛮人。然而，随着西方殖民国家强行

---

*　李硕宇，韩国仁荷大学法学院国际法学教授；李熙英，韩国韩东大学国际法学院教授。

入侵亚洲,中国、日本和朝鲜等国被迫与西方列强签订各种不平等条约,开始应用西方国际法,颠覆了这一由来已久的秩序。加之日本帝国最终崛起,大多数亚洲国家丧失了主权。亚洲地区内国际法的演变与 19 世纪末和 20 世纪初产生的动荡息息相关,因为西方殖民主义者与日本侵略者在亚洲发动了第二次世界大战,导致了"华夷秩序"这一体系的衰落。

尽管人们普遍承认亚洲各国在文化和利益等方面存在着差异,但由于几个世纪以来各国一直保持着文化联系、宗教联系和相互联络,亚洲国家之间仍然存在着一种不太明确,但颇为强烈的彼此熟悉、相互理解,甚至是彼此凝聚、相互团结的感觉。当下存在这种共性是因为这些国家都曾以殖民地、半殖民地或其他形式,从内部和外部被支配或统治过。这一经历对当前亚洲格局产生过影响,所以,在人们看来,直到今天仍有重要意义。不可否认的是,世界其他地区,如非洲也有类似经历,但由于文化基础不同,其在两大洲的表现和影响大不相同。因此,亚洲的国际法方法不同于其他洲也是合理的。然而,对亚洲国际法方法的研究一直非常有限。

在国际法研究领域内,对亚洲的国际法研究至关重要,却一直未受重视,研究资料相对缺乏,所以,现在出现了一系列相关研究。下列这些问题都仍未得到深入的研究:西方国际法如何进入亚洲;亚洲国际法的变化;国际法在亚洲地区的演变以及上述所有因素对亚洲国家的影响。

鉴于该领域学术资料的不足,本文对于研究引入西方国际法之前亚洲国际法的情况、国际法的发展以及西方国际法的应用等对亚洲区域的影响具有重要参考价值。

二、历史和理论在东亚历史遗留不公正问题上的相关性

吴施真(Si Jin OH)*

随着"历史转向"这个口号的出现,最近国际法研究着重强调了国际法的历史意义和理论意义。① 过去,国际法论据在一定程度上反映了历史特征,因为国际习惯法随着时间的推移而发展,条约有效期较长。国际法史的近期研究凸显了国际法与帝国主义和殖民行径的关系。但是,近期对国际法史的关

---

* 吴施真,韩国三育大学人文学院教授。
① *See e.g.* George Rodrigo Bandeira Galindo, "Martti Koskenniemi and the Historiographical Turn in International Law," *European Journal of International Law*, Vol. 16, Iss. 4, 2005, pp.539-559.

注是否恰当地对待了历史遗留的不公正问题呢？这仍然是一个问题。

根据常规说法，国际法起源于 17 世纪的《威斯特伐利亚和约》，并逐渐演变为主权平等、个人自由和国际和平等现代理念。这一表述囿于欧洲中心主义，没有考虑到非西方的规范经验、价值和身份。从这个角度来看，西方国际法的普遍化可能引发了潜在的问题。目前，东亚许多国际法问题都与未解决的历史事件，特别是 19 世纪的历史事件有关，这并非偶然。然而，考虑到东亚国家在帝国主义时期曾接触过西方国际法律秩序，应该以不同的方式对待"国际法"的合理性，以形成框架来处理其中的微妙问题。

尽管如此，在当代国际法的应用中，所谓时际法原则的真理性也是一大误解，应纳入历史不公正问题的讨论范畴。与一般看法不同，相关时际法的确定并不如通常想象中那么简单。最重要的是，19 世纪的国际法与各级文明冲突相互交织。首先，当时的西方国际法只适用于"文明国家"，而不适用于非西方国家。那么，当时的文明国家又是如何与非西方国家进行交涉的呢？有人指出，当时有两套不同的法律：文明国家间的法律以及与非文明国家接触的法律。①

然而，形式化的法律实证主义强调历史案件中国际法的时际规则，但似乎忽视了历史因素，默认当前存在适用历史案件的规则。国际法院（ICJ）判决的不少案件都假定适用了"规则"。然而，这种形式化的做法值得怀疑。众所周知，国际法会随时间和空间的变迁而发展。在特定的历史时期，经常会在相互冲突的替代原则之间确立一项常规法律原则。更重要的是，当西方"自称的普世秩序"扩展到其他文明的未知方面时，不确定性就会加剧。不考虑 Roberto Unger 的整个理论，单就术语含义而言，生发性结构，即东亚文明和西方文明的"基本制度安排和想象的先入之见"在性质上是不同的。②

各个法律体系的生发性结构间存在重叠和冲突，因而在不同体系下，东西方之间的碰撞可能会有所不同。因此，法律管辖权的适用性受到质疑。严格来说，当时的西方法律对非西方案件没有管辖权，那么，西方和东方国家之间的案例呢？为何在此种情况下西方的标准会占上风？

---

① *Land and Maritime Boundary between Cameroon and Nigeria*, *Separate Opinion of Judge Ranjeva*, I. C. J. Reports 2002, pp.469 – 470.

② Unger defines *formative context* as " the basic institutional arrangements and imaginative preconceptions that circumscribe our routine practical or imaginative activities and conflicts and that resist their destabilizing effects." Roberto M. Unger, *False Necessity: Anti-Necessitarian Social Theory in the Service of Radical Democracy*, New York: Verso, 2004, p. 7, pp.58 – 66.

尽管存在复杂的理论问题,东亚国家似乎也已部分接受了西方的国际法治,西方国际法由此在东亚普及。事实上,法律的合理性来源于行为者基于内在观点对法律的接受情况。① 然而,各国对法律接受的性质和特征可能会根据每个国家所面临的情况而有所不同。不过,韩国可能从头到尾都不愿意接受。此外,尽管西方国家最初对西方国际法在东亚国家的适用性存疑,但日本一直较为积极主动。合理性问题使得东亚国际法的历史因素更加令人困惑,特别是这些历史因素在当下引发一些事件的时候。国际法院在很多案件中完全忽略了时际法合理性的复杂程度,这令人感到不安。是什么确定了当时的法律,并使之合理? 在这方面,时际法理论并不完全局限于使用当时明文规定的法律。

如果我们从欧洲中心主义跳开,也许能更全面地看到国际法的全球历史,看到这一法律对非西方国家和人民不利的一面。这引出了一个问题:在国际法框架内,西方传统居于垄断地位的理由是什么? 然而,对欧洲中心主义的背离远远超过了国际法发展对传统观点的补充。它为我们改变国际法历史的理解范式提供了空间,并将影响人们对当前国际法律秩序的看法及其未来的发展轨迹。

普遍的西方国际法律秩序并非没有根深蒂固且通常不言而喻的假设。虽然主权这样的概念被视作是客观的,但只有在强调独立和自由的西方文明的理解中,它才是客观的。例如,基于权利(义务)和主权的法律体系与现代化之前的东亚社会是不相容的。今天,国际法的概念无疑在一定程度上以欧洲为中心,国际法律秩序所依据的推定和假设是以西方为导向的。这一事实给我们提出了有关历史正义问题的难题。然而,这项研究并不试图消除现行国际法的有效性,也不会要求对历史错误进行赔偿。相反,它试图通过诉诸历史案例的理论问题来推动国际法的进步。

也许应当用创造性眼光来看待这个主题:过去的替代理论是否有助于当前秩序,尤其在东亚思想和价值观的背景下? 这并不意味着现在的主权平等秩序应该被古代的中华朝贡体系取代。尽管如此,首先应该承认西方国家主导的法律秩序是历史巧合。此时可以用到"虚假的必要性"这个术语——这次也同样不用关注 Roberto Unger 的整个思想体系。② 认为目前的国际法律秩序是人类进步不可避免的必然后果是错误的,因为以欧洲为中心的国际法律

---

① H. L. A Hart, *Concept of Law*, Oxford: Clarendon Press, 1994, 50ff.

② Unger, *supra* note 3, p. xvii.

秩序并不是唯一合理、有效、理想的国际秩序。一旦接受了这个观点,便可以从另一个角度看待目前国际秩序的困难或缺陷。现行国际法律秩序或可借鉴非西方国家的历史智慧。

至于东亚理论能否帮助改善当前秩序不足以满足国际社会需求的缺陷,这是个理论问题。这个问题很重要,因为目前国际秩序正在恶化,国际社会正在走上一条未知的道路。近来,一些国际关系学者对非西方国际关系理论表现出兴趣。也许,现在该考虑国际法方面的类似问题了。

此外,由于亚洲区域秩序面临权力变化的新阶段,近几十年来国际秩序的不确定性有所加剧。中国的崛起在各种场合都备受关注,有时被描绘成与美国的新一轮冷战。考虑到最近的核威胁,这个观点并非全无道理。但是,东亚国家在国际法规范性方面的作用可能会有所变化。国际法和法律秩序的未来不能仅由一种文化和一种身份垄断。或许,我们有必要对法律信仰进行"精心"重建,来构想一个包含着各种良性思想和价值观的新国际社会。

国际法的历史和理论的各个方面应该在东亚的背景下进行分析。然而,这一关键性的考虑并不是要解构当前的国际法律秩序,而应该看做是一次构想新型综合国际社会的实验,这个新型国际社会在强调人类共性的同时又包容差异。

三、和平条约中的领土解决

李硕宇(Seokwoo LEE)*

战争是人类历史上不可回避的一面。国家之间进行战争的原因有很多,但领土历来都是一个主要原因。领土毕竟是国际法规定下的一个国家要素。[①]然而,战争的胜利本身并不能确立对领土的法定所有权。[②] 因此,仅仅通过战争来占领与拥有领土的法定所有权并不一样。[③] 战败国投降后,胜利的一方在

---

* 李硕宇,韩国仁荷大学法学院国际法学教授。
This note is based on ongoing research on "Territorial Settlements in Peace Treaties".

[①] 1933 Montevideo Convention, art. 1 "The state as a person of international law should possess the following qualifications: (a) a permanent population; (b) a defined territory; (c) government; and (d) capacity to enter into relations with the other states." *See* LASSA OPPENHEIM, INTERNATIONAL LAW 563, Robert Jennings and Arthur Watts eds., 9th ed. 2008.

[②] *Id. See also* OPPENHEIM, *supra* note 1, at 681－82; SHARON KORMAN, THE RIGHT OF CONQUEST: THE ACQUISITION OF TERRITORY BY FORCE IN INTERNATIONAL LAW AND PRACTICE, 1996.

[③] *See* EYAL BENVENISTI, THE INTERNATIONAL LAW OF OCCUPATION, 1993.

等待和平条约进行领土划分时通常会先占领敌方的领土。① 占领国可以行使其权力,但须符合战争法规的规定。② 然而,法定所有权是通过和平条约中的领土条约,从战败国转移到战胜国手中的。③

在实际情况中,有时战胜国会单方面吞并战败国领土。然而,这些程序是不被承认的,比如,1908 年奥匈帝国从奥斯曼帝国手中吞并波斯尼亚和黑塞哥维那,就不被认可。奥匈帝国与奥斯曼帝国之间的后续条约④对于吞并合法化起到了必要作用。⑤ 同样,在第二次世界大战之后,纽伦堡战争审判法庭宣布在战争结束前的吞并是无效和不起作用的。⑥

《联合国宪章》如今禁止国家在国际关系中使用武力或威胁使用武力,⑦由此,从国际法来看,通过征服来占领别国领土是非法的。

即使征服是获得领土主权的有效方法,和平条约也是最后实现主权移交的必要条件。领土处置对各国而言是相当重要的事情,而且多数国家无疑希望领土处置文件具有相当的严肃性,即以条约的形式出现。由于领土问题常常威胁国际关系的和平,因此,必须采取手段对领土进行明确的

---

① Y, Frank Chiang, *One-China Policy and Taiwan*, 28 FORD. INT'L L. J.1, 21, 2004.

② Hague Convention Respecting the Laws and Customs of War on Land, with Annexed Regulations, art. 55, Oct. 18, 1907, 36 Stat. 2277, § III. "The occupying State shall be regarded only as administrator and usufructuary of public buildings, real estate, forests, and agricultural estates belonging to the hostile State, and situated in the occupied country. It must safeguard the capital of these properties, and administer them in accordance with the rules of usufruct.".

③ See LASSA OPPENHEIM, INTERNATIONAL LAW: PEACE 452, § 216. Hersch Lauterpacht ed., 8th ed. 1955.

④ Protocol between Austria-Hungary and Turkey, 3(4) A.J.I.L. SUPP. 286 – 89, 1909, *available at* http://www.jstor.org/stable/2212637.

⑤ LUIGI ALBERTINI, THE ORIGINS OF THE WAR OF 1914: VOLUME I at 277, Enigma Books 2005.

⑥ MALCOLM SHAW, INTERNATIONAL LAW 501, Cambridge 6th ed. 2008. *See also In re Goring*, 13 I.L.R. 203, 1946.

⑦ Charter of the United Nations art. 2(4), Oct. 24, 1945, 1 U.N.T.S. 16. *See also* Treaty Between the United States and Other Powers Providing for the Renunciation of War as an Instrument of National Policy, Aug. 27, 1928, 94 L.N.T.S. 57, *1928 Kellogg-Briand Pact*, banning war as a tool of national policy; S. C. Res. 242, U.N. Doc. S/RES/242, Nov. 22, 1967. emphasizing the "inadmissibility of the acquisition of territory by war"; 1970 Friendly Relations Declaration, U.N. Doc. A/RES/25/2625, Oct. 24, 1970. "the territory of a state shall not be the object of acquisition by another state resulting from the threat or use of force. No territorial acquisition resulting from the threat or use of force shall be recognized as legal"; G.A. Res, 3314 (XXIX), art. 5(3), U.N. Doc. A/RES/3314, Dec. 14, 1974. hereinafter *Consensus Definition of Aggression*; Vienna Convention on the Law of Treaties art. 52, 1155 U.N.T.S. 331, May 23, 1969.

处置。

和平条约通常涉及许多内容:提出各种安排,如战争赔款、设置非军事区、资源获取和分配、难民地位、禁止的行为、解决债务问题、重新应用已有的条约、争端解决机制、过境权等,但主要关注的是领土分配。[①] 因此,和平条约在大多数情况下可被视作领土条约的一部分,通常会涉及敌对行动结束后,将领土从一国割让给另一国。[②]

和平条约也应该与停火协议和停战协议区分开来。停战是通过谈判正式中止交战各方的敌对行动。[③] 然而,在向敌方做出充分警告后,敌对行动可再次启动,[④]如果一方当事人严重违反协议,另一方可宣布放弃协议,在紧急情况下可立即诉诸武力。[⑤] 停战是军事行动停止的一种过渡方式,尽管开战的根本原因还有待解决。尽管停战可以无限期地继续下去,但在此期间,交战各方可能会尝试协商出更为彻底的和平条约。例如,1953 年《朝鲜停战协定》就是一份尚未达成和平条约的停战协定。[⑥] 停火本身就是指通过协议中止敌对行动。有时候,停火协议是正式条约的一部分,因此,具有约束力,而在其他情况下,它是一项独立的非正式协议,意味着双方朝着正式和平条约迈进。在这种情况下,“停火”一词往往与“停战”互用,但相比之下,停火协议是暂时性的,且所涉范围较窄。

对于内战等国内武装冲突,由于不是在两个主权国家之间发生的,因此,通常不会使用和平“条约”。然而,在一个国家分裂出新国家的情况下,通常会商定一项和平条约来结束战争,例如,1783 年英美签订的《巴黎条约》,以及 19 世纪西班牙与美洲殖民地缔结的条约。

有时,从占领开始到缔结和平条约之间可能会有相当长的时间。例如,日

---

① Heinhard Steiger, *Peace Treaties from Paris to Versailles*, in PEACE TREATIES AND INTERNATIONAL LAW IN EUROPEAN HISTORY: FROM THE LATE MIDDLE AGES TO WORLD WAR ONE 87. Randall Lesaffer ed., Cambridge University Press 2004.

② Cession of territory however can also occur under other situations, for instance, the sale/purchase of territories and even the gifting of territories. *See, e.g.*, OPPENHEIM, *supra* note 1, at 681 – 82.

③ Hague Convention (II) with Respect to the Laws and Customs of War on Land and its Annex: Regulations concerning the Laws and Customs of War on Land, July 29, 1899, 187 C.T.S. 429, art. 36.

④ *Ibid*.

⑤ *Ibid*. art. 40.

⑥ Military Armistice in Korea and Temporary Supplemental Agreement, July 27, 1953, 4 U.S.T. 234, 47 AM. J. INTL. L. Supp. 186.

本于 1945 年 8 月 15 日投降,此后,盟军对日本的占领也没有正式停止,而是一直延续到 1952 年 4 月 28 日《旧金山和约》生效。1978 年 8 月 12 日中国才与日本达成和平条约。①

近代以前,允许国家通过单纯的吞并来占领战败国的领土。继 1713 年《乌德勒支和约》之后,国际法要求和平条约在战后重新分配领土主权,但即使在过去,和平条约通常也被用来作出领土处置,因为其内容准确清晰。虽然不是全部,但多数和平条约都涉及领土解决,因此,可被视作领土条约的一部分。

目前,亚洲许多国家都与邻国有边界争端,但并非所有这些国家都需要用到和平条约中的领土解决部分。亚洲有一些基于和平条约中领土条款的领土争端,比较显著的例子有目前的千岛群岛争端、钓鱼岛争端和独岛争端。这些问题的很多不确定性可以追溯到 1951 年《旧金山和约》的领土条款。相反,在欧洲,和平条约通常可以提供妥善、无争议的领土解决方案。欧洲的许多和平条约在很大程度上促进了近代国际法的形成。中东、美洲和非洲也有众多附有领土解决方案的和平条约。

《维也纳条约法公约》规定了解释和平条约领土规定的一般规则。但是,在审视和平条约,特别是那些在欧洲以外缔结,并在国家间禁止使用武力的禁令下达之前缔结的和平条约时,往往必须考虑额外规定,例如,时际法。

四、人权普遍有效,却无法一致践行?

边伯锡(Buhm-Suk BAEK) *

"……规范的本土化并不会消灭当地现有的信仰与做法,反而可能有利于推广和普及后者……有必要对本土化过程进行更深入的交互式理解,毕竟这一过程的主动权也握在当地政权手中。经由当地发起、反馈与重塑,构建型的本土化过程将促进规范的传播。"②

一般认为,1948 年《世界人权宣言》(UDHR)是当代国际人权法的起点。许多著名的西方法学家、理论学家和哲学家在 16 世纪至 19 世纪间构建的人

---

① Treaty of Peace and Friendship between Japan and the People's Republic of China, Japan-P.R.C., Aug. 12, 1978, 1225 U.N.T.S. 257.

* 边伯锡,韩国庆熙大学国际研究学院教授。

② Amitav Acharya, Whose Ideas Matter? Agency and Power in Asian Regionalism, 2009, pp.4 – 5, pp.167 – 169.

权(主要是公民和政治权利)理论,在 UDHR 中发挥着相当重要的作用。① 从
这个意义上讲,正如路易斯·亨金(Louis Henkin)所指出的那样:人权概念受
到自然法(判例法)和西方哲学传统的高度重视。② 因此,在过去几十年里,国
际人权法的性质,更具体而言是国际人权领域的普遍性与文化相对性引起了
热议。主要问题在于,是否可能既保证人权的基本普遍性,同时也将人权的历
史和文化特性纳入考虑。

　　对人权普遍性的首次批驳来自 1947 年美国人类学学会(AAA)发表的《关于
人权的声明》,③恰好发布于 UDHR 通过的前一年。该声明认为,如果《宣言》
是"一份只用西欧和美洲国家的流行价值观念形成的权利声明",④那它就不适
用于所有人,因为"个体的个性仅取决于其自身所处社会的文化"。凯伦·恩
格尔(Karen Engle)认为这一声明是在殖民主义的背景下撰写而成,旨在驳斥
"西方及西方文化更为优越"这一主流观念,并且认为所有人的成长都要受到
其所处社区的影响。⑤ 正如 1947 年 AAA 发表的声明所称:1948 年,许多非
西方国家仍处于殖民统治之下,并无机会参与 UDHR 的起草。⑥ 同时,当时联

---

① For example, Francisco de Vitoria, the 16th-century Spanish jurist, expresses the idea of natural rights in his De Indis Noviter Inventis, regarded as the first international law text. Vitoria searches for the "lawful titles whereby the aborigines of America could have come into the power of Spain." He assumes that "these aborigines were true owners alike in public and in private law before the advent of the Spaniards among them". In other words, Vitoria recognizes that every human being, including indigenous people, has certain natural rights. He, however, justifies Spain's colonization by arguing that a violation of those rights which the Spanish enjoy under the law of nature could have constituted a lawful title of power over the Indians. *See* Franciscus de Victoria, *De Indis et de Ivre Belli Relectiones* ('*On the Indians Lately Discovered*') (Ernest Nys ed., John Pawley Bate trans., 1917).

② Louis Henkin et. al., HUMAN RIGHTS, pp.7 - 8, 1999.

③ *See* American Anthropological Association: *Statement on Human Rights* 49 American Anthropologist New Series, No.4, 539, Oct.-Dec., 1947.

④ Karen Engle, *Culture and Human rights: the Asian Values Debate in Context*, 32 N.Y.U. J. Int'l L. & Pol. 2000, p.291, pp.308 - 309.

⑤ 51 countries participated in the establishment of the UN in 1945 and member states were increased to 58 in 1948. Even the member states from Asian region were only five: China, India, Philippine, Thailand and Burma. *See* UN: *Growth in United Nations membership*, *1945-present*, available at http://www.un.org/en/members/growth.shtml.

⑥ 51 countries participated in the establishment of the UN in 1945 and member states were increased to 58 in 1948. Even the member states from Asian region were only five: China (Taiwan), India, Philippine, Thailand and Burma. *See* UN: *Growth in United Nations membership*, *1945-present*, available at http://www.un.org/en/members/growth.shtml.

合国所谓的"第三世界"并不主要由亚洲国家或非洲国家,而是由欧洲世界观主导下的拉美国家组成。对此,玛丽·安·格伦顿(Mary Ann Glendon)强调:黎巴嫩的查尔斯·马利克(Charles Malik)和中国的张彭春也在起草工作中发挥了重要作用;①但 Matua Makau 认为,虽然马利克和张彭春并非西方人,但却在美国接受过教育,深深扎根于当时的欧洲知识传统中。② Balakrishnan Rajagopol 将这一议题描述为国际人权运动在其代表性上的天然缺陷,即生来缺少特定的文化和社区环境。③ 他还认为,鉴于其对 20 世纪最主要的政治问题——殖民主义的回应方式,这一缺陷从未完全得到解决。此外,乌蓬德拉·巴克西(Upendra Baxi)认为,为了保护全球资本和国际公司追求福祉的集体权利,贸易友好型和市场友好型人权范式正在取代 UDHR 的范式。④ 国际金融机构和捐助机构正成为两大促进人权的政治途径,且重要性日渐增加:例如,世界银行的善治项目可视为一箭双雕的政策,在加强民主的同时,也反对侵犯人权。⑤ Anthony Anghie 甚至声称:"西方和国际金融机构(IFI)侃侃而谈的全球治理受到经济因素的重大推动……(并且)在人权领域强力发声也是为了这一目的。"⑥

那么,国际人权法是否仅仅基于西方国家的视角建立,因而有失偏颇? 在第二次世界大战后去殖民化的历程中,第三世界国家在国际法发展中起到的作用积极与否,这一问题没有绝对的答案。这是因为第三世界国家促使联合国将最重大的人权问题提上议程,包括殖民主义、自决、种族歧视、种族隔离、发展权以及 UDHR 通过以来 60 年间的社会和文化权利。第三世界国家,尤其是早期强烈支持普遍化的反殖民民族主义者,在制定国际人权规范上发挥了主要作用,但与此同时,许多后殖民独裁政府遵从同样的反殖民主义教义,打着文化相对性的旗号施加权力、加固权威、维护自身政权。总的来说,反殖

---

① Mary Ann Glendon, A WORLD MADE NEW: ELEANOR ROOSEVELT AND THE UNIVERSAL DECLARATION OF HUMAN RIGHTS, 2001.

② Makau Mutua, HUMAN RIGHTS: A POLITICAL & CULTURAL CRITIQUE, 2002, pp.154 – 155.

③ Balakrishnan Rojagopol, *The International Human Rights Movement Today*, 24 Md. J. Int'l L. p.56, pp.57 – 58, 2009.

④ *See* Upendra Baxi, *Voices of Suffering and the Future of Human* Rights, 163 – 164, 8 Transnat'l L. & Contemp. Probs, 1998; *See* also Upendra Baxi, THE FUTURE OF HUMAN RIGHTS, Preface, 2006.

⑤ Anthony Anghie, IMPERIALISM, SOVEREIGNTY AND THE MAKING OF INTERNATIONAL LAW, 2004, pp.245 – 272.

⑥ *Ibid.*, at 269.

民主义政策一方面推进了国际人权的进程,另一方面又对其造成阻碍。

近几十年来,亚洲国家在人权法治化方面取得了令人瞩目的发展。① 虽然法治化的过程似乎较为缓慢,但不可否认的是,已有越来越多的行为体参与了亚洲制定人权规范的进程。早在 19 世纪,许多亚洲国家就已将基本的人权规范纳入了本国法律。现代西方的权利观与宪政观并非由外界强加给亚洲,而主要由亚洲人民亲自引入并推广,因为 19 世纪和 20 世纪间,反对帝国主义运动的精英们梦想建立起保护人权的独立民主国家。自 20 世纪 90 年代初以来,亚洲一些新兴工业化国家在人权方面发出了消极声音。这些国家的观点很难清楚界定,因为他们将主张"经济发展优先于其他社会目标"的发展理论,与从文化帝国主义视角描述人权运动的后殖民主义理论混为一谈。② 正如比拉哈里·考西坎(Bilahari Kausikan)所指出的那样:大多数东亚和东南亚政府都认为"秩序和稳定是经济增长的决定条件,并且经济增长是任何声称可以提升人类自尊的政治秩序的必要基础"。③ 经过亚洲关于经济发展和非西方人权方针的价值辩论后,许多亚洲国家的政府否认了国际人权规范的普遍有效性。虽然亚洲的价值观念相对较新,在 20 世纪 90 年代中期才开始盛行,但(观念本土化)这一现象并非前无古人。④ 在殖民地和后殖民地历史上,亚洲的价值观本土化存在许多先例,正如 Michael Jacobsen 和 Ole Bruun 阐释道:"19 世纪末中国关于'自强'的辩论、印度尼西亚战后的建国五原则精神、尼泊尔的全国评议会制度、巴基斯坦的'基本民主'政策,以及更近期的、在马哈蒂尔总理领导下马来西亚的'2020 年愿景',都是为了建设国家而努力调动本土价值观资源的例子,且这些价值观经常由别国主导。"⑤ 除此之

---

① *See* Tae-Ung Baik, Emerging Regional Human Rights System in Asia — With a Focus on East Asian States, Dissertation, Notre Dame Law School, 2009, pp.130 - 206.

② *See* Bilahari Kausikan, *An Asian Approach to Human Rights*, 89 Am. Soc'y Int'l L. Proc. 146 (1995);Joseph Chan, *Asian Values & Human Rights: An Alternative View* in Democracy in East Asia, 28, Larry Diamond and Marc Plattner ed., 1998;American Society of International Law, *The East Asian Debate on International Human Rights: Domestic Approaches and Attitudes in the Absence of Regional Commitments*, 92 Am. Soc'y Int'l L. Proc. 64, 1998;Inoue Tatsuo, *Liberal Democracy and Asian Orientalism* in The East Asian Challenge for Human Rights, 27, Joanne R. Bauer and Daniel A. Bell, eds., 1999.

③ Bilahari Kausikan, *Asia's Different Standard*, 92 Foreign Policy 24, 35, 1993, Fall.

④ *See* Michael Jacobsen and Ole Bruun eds., Human Rights and Asian Values: Contesting National Identities and Cultural Representations in Asia, 2000, 5.

⑤ *Ibid.*

外,还有无数基于相似原则建立紧急秩序的例子。然而,谈起亚洲的价值观辩论,有必要关注 Sharon Hom 提出的问题:谁会从莫衷一是的论断中受益? 谁主张了这些分歧,又是以谁的名义?[1] 她认为,为了确保东方与西方、普遍主义与相对主义的范式明确地相互对立,内部人民的声音会被边缘化,并最终彻底隐去。

五、可持续发展的南北分歧与亚洲的近期发展

沈尚闵(Sangmin SHIM)*

自布伦特兰委员会提出"可持续发展"以来,即经济发展要"在不损害后代满足自身需要的能力前提下满足当代的需要",[2]对环境保护的热议一直伴随着有关如何在国家、地区和国际各级实现可持续发展的讨论。

然而,"可持续发展"所包含的两个目标:可持续性和发展,在各国的实践过程中相互碰撞制约,表明发达国家与发展中国家之间存在着意见分歧。许多发展中国家强调在追求可持续发展时考虑"发展空间",[3]而多数发达国家的经济发展战略倾向于将重点放在保护环境的完整性上,并鼓励其他发展中国家效法追随。

事实上,国际法领域反映了传统的南北分歧。[4] 一方面,由于普遍认为发展中国家的经济挑战来自过去西方殖民国家的剥削,发展中国家认为发达国家应该对其提供资金支持和技术转让,以帮助其实现可持续发展目标。另一方面,发达国家虽然承认殖民历史曾给发展中国家的人民带来痛苦和苦难,但在制定和实施支持发展中国家可持续发展的策略方面,仍不愿意谈及自身的

---

[1] *See* Symposium: *Structure of World Order: East Asian Approaches to Human Rights*, 89 Am. Soc'y Int'l L. Proc. pp.165 – 167, 1995.

* 无作者信息。

[2] Report of the World Commission on Environment and Development: Our Common Future, U.N. Doc A/42/427, Aug. 4, 1987, at 24.

[3] This emphasis of the "room-to-grow" may find its origin in the concept of the "right to development," understood as an "inalienable human right by virtue of which every human person and all peoples are entitled to participate in, contribute to, and enjoy economic, social, cultural and political development, in which all human rights and fundamental freedoms can be fully realized." United Nations General Assembly, Declaration on the Right to Development, art. 1, para. 1, U.N. Doc A/RES/41/128, Dec. 4, 1986.

[4] On the issue of the North-South divide in the field of international environmental law, *see* Ulrich Beyerlin, *Bridging the North-South Divide in International Environmental Law*, 66 ZEITSCHRIFT FÜR AUSLÄNDISCHES ÖFFENTLICHES RECHT UND VÖLKERRECHT, 2006, p.259.

后殖民责任。

由此,可持续发展受到了不同的价值判断。至少对于大多数发展中国家来说,无论是否有发达国家的支持,其重点仍然是推动经济发展,有关环境保护的讨论在决策和确定优先事项时都要退居其次。

关于环境问题的一条国际法原则,即"共同但有区别的责任"(CBDR)原则可能与可持续发展相关。[1] 这一原则来源于发达国家和发展中国家达成的共识:每个国家都有保护环境,并为此追求高效合作的义务。这一原则强调,履行这种义务的条款和条件可能会因国家的不同而有所差异,因此,需要考虑到每个国家在此类环境合作方面的能力。可以说,这一原则既能够缓解发展中国家由于考虑到自身经济发展阶段无法承受环境负担的恐惧,也可能适用于更广泛的环境问题。

然而,这一原则在实施过程中也会遇到困难。事实证明,一些发展中国家是当前某些环境退化问题的主因,尽管从历史上看,这些环境问题首先由发达国家造成,例如,在邻近水域排放污染物,破坏海洋环境或所在地区。在这种情况下,问题就成了在解决环境问题时,是否应该将重心放在当前排放污染最多的国家,即使他们的历史责任很轻微。[2] 从后殖民主义和可持续发展的角度来看,让发展中国家承担过多责任未免有失公允。

尽管在各国就环境保护和分摊责任方面达成共同愿景时,这一原则具有相关性,但其成功的实施最终仍取决于发达国家是否能向发展中国家提供资金支持和技术转让。问题焦点还是在于各国在确定发达国家应承担的历史责任方面的差异。

在关于可持续发展概念如何在解决区域环境问题方面具有重要意义的例子中,跨境空气和海洋污染以及气候变化这两个问题十分突出。有趣的是,这两个问题折射出亚洲一些国家在解决环境问题和寻求可持续发展方面有着截然不同的态度。

亚洲许多地区跨境空气和海洋污染很严重,这是从可持续发展角度确保邻国之间密切合作的一个难点。尤其是在东北亚地区,大量包括氮氧化物、硫

---

[1]　*Id.* at 277. *See also* Principle 7 of the Rio Declaration on Environment and Development *in*: United Nations General Assembly, Report of the United Nations Conference on Environment and Development, Annex I, U.N.Doc A/CONF.151/26, Vol. I, Aug. 12, 1992.

[2]　As for the criticism directed at the application of the CBDR in the Kyoto Protocol, resulting in the exemption of the currently most polluting nations from any reduction obligations, pp.278 – 279.

氧化物和颗粒物(PMs)等在内的空气污染物被排放到中国不同地区的大气中,并被季风吹到了韩国和日本等邻国,由此导致了许多环境和健康问题:如酸雨和呼吸系统疾病。①

依靠由"特雷尔冶炼厂仲裁案"②和"科孚海峡案"③等案例推动建立的完善的国际法律理论,让中国对此类环境退化负责在理论上是可行的,但它并不能帮助解决目前的环境问题,因为中国坚定地认为本国的经济增长要优先于其他任何政策议程。让关心此事的国家在监测区域空气污染物的流动方面进行合作,并提供具成本效益的方法从源头减少这些污染物,这将是一个更好的方法。但是,这将涉及分摊责任的问题,并且在讨论过程中,污染者自付原则通常让位于受害者付费原则,从而引发环境正义和公平问题。只要有一个重要行为体以牺牲可持续性为代价谋求发展,采用可持续发展的概念框架就无助于解决问题。

在解决全球气候变化问题上,亚洲完全可以采取不同的方法。2015 年,联合国气候变化框架公约(UNFCCC)④缔约方大会气候谈判成功,缔约方达成《巴黎协定》,并于一年后生效,人们纷纷称赞这是首次发达国家和发展中国家均同意以国家自主贡献(NDCs)的形式采取气候行动。⑤ 中国和印度把推动自身经济发展放在首位,同时强烈反对任何可能给经济发展带来困难的环境负担,中国甚至积极向其他特别容易受到气候变化影响的发展中国家提供资金援助,希望"促进气候变化方面的南南合作"。⑥

目前尚不明确,一些亚洲国家在气候变化法领域的这种新举措是否意味着他们对共同环境责任作出了真正承诺,或仅仅是利用这种合作制度为经济发展谋求优势,因为这类资金援助可为出口太阳能电池板和风车等国内产品

---

① For this issue in general, *see* Woosuk Jung, *Environmental Challenges and Cooperation in Northeast Asia*, Focus Asia — Perspective and Analysis, March 2016, available at http://isdp.eu/content/uploads/2016/05/2016-jung-environmental-challenges-cooperation-northeast-asia.pdf.

② *Trail Smelter Arbitration*, Arbitral Trib., 3 U.N. Rep. Int'l Arb. Awards 1905, 1941.

③ Corfu Channel (U. K. v Alb.), 1949 I.C.J. 4, Apr. 9.

④ United Nations Framework Convention on Climate Change, May 9, 1992, S. Treaty Doc No. 102-138, 1771 U.N.T.S. 107.

⑤ Paris Agreement, art. 4, para. 2, available at https://unfccc.int/files/meetings/paris_nov_2015/application/pdf/paris_agreement_english_.pdf.

⑥ Wang Yanfei, *China to Provide Financial Support to Developing Countries Coping with Climate Change*, CHINA DAILY, Nov. 14, 2016, available at http://www.chinadaily.com.cn/china/2016-11/14/content_27374101.htm, last visited on 1 Spet., 2017.

奠定基础。然而,无论真实意图为何,这些国家在追求环境集体利益方面的立场都要从可持续发展的角度进行全面评估,因为这或许标志着该地区发展中国家在重新评估和重新定位可持续发展方面迈出了第一步。

六、从发展中国家视角看国际法发展对保护外国投资者和外来投资的影响

姜平今(Pyoung Keun KANG) *

早在 17 世纪,随着欧洲列强向亚洲扩张,国际投资法也随之发展。以欧洲为中心的国际法对欧洲企业家在亚洲和美洲与当地土著人民打交道时非常有用。19 世纪成立了许多混合委员会,来处理英国臣民在新独立国家美国的伤害索赔。[1]

在与中国订立的各种和平条约中,外国公民所受到的保护与第三方外国势力所受保护相同。国家责任法是根据东道国对待外国公民的方式制定的。19 世纪时,亚洲东道国被迫与外国建立关系,友好、通商、航海(FCN)条约当时在亚洲非常普遍,而这些条约还是在"有约必守"原则下实施的。[2]

两次世界大战之后,资本输出国开始制定侧重投资问题的双边条约。在非殖民化时代,资本进口国必须积极适应这些双边投资条约(BITs)。[3] 他们需要硬通货来发展他们的新生国家。双边投资条约被视为吸引外国投资者的得力工具,它提出了许多有关保护外国投资者和外来投资的概念。世界银行集团等国际金融机构在评估发展中东道国的贷款申请时,一致认为外国投资者的法律环境是一个重要因素。

---

* 姜平今,韩国高丽大学法学院教授。

[1] Starting from the very early stage of the Republic, the United States through the State Department got involved with the arbitral commissions established under the 1794 Jay Treaty in light of the losses of the British citizens' properties and contract rights. Mark Clodfelter, "U. S. State Department Participation in International Economic Dispute Resolution," 42 S. Tex. L. Rev. 1273, 2001, p.1273.

[2] Francis J. Nicholson S. J., "The Protection of Foreign Property Under Customary International Law," 6 B.C.L. Rev. 391, 1965, pp.393 - 394.

[3] It is generally recognized that no capital exporting state should ever enter into a Bilateral Investment Treaty (BIT) with a developing state seeking to introduce Foreign Direct Investment (FDI) unless the developing state is sure to satisfy the requirements made by a BIT. Kenneth J. Vandevelde, Investment Liberalization and Economic Development: The Role of Bilateral Investment Treaties, 36 Colum. J. Transnat'l L. 501, 1998, p.523.

20 世纪 60 年代末到 70 年代,发展中东道国在联合国(UN)大会占据了大部分席位,他们试图通过一系列对自身有利的决议来重组经济秩序。在联合国,征收是一大热门话题：发展中东道国希望能够行使权力,决定其领土内外商投资征收的补偿标准。①

直到 20 世纪 90 年代初,各种涉及投资争端的问题才在国家间关系中得到处理。《投资争议解决中心公约》(《ICSID 公约》)很少用于解决投资争端。早期案件规模较小,国际投资争端解决中心(ICSID)仲裁庭上的答复国多为亚洲国家,包括斯里兰卡、菲律宾和印度尼西亚。

自北美自由贸易协定(NAFTA)生效以来,许多已有百年历史的关于保护外国投资者的概念都是由特别仲裁庭,以及机构仲裁庭根据国际投资协定(IIAs)(包括双边投资条约和自由贸易协定)中的投资者与国家间仲裁条款进行检验的。

据称,许多对公正与公平、正当法律程序、征收、合法期望、滥用程序等概念的解释均有利于外国投资者。有时,如果外国投资者具有证券投资方面的专业知识,而且投资仲裁案件中的答复国被关于国家责任的习惯国际法原则所束缚,那么,外国投资者就很可能会赢得仲裁案件。② 愤懑不满的答复国对当前的投资者与国家间仲裁机制表示强烈谴责。③

最忙碌的仲裁员大多是欧洲人。他们先是担任仲裁员,然后担任律师,或者反过来。许多出席国际投资协定法庭的律师就算是亚洲人,也有欧洲教育或文化背景。他们因为不同情发展中东道国的普通公众而遭到批判。答复国往往因为心存偏见而对仲裁员及其裁决提出质疑。一些发展中东道国会有意绕开国际投资争端解决中心仲裁。甚至发达国家的公民团体也反对投资仲裁,对投资者与国家间仲裁机制的合理性提出质疑。鉴于此,全世

---

① "Permanent sovereignty over natural resources", UN Resolutions 3171 (XXVIII), para. 3. "Affirms that the application of the principle of nationalization carried out by States, as an expression of their sovereignty in order to safeguard their natural resources, implies that each State is entitled to determine the amount of possible compensation and the mode of payment, and that any dispute which might arise should be settled in accordance with the national legislation of each State carrying out such measures."

② Under Article 53 of the ICSID Convention, an ICSID award is binding Contracting Party States.

③ Christoph Schreuer, "Denunciation of the ICSID Convention and Consent to Arbitration" in Michael Waibel (eds), The Backlash against Investment Arbitration: Perceptions and Reality, p.353.

界正准备对投资者与国家间争端解决机制进行改革。在非政府组织的支持下,欧盟正领导有关讨论,提出建立这样的投资法院制度:拥有永久会员制度,法庭之友可参与仲裁,仲裁裁决对公众公布,由此程序更加透明、公开度更高。①

目前,要找到解决有关国有企业(SOEs)和公私伙伴关系(PPP)问题的办法并不容易。投资者受益于国际投资协议下的各种特权,而国际投资协定并没有妥善规定投资者的应负责任。投资者的行为可能与其所在国家无关。严格意义上,国有企业并非母国的代理,因此,母国不对国有企业的违规行为负责。对于公私伙伴关系也是一样。当项目透明度很低时,公私伙伴关系可能会对东道国的管理造成不利影响。跨国企业(MNEs)在发展中东道国进行投资活动时,其特殊的法律地位可能会给东道国的管理造成严重干扰:他们可能会利用空壳公司来规避监管。由于跨国公司的活动影响着东道国民众生活的方方面面,联合国制定了用于监管跨国公司的行为守则或全球公约来明确企业责任,并通过决议来引导联合国会员国对其领土内的企业活动进行管理和裁定。②

在许多发展中国家,权力精英与人民背道而驰。他们通常和发达国家的权力精英毫无二致,本质上都是欧洲中心主义者,因此不能很好地照顾到本土居民的需求,而后者的家园通常被占以建造水坝、游乐园和度假胜地。本土居民正遭受环境破坏和文化破坏之苦。外国投资者在本国政治领导人的支持下发起了许多项目,这些项目因为不具有环境可持续性,引发了严重的环境问题。③

和几十年前一样,外来投资现在仍然对发展中国家的发展至关重要。因此,应该对外国投资者加以保护,以免受东道国任意行使监管权力的影响。但同时,外来投资和外国投资者理应受到监管,不应过度享有特权。就

---

① Markus Krajewski and Rhea Tamara Hoffmann, The European Commission's Proposal for Investment Protection in TTIP, Friedrich-Ebert-Stiftung, Berlin, 2016, pp.12 – 14.

② David Weissbrodt and Muria Kruger, "Norms on the Responsibilities of Transnational Corporations and Other Business Enterprises with Regard to Human Rights," A.J.I.L., 2003, Vol. 97, No. 4, p.921.

③ Jonsson, Jonas and Fisker, Mette and Buhmann, Karin, From 'Do No Harm' to Doing More Good: Extending the UN Framework to Connect Political CSR with Business Responsibilities for Human Rights, February 11, 2016. CBDS Working Paper Series Working Paper Nr. 26, 2016, pp.17 – 18, available at https://ssrn.com/abstract=2962360.

对外来投资和外国投资者的监管来说，谈判各方应该了解作为第三方的当地居民的需求。

欧洲中心主义一直以来都热衷于通过订立条约来保护外国投资者和外来投资。过去，资本输出国曾试图让他们的臣民不受资本输入国监管权力的控制。据报道，由于担心在国际投资争端解决中心仲裁前会有潜在诉讼，资本输入国的政府官员故意不对健康事宜行使监管权力。也就是说，国际投资协定的存在可能会阻碍发展中东道国行使监管权。委内瑞拉和厄瓜多尔退出《国际投资争端解决中心公约》，原因之一可能就是因为在国际投资争端解决中心法庭的仲裁程序中，答复国为案件辩护时要承受不小的压力。这不禁让人想起 1902 年英国、德国和意大利军队封锁并轰炸委内瑞拉，用武力索回与委内瑞拉订立的债务。这是长期以来，欧洲各国对军事经济实力薄弱的国家所进行的一次最严重的侵略和征服。近年来，印度尼西亚延缓订立新的双边投资协定，并拒绝续约已经过期的双边投资协定，这清楚地表明了印度尼西亚对投资者与国家间仲裁的担忧。①

国际投资法的基本原则并没有太多变化。国际投资法机制正在不断发展以保护资本输出国的国民，同时，保护资本输入国的公共利益也变得越来越重要。现在，是时候对比东道国投资者所享受的权益，然后着手重新调节外国投资者的权益了。

七、亚洲所遭受的历史不公正待遇与国际经济法发挥的作用："公平竞争场所"中的公平贸易如何实现？

朴言京（Deok-Young PARK）　金代吉（Taegil KIM）*

关贸总协定/世贸组织机制下的国际经济法引入了对等互惠原则，旨在消除各国间的关税壁垒以及其他贸易壁垒，而这一原则在其他国际法中都有体现。目前，国际贸易体系依据的是"相对优势理论"，根据这一理论制定的政策能够帮

---

① Foreign investors were successful in backing Indonesia down from her ambitious banning of open-pit mining in protected forests. They threatened the Government of Indonesia ("GOI") with potential submission to investment arbitration under the Australia-Indonesia BIT and UK-Indonesia BIT. GOI decided to withdraw progressively from their BITs of more than 60 cases including those with Australia and UK in particular, by not renewing them.

* 朴言京，韩国延世大学法学院教授；金代吉，韩国庆熙大学法律研究所研究员。

助增进社会福祉、实现实际收入最大化。① 相对优势理论是全球贸易自由化的理论支撑,它认为自由贸易对所有国家都有利,并会自动带来其他各种好处。②

长久以来,亚洲有许多发展中国家③从殖民统治中解放出来。这些国家拥护发达国家主导的关贸总协定体制下基于互惠规则的贸易自由化,并借此为自身谋求经济发展,④但发展中国家与发达国家之间持续存在一些实际问题,尤其是经济实力悬殊造成的国际收支失衡。目前,关于发展中国家是否应该在关贸总协定/世贸组织体系中得到特殊待遇的争论已屡见不鲜。⑤

自 2001 年以来,多哈发展议程(DDA)⑥讨论了贸易自由化以及对发展中国家提供经济支持的问题,⑦但一直未能达成一致结论。此后,各国在制定自由贸易协定时开始更倾向于双边协定,而非多边协定。按照目前趋势来看,自

---

① John H. Jackson, William J. Davey and Alan O. Skyes, Jr., *Legal Problems of International Economic Relations: Cases, Materials and Text* (3rd. ed.), WEST PUBLISHING CO., 1995, p.14; Youngjin JUNG, Jaemin LEE, *Globalization and International Trade Law & Policy*, PAKYOUNGSA, 2012, p.9; Robert Howse ed., THE WORLD TRADING SYSTEM Critical Perspectives on the World Economy volume II Dispute Settlement in the World Trading System, ROUTLEDGE, London and New York, 1998, p.344; Divesh Kaul, *Eliminating Trade Barriers through Preferential Trade Agreements: Perspectives from South Asia*, Tulane Journal of International and Comparative Law, 2017, Vol.25, p.360.

② Kalim Siddiqui, *INTERNATIONAL TRADE, WTO AND ECONOMIC DEVELOPMENT*, World Review of Political Economy, Vol. 7 No. 4, p.439.

③ The term "developing country" is not defined in the WTO system nor was not defined in the GATT regime. Mitsuo Matsushita, Thomas J., Schoenbaum, Petros C. Mavroidis, *THE WORLD TRADE ORGANIZATION Law, Practice, and Policy*, OXFORD University Press, 2003, p.374.

④ *See ibid.*, pp.375 – 378.

⑤ John H. Jackson, William J. Davey and Alan O. Skyes, Jr. *supra note 1*, p.1109.

⑥ The Doha Round is the latest round of trade negotiations among the WTO membership. The Round was officially launched at the WTO's Fourth Ministerial Conference in Doha, Qatar, in November 2001. Its aim is to achieve major reform of the international trading system through the introduction of lower trade barriers and revised trade rules. The work programme covers about 20 areas of trade. The Round is also known semi-officially as the Doha Development Agenda as a fundamental objective is to improve the trading prospects of developing countries. In Doha, ministers also approved a decision on how to address the problems developing countries face in implementing the current WTO agreements. available at https://www.wto.org/english/tratop_e/dda_e/dda_e.html.

⑦ A new characteristic of DDA consists in the 'Aid for Trade' package, which, according to the WTO, means further assistance for developing countries to increase their capacity to take advantage of more open markets. Antoine Bouet, David Laborde, *Why is the Doha Development Agenda Failing? And What Can Be Done? A Computable General Equilibrium-Game Theoretical Approach*, The World Economy, 2010, p.1487.

由贸易协定会促进经济集团的形成。为了应对多边主义危机，各国继续尝试制定维护自身利益的贸易政策，并着力建立一个新型的公平贸易制度。①

就自由贸易和公平贸易展开讨论，可以为发达国家与发展中国家之间的贸易冲突提供一个理论上的解决方法。众所周知，自由贸易和公平贸易是国际经济法的支柱，旨在消除人为贸易壁垒的公平贸易和旨在实现"公平竞争场所"的自由贸易是国民收入增加的先决条件。但是，我们应该对这两个相互矛盾的概念进行思考：形式公平要求法律上的非歧视性待遇，但考虑到各国经济状况的差别，要达到实质公平则意味着特殊与差别待遇（S&D）的存在是合理的。② 这两个分歧巨大的概念分别以"统一方法"③和"不统一方法"④表现出来；形式公平认为可以适用统一的规则，后者认为如果不考虑发展中国家和发达国家之间的区别就统一适用，则是不公平的表现。

国际贸易中的持续萧条和情绪恶化推动着各国采取各种措施保护本国工业，甚至美国特朗普政府的保护主义政策也被视为公平贸易。不久前，针对倾销和补贴等贸易不公平现象实施了贸易保护主义政策，然而，目前的情况是一些国家通过立法产生变相限制贸易的措施，利用随意或不合理的标准来保护国内有《实施卫生与植物检疫措施（SPS）协定》以及《技术性贸易壁垒（TBT）协定》特殊允许的进出口管制行业。这种现象滋生了"汇率""竞争政策""知识产权保护""服务""劳动条件""环境保护""文化""国家安全""自然资源""税收"等方面的问题，非关税壁垒（NTB）因此成为发达国家和发展中国家之间重要的法律问题。

为公平贸易搭建公平竞争场所必须遵循的国际法所规定的绝对标准，但由于国际社会中缺乏此类标准，导致贸易争端的增加。国际贸易法治要求发展中国家与发达国家通过协商来协调统一各国国内实施条例，并建立客观标准来提高实施透明度。

---

① Following the failure of the Doha Round, global trade relations show a trend to combine multilateral treaties and regional treaties, and accept pending issues from the Doha Development Agenda (DDA) the forms of which are WTO + and WTO + + in their preferential trade agreements (PTAs). Silke Trommer, *The WTO in an Era of Preferential Trade Agreements: Thick and Thin Institutions in Global Trade Governance*, World Trade Review, 2017, Vol.16 No.3, p.501.

② *See generally* Seung Hwan CHOI, *International Economic Law*, 4th edition, BUBYOUNGSA, 2014, pp.320 – 326.

③ *See* Surendra Bhandari, *Developing Countries in the WTO and Doha Round*, Seoul Law Review Law Research Institute, The University of Seoul, 2012, Vol.20, No.1, pp.429 – 437.

④ *See ibid*, pp.418 – 429.

　　为缓和发达国家与发展中国家之间的贸易纠纷,世贸组织开始了多哈发展议程谈判。① 但是,发达国家采用统一方法,发展中国家采取不统一方法,二者在谈判中仍远不能达成协议。虽然发展中国家认为世贸组织体系没有反映出特殊与差别的待遇,但是,发达国家却认为这些国家没有充分履行世贸组织成员国义务,只一味寻求更多特殊与差别待遇。② 此外,对所有发展中国家适用同样的特殊与差别待遇这一问题,也有争论。许多国家似乎不愿意向较发达的发展中国家(如中国和韩国)以及欠发达的发展中国家(如老挝和马里)给予同样的特殊与差别待遇。③

　　多哈发展议程谈判④的僵局为世贸组织成员推动自由贸易协定等双边协议提供了契机。⑤ 一方面,由于"意大利面碗"效应的分裂性造成了混乱,⑥双边主义的激增引起了关注;另一方面,这意味着双边主义有助于实现世贸组织体制内不受规则约束地区的法治。巨型自由贸易协定可被视作一个小型世贸组织,应对此种分裂的一种新型综合模式。

---

① The DDA comprises trade liberalization for agricultural products (e.g. "substantial improvements in market access; reductions of, with a view to phasing out, all forms of export subsidies; substantial reductions in trade-distorting domestic support"), trade liberalization for services (e.g. "movement of natural persons"), and market access for nonagricultural products (e.g. reduction or elimination of tariff peaks and tariff escalation). WTO, *The Doha Ministerial Declaration*, adopted on Nov. 14, 2001, WT/MIN(01)/DEC/1.

② *See generally* Andrew D. Mitchell, Tania Voon, *Operationalizing Special & Differential Treatment in the World Trade Organization: Game Over?*, Global Governance, Vol.15, 2009, pp.343 – 357; William A. Kerr, *Special and Differential Treatment: A Mechanism to Promote Development?*, The Estey Center Journal of Law & Trade Policy, vol.6, 2005, pp.84 – 94; John Whalley, *Non-Discriminatory Discrimination: Special and Differential Treatment Under the GATT for Developing Countries*, The Economic Journal, vol.100, 1990, pp.1318 – 1328.

③ Surya P. Subedi, *THE NOTION OF FREE TRADE AND THE FIRST TEN YEARS OF THE WORLD TRADE ORGANIZATION: HOW LEVEL IS THE 'LEVEL PLAYING FIELD'?*, Netherlands International Law Review, Vol. 53, Iss. 2, Aug 2006, p.290.

④ *See* Sungjoon Cho, Doha's Development, Berkeley Journal of International Law, Vol.25, 2007, pp.170 – 174.

⑤ Below are the reasons that WTO members have been propelling FTAs: First, members enter into FTAs for political, strategic, and other noneconomic reasons. Second, FTAs lead to shifts in comparative advantage, and therefore spur countries to seek to re-establish the previous balance. Third WTO members negotiate FTAs is to proceed with trade liberalization more quickly, and perhaps more broadly, than is possible in the WTO. Divesh Kaul, *supra note* 1, pp.642 – 643.

⑥ The overlapping commitments and inconsistent rules between the various FTAs — commonly referred to as a "spaghetti bowl" — further diminish the potential for FTAs to serve as stepping stones to multilateralism. *See ibid.*, p.640.

当前,国际贸易是在对美国霸权、中国经济快速增长以及中国与西方发达国家关系日益紧张所导致的新自由主义发起对抗反冲。亚洲许多发展中国家在以美国为中心的《跨太平洋伙伴关系协定》(TPP)和以中国为中心的《区域全面经济伙伴关系协定》(RCEP)之间陷入两难抉择。特朗普执政后,美国退出《跨太平洋伙伴关系协定》,重新协商双边和多边自由贸易协定,但亚太地区仍未停止商定巨型自由贸易协定。这与新国际贸易体制的建立息息相关。

在建立巨型自由贸易协定时,考虑到国际贸易体制,亚洲将中国、日本、韩国、澳大利亚和印度等重量级国家以及一些小国家都包括在内。这意味着亚洲将一改往日作风,扩大自身影响力,在制定相关规则时寻求发挥主导作用。① 由殖民国家建立的传统国际经济法似乎是通过多边协议制定的,但这其中以西方为中心的市场经济体制、国内市场保护、强行打开发展中国家市场等殖民痕迹仍然存在,并有待讨论。

首先,应该在西方理论的基础上对国际法中的公平理念进行理论和哲学思考,以缓解发达国家与发展中国家之间的矛盾冲突。其次,利用亚洲在建立公平贸易制度上的积极性对贸易问题逐个开展讨论,这对于打破伪装成公平贸易的保护主义是必要的。讨论的整体论调是国际贸易争端的解决不应以权力为导向,而应该转为以规则为导向。世贸组织和多边主义可能不会,但自由贸易协定和双边主义可能无形中会让世界强国在亚洲国家营造一场危机。② 针对这种情况,打造以亚洲为中心的新型国际经济法模式将成为一个新起点。

八、亚洲地区的历史不公正与争端解决

吴胜真(Si Jin OH)*

据称,亚洲国家相对而言更不愿意通过第三方裁决来解决争端。与其他地区相比,接受国际法院(ICJ)强制管辖的亚洲国家数量要少得多。③ 截至

---

① Developing Countries have acted in coalitions with each other and gained sufficient leverage within the WTO regime, and have been participating in rule-making and negotiation process. *See* Sonia E. Rolland, *Developing Country Coalitions at the WTO: In Search of Legal Support*, Harvard International Law Journal, 2007, Vol.48, p.483.

② Poly-centric PTA negotiations produce obstacles for effective political participation by small countries. Silke Trommer, *supra note 8*, p.518.

* 吴胜真,韩国三育大学人文学院教授。

③ Chestermann, Simon, "Asia's Ambivalence about International Law and Institutions: Past, Present and Futures", EJIL 27, 2016, pp.961-962.

2017 年 12 月,亚洲国家中只有柬埔寨、印度、日本、巴基斯坦、菲律宾和东帝汶接受了 ICJ 的强制管辖。①

同时,有几个亚洲国家通过第三方裁决解决了争端。其中包括柏威夏寺案(柬埔寨诉泰国);②利吉丹岛和西巴丹岛主权案(印度尼西亚诉马来西亚);③以及白礁岛主权案(马来西亚诉新加坡)。④ 最近,孟加拉国和缅甸在国际海洋法庭解决了两国的海洋划界争端。⑤

然而,亚洲的许多跨国争端仍未得到解决,威胁着该地区的和平与安全。其中包括中日间的钓鱼岛/尖阁诸岛争端;韩日间的独岛/竹岛纠纷,⑥以及南海争端。⑦ 中国拒绝承认 2016 年 7 月仲裁庭作出的裁决,此裁决认可了菲律宾对南海的大部分法律诉求,并否认了中国对南海的大多数权利主张。⑧

亚洲国家的经济实力正迅速增强,彼此间的经济联系也愈发密切。近几十年来,东亚地区通过贸易推进的区域经济一体化正日渐加深。⑨ 东亚各国之间的区域内贸易比例已"从 1985 年的 38％升至 2013 年的 50％"。⑩ 然而,亚洲国家并不像欧盟国家有一个区域性组织,因此,不可能在亚洲推行区域性人权机制。⑪ "亚洲价值观"的观点独特,与我们所认为的人权"普遍性"相互对立,引发了激烈的讨论。⑫

当前亚洲国家的国际关系受到多种历史因素的影响,其中之一便是殖民主义遗留问题,这些问题依旧主导着亚洲各国间的关系。除日本外,大部分的

---

① http://www.icj-cij.org/en/declarations, last visited on 20 December, 2017.
② Judgment, 15 June 1962, ICJ Reports, 1962, p.6.
③ Judgment, 17 December 2002, ICJ Reports, 2002, p.625.
④ Judgment, 23 May 2008, ICJ Reports, 2008, p.12.
⑤ Judgment, 14 March 2012, ITLOS Case No. 16.
⑥ *See* Seokwoo Lee, "The 1951 San Francisco Peace Treaty with Japan and the Territorial Disputes in East Asia", 11 Pac. Rim L. & Poly J. pp.87 – 95.
⑦ On the matter of Chinese Maritime Claims in general, *see*, Dustin E. Wallace, 63 Naval L. Rev. 128.
⑧ On the arbitration, *see*, Bernard H. Oxman, "The South China Sea Arbitration Award", 24 U. Miami Int'l & Comp. L. rev. 235.
⑨ Masahiro Kawai & Ganeshan Wignaraja, "Trade Policy and Growth in Asia", ADBI Working Paper Series No. 495, August 2014, Asian Development Bank Institute, at 7.
⑩ *Ibid*.
⑪ On regional human rights protection system, Antonio Cassese, *International Law*, 2nd ed, Oxford University Press, 2005, pp.389 – 391.
⑫ Karen Engle, "Culture and Human Rights: The Asian Values Debate in Context", 32 N.Y.U.J. Int'l & Pol.291.

亚洲国家都有着同样经历,即主权都曾部分或全部被殖民列强剥夺。正是国际法造成了亚洲国家主权的丧失。例如,韩国与日本达成条约,被迫分别于1905 年和 1910 年将其外交权利和主权移交给日本。1842 年,中国在鸦片战争失败后,根据《南京条约》将香港割让给英国。中国被迫屡屡与西方列强缔结不平等条约,直至清朝灭亡。① "慰安妇"问题则是另一个困扰中日韩三国多年的棘手议题。②

如今,亚洲国家已不可能再与西方列强签订不平等条约,"慰安妇"事件等严重侵犯人权的行为不可能重演。然而,过去殖民主义的遗留问题让亚洲人民经历了历史的不公正,这导致亚洲人民对各国间的国际争端解决程序缺乏信任。

法律的主要功能之一是提供有效的补救措施。在国内法中,如果现行法律无法提供恰当保护,自然可以考虑通过立法进行补救。例如,韩国颁布了一系列法律来补偿过去人权遭到侵犯的受害者,并在 20 世纪 90 年代后期完成民主化后恢复了他们的名誉和尊严。③ 当时韩国的已有法律被认为无法为当局过去所犯错误对受害者作出充分补偿,因此,有必要建立新法。

通常认为国际法无力补救过去的错误。从依法占有原则我们可以看出,国际法强调维持现状。国际法据称不追溯过往行为,因此,殖民势力在亚洲犯下的许多侵犯人权行为与过错仍未在国际层面得到恰当补救。

亚洲国家有必要充分融入国际社会,并受国际法治约束。亚洲国家有选择地参与国际社会、不完全接受国际法治的行为是不可取的。但关键是,必须首先解决阻碍亚洲国家和平解决国际争端的殖民主义的遗留问题。

九、重新审视"东方体系"项目

金成沅(Sung-Won KIM)*

---

① Jinangfeng Li, "Equal or Unequal: Seeking a new paradigm for the misused theory of" unequal treaties "in contemporary international law", 38 Hous.J.Int'l L, 469.

② *See*, James Ladino, "Ianfu: No comfort yet for Korean comfort women and the impact of House Resolution 121", 15 Cardozo J.L. & Gender 333.

③ Generally, *See*, Paul Hanley, "Transitional Justice in South Korea: One Country's Restless Search for Truth and Reconciliation", 9 E.Asia. L. Rev. 138.

* 金成沅,韩国圆光大学法学院教授。

国际法一直被视为处理国家间关系的基本规则和原则。通常认为 1648
年是国际法体系诞生的一年，从那以后，国际法在塑造、管理和重构国际社会
方面始终发挥着举足轻重的作用。① 尽管国际法最初是作为"欧洲公法"创立
的，②但没过多久，它便在全球各地普遍流行开来。国际法迅速传播至欧洲的
地域范围以外，这一现象由多种原因而致。

要理解国际法的大肆扩张，必须考虑到诸如葡萄牙、荷兰、西班牙、英国、
美国等大国的物质实力。尽管几个世纪以来，这几个国家对治理世界政治抱
有的野心各不相同，但显然，他们都利用国际法作为战略工具来实现其目标和
利益。这一历史事实无疑提供了对国际法正反两面的理解。积极地说，这一
事实最终将国际法发展为国际社会的基本法律制度。然而，从消极角度来看，
国际法成为大国实现其贪婪目标和利益的手段。③

从历史教训可知，国际法无法逃脱超级力量（领头大国）的影响，也不断被
大国的意志所重塑。在此背景下，亚洲国家，尤其是中国的崛起，将对国际法
和全球治理的当前性质产生重大影响。因此，要为国际社会设想出国际法的
未来方向，亚洲的崛起值得探讨。

费德勒（Fidler）认为 21 世纪应为"亚洲世纪"。④ 从"现实政治"的视角看，
物质实力，如经济发展、军事力量和尖端技术的提升，为亚洲国家成为国际体
系中的重要角色提供了有利的舞台。但同时，经济发展、军事力量和尖端技术
只是国际社会能听见亚洲国家声音的必要条件。如果条件不够充分，亚洲国
家对（西方主导下的）国际社会发起的挑战未必能成功。

亚洲国家要成为在国际社会中成为领头力量，还需要其他方面的物质实
力。因此，有必要探索使西方国家长期处于主导地位的隐藏关键因素：哲学
与法律。此时，旨在为当前（西方主导的）国际法提供新认识的"东方体系"项

---

① On the historical development of international law after the Peace of Westphalia in general, see W.
Grewe, *The Epoch of International Law*, M. Byers trans., Walter de Gruyter, 2000, pp. 279 –
424.

② On the European character of international law, see C. Schmidt, *The Nomos of the Earth-In the
International Law of the Jus Publicum European*, Telos Press, 2003.

③ See, G. Simpson, *Great Powers and Outlaw States: Unequal Sovereign in the International Legal
Order*, Cambridge Univ. Press, 2004; A. Anghie, *Imperialism, Sovereignty and the Making of
International Law*, Cambridge Univ. Press, 2004.

④ D. Fidler, *The Asian Century: Implications for International Law*, 9 Singapore Yearbook of
International Law, 2005, 19, p. 19.

目可以作为设想国际法和全球治理未来方向的试验田。①

尽管"东方体系"一词看似是要增进亚洲在世界政治中的利益,但它并非仅仅是计划在国际社会中将亚洲国家的利益置于非亚洲国家之上。换句话说:"'东方体系'不单单为亚洲国家而生。"所以,正确理解"东方体系"的内容十分重要。"东方体系"项目的最终目标在于纠正西方国家在西方统治时代的不公正作为,从亚洲国家引进儒学等其他哲学观点,并提出新的国际法和全球治理机制。

尝试将"东方体系"项目应用于解决"威斯特伐利亚"(一说"西方体系")的问题并非易事,因为"东方体系"的概念并不是在一个统一的理论中成形。但是,如前所述,考虑到提供替代的国际法和全球治理机制是"东方体系"项目的主要目标,这一项目的重点应集中于"东方体系"项目解决"威斯特伐利亚"问题的可行性上。

首先,可通过审视领土争端来检验"东方体系"项目是否有效。领土争端仍被视为国家间的主要冲突。解决此类争端有着多种争端解决机制,而随着国际仲裁机构的泛滥,正式的争端解决机制得到普及。② 但是,越来越多的国际仲裁机构未能对解决国家间争端作出可观的贡献。大部分国际仲裁机构不会将争端的历史和文化因素纳入考虑,因此,很难触及这些争端的内核,这也无可厚非,因为司法裁决的固有性质导致了这一点。但是,如果不仔细探讨争端的各种历史和文化因素,裁决结果将很难得到争端双方的承认。从这个意义上说,有必要寻找解决领土争端的替代方法。针对领土争端的"东方体系"项目将使用更灵活的规则和原则来解决这类争端,以探索领土争端的真正根源,如帝国主义、殖民主义等,但不应将"东方体系"项目视为对现行国际法中争端解决规则和原则的全盘否定。该项目更倾向于探索以下问题:要鼓励各国通过司法途径来解决由历史不公正引致的领土争端,争端解决机制应当具

---

① On the concept of Eastphalia, see S.W. Kim, *Eastphalia Rising: An Enquiry into the Emergence of Asian Perspective on International Law and Global Governance*, 2009 (unpublished S.J.D thesis, Indiana University at Bloomington) (on file with author); S.W. Kim, D. Fidler & S. Ganguly, *Eastphalia Rising? Asian Influence and the Fate of Human Security*, 25 World Policy Journal, 53, 2009; D. Fidler, *Introduction: Eastphalia Emerging?: Asia, International Law, and Global Governance*, 17 Indianan Journal of Global Legal Studies, 1, 2009; T. Ginsbug, *Eastphalia and Asian Regionalism*, 44 University of California Davis Law Review, p.859, 2011.

② See, C. Romano, *The Proliferation of International Judicial Bodies: The Pieces of the Puzzle*, 31 New York University Journal of International Law and Politics, 1998–1999, p.709.

备哪些条件？

其次，"东方体系"项目侧重于用新的思维方式看待国家主权问题。对该项目的最大误解在于认为它旨在重申"威斯特伐利亚"的核心因素：加强国家主权。毫无疑问，国家主权在国际法领域仍然具有非常重要的意义，但随着全球化不断推进，国家主权的含义已经发生了根本性的变化。从这个意义上说，亚洲国家在改变国家主权的性质上的积极参与，为他们提供了一个很好的机会，得以将本国的哲学体系和历史眼光投射到 21 世纪中的国际法中。"东方体系"项目纳入了儒学等亚洲哲学思想，并提出全球化时代中亚洲价值观的崭新版本。

考虑到全球化的新浪潮，"东方体系"项目探索了亚洲国家的强项——发掘替代方法。后"威斯特伐利亚"秩序应该着眼于人权问题，以及环保、可持续发展等低阶政治问题。要实现上述新问题的目标，存在许多方法。人类安全将是一个值得尝试的途径。亚洲国家在经济发展上的优势也让我们思考实施威斯特伐利亚项目时应采取何种办法。

不幸的是，人类安全是由以权力为基础的西方导向性方法提出的。事实上，比起免于匮乏的自由，免于恐惧的自由才是人类安全最重要的方面。人类安全的目标更多涉及经济、社会、政治和文化方面的发展。"东方体系"项目在国家主权的背景下强调全面发展，这为巩固人类安全的概念带来另类见解。

"东方体系"项目的最终目标不是仅针对亚洲国家，而是针对全世界。此外，"东方体系"项目由于揭示了根植于西方帝国主义和殖民主义遗产的国际法的霸权结构，因此，得以纠正过去的不公正。"东方体系"项目最应当牢记的一点是：调解过去，激励未来。

Korean Perspectives on International Law

Abstract：Though there is general acknowledgement of the great variety of cultures among Asian countries and the existing different interests between them, a strong, albeit rather undefined, feeling of familiarity, mutual understanding, and even coherence and solidarity persists among them as a result of the numerous mutual cultural and religious contacts and interconnections that have emerged and developed in the course of centuries.

The story of international law in Asia can be aligned with the turbulent events of the late 19th and early 20th century as the longstanding Sinocentric order was upended through Western imperialism and Japanese aggression that eventually brought World War Ⅱ in Asia. A series of present research notes is motivated by the relative lack of scholarship on an important, yet underrepresented area of study in international legal studies. This article will examines the development of international law in Asia and the impact on Asian states.

Keywords: international law; East Asia; dispute settlement

韩日关系的历史遗留问题与韩国法院对"慰安妇"问题的裁决

康炳根[*]

摘　要：日本军队在"二战"期间强征年轻女性作为性奴隶的做法需要得到日本政府的正式承认和道歉。长期以来，日本承认存在此做法，但否认政府参与其中，或坚称不存在此做法，但这些说辞丝毫无法挽救日本在国际社会的声誉。韩日签订的《1965 年协定》中关于解决索赔权问题的条款具有十足的政治导向性，协定所解决问题的法律范畴始终且依然存在讨论余地。索赔权问题并非《1965 年协定》起草者的主要关注点，起草者也无法在该协定中妥善处理这一问题。要为东北亚建设一个和平、繁荣的未来，包括慰安妇问题受害者在内的相关各方必须重新审视上述问题，既不歪曲事实，也不搞政治化。

关键词："慰安妇"问题；《1965 年协定》；法律争议

一、引言

近年来，关于追究日本在慰安妇和强征劳工问题中对受害者应负何种责任，涌现了许多争议，日益引起韩国实务律师和法学学者的关注。

就如何维护慰安妇问题与核爆受害者的权利，韩国宪法法院曾于 2011 年

---

* 　康炳根，博士，韩国高丽大学法学专门大学院。

8月作出判决。自此以后,日本的战时暴行问题在韩国各级别的法院都曾引起激烈辩论。宪法法院决定支持慰安妇问题与核爆受害者,并裁定:韩国政府未遵照《日韩关于解决财产和请求权问题及有关经济合作的协定》(《1965年协定》)第3条努力促成外交磋商而后提请仲裁,从而侵犯了受害者的基本权利。宪法法院认为,关于《1965年协定》是否解决个人对日索赔权问题,日韩之间仍存在争议。

2012年5月,针对同样棘手的强征劳工问题,韩国大法院驳回了日本法院的判决,认为被征劳工受害者的个人索赔权并未因《1965年协定》而消失。首尔高等法院沿袭了大法院的判决,裁定新日铁住友金属公司(Mitsubishi Heavy Industries Ltd.)应向四名原告支付1亿韩元的赔偿金,同时,釜山高等法院下令三菱重工向五名员工各赔偿8 000万韩元。作为被告的新日铁住金和三菱重工表示不服,于2013年和2014年分别针对原审法院做出的赔偿判决向大法院提起上诉。大法院尚未对此案作出判决。

此外,日本政府就韩国大法院可能作出的最终判决发表了一份出人意料的声明,称如果被告日本公司败诉且将强制执行法院判决,则日本会将此案上诉至海牙国际法庭(ICJ)。日本在声明中重申,所有关于战时暴行的问题已由《1965年协定》最终解决。

这些涉及战时暴行的案件引出了若干国际公法问题,因为需要彻底审查国际文书,以查明《1965年协定》及其相关文件的确切性质和涵盖范围。其中,关于对慰安妇受害者应负的法律责任,日本更愿意承认2015年12月28日韩日外长发表的声明。

2016年2月16日,在日内瓦举行的消除种族歧视委员会(CERD)问答会上,日本副外务大臣杉山晋辅先生回答了霍夫迈斯特女士提出的问题,指出:无法证明妇女被日军"强行带走"。他还表示:日本政府已经承认,慰安所是当时的军事局要求筹建的,原日本军参与了慰安所的设置、管理和慰安妇的运送,慰安妇的招募是私人应军方要求进行的。[①] 杉山先生声明:日本不对任何慰安妇问题受害者遭受的痛苦负责。

---

① Convention on the Elimination of All Forms of Discrimination against Women Consideration of the seventh and eighth periodic reports, 16 February, 2016, Geneva, Summary of remarks by Mr. Shinsuke Sugiyama, available at http://www.mofa.go.jp/files/000140100.pdf; CERD Sixty-third session, "List of issues in relation to the seventh and eighth periodic reports of Japan — Replies of the Japan to the list of issues", CEDAW/C/JPN/Q/7 – 8/Add.1, para. 51.

二、关于慰安妇问题的研讨综述

1991 年 12 月,3 名韩国妇女就慰安妇问题在日本提起法律诉讼。从那时起,在日本早已广为人知的慰安妇问题与武装冲突中的性暴力一起成为韩国人的公共议题。日本拒不受理一切索赔申诉,声称第二次世界大战以来,日韩间的一切索赔权问题已在 1965 年韩日外交关系正常化时得到了解决。

1993 年 8 月 4 日,日本政府发表了一次讲话,后称"河野谈话"。河野谈话首次承认了皇军在第二次世界大战期间,至少曾间接强迫妇女陷入性奴役。① 谈话发表以来,包括安倍晋三在内的日本保守派和国内右派不断否认河野谈话的真实性。他们辩称:该谈话并无充分证据证明日本当局强迫妇女陷入性奴役。在 2016 年回答 CERD 委员会的提问时,杉山先生重申了这一点。日本拒不赔偿战时暴行的受害者,与德国的姿态形成了鲜明对比。

就这两个相邻国家的关系而言,关键问题之一在于日本是否对慰安妇问题的韩国受害者负有法律责任。日本声称:根据其与第二次世界大战中 48 个胜利国签署的《旧金山和约》,以及其遵照《旧金山和约》第 4 条第 a 款与第 2 条中所指区域之现在行政当局商订的特别处理办法,个人对日的战争索赔申诉已得到处理。在涉及朝鲜民族前慰安妇的案件中,日本主要依赖《1965 年协定》第 2 条第(1)款中所述"完全并最终解决"这一短语,否认了其法律责任。自 2015 年 12 月 28 日起,日本将声明也添加至依据的理由清单中,用以证明他们不对慰安妇问题受害者负有任何责任。日本坚称:正如 2015 年 12 月 28 日发布的声明所述,慰安妇问题已得到"最终且不可逆的"解决。②

---

① Mr. Sugiyama restated only a small portion of the Kono Statement. What is closely related with former comfort women of Korea is as follows:"The Government study has revealed that in many cases they were recruited against their own will, through coaxing, coercion, etc., and that, at times, administrative/military personnel directly took part in the recruitments. They lived in misery at comfort stations under a coercive atmosphere. As to the origin of those comfort women who were transferred to the war areas, excluding those from Japan, those from the Korean Peninsula accounted for a large part. The Korean Peninsula was under Japanese rule in those days, and their recruitment, transfer, control, etc., were conducted generally against their will, through coaxing, coercion, etc." Statement by the Chief Cabinet Secretary Yohei Kono on the result of the study on the issue of "comfort women", available at http://www.mofa.go.jp/policy/women/fund/state9308.html.

② Comments by the Government of Japan regarding the Concluding Observations of the Committee on the Elimination of Racial Discrimination (CERD/C/JPN/CO/7 - 9), p. 5, Attachment 1.

三、个人索赔权的处置：日本视角

2007 年的"KoHanako 诉日本政府"一案，①使得慰安妇问题进入了日本最高法院。在此案中，最高法院认为，根据 1972 年《中华人民共和国政府和日本国政府联合声明》（简称《中日联合声明》）中的规定：个人不得向日本及其国民提出战争赔偿要求。此处的推理与日本最高法院在"西松建设公司与宋继尧一案"中所引用的根据完全相同，宋继尧是西松公司绑架并强征劳力的中国受害者。②

日本法院裁定：根据《中日联合声明》第 5 段，中国公民就第二次中日战争中出现的问题向日本政府、公民或法人提出的索赔申诉应当被视为已经失效，该段写道："中华人民共和国政府宣布：为了中日两国人民的友好，放弃对日本国的战争赔偿要求。"

法院认为，《中日联合声明》实质是中日间的和平条约，宣告着战争结束，因此，在此声明中，关于战争赔偿与申明索赔权的规定是不可或缺的。法院认为，第 5 段规定了如何处理战后的个人索赔申诉与战争赔偿要求。

《中日联合声明》采用了《旧金山和约》的框架。在该框架下，日本及其盟国放弃了包括个人索赔在内因战争诉讼而引起的所有索赔，并且日本应承认其有义务对被委托处置辖区内日本海外资产的协约国进行战争赔偿。日本也同意与各协约国协商具体的战争赔偿办法。

日本法院表示：《旧金山和约》的框架旨在促成其各个目标的实现，其一便是终止日本与 48 个协约国之间的战争，并在未来为其建立不可动摇的友好关系。根据这一框架，个人无权以在日本某主管法院提起民事诉讼的方式，对战争过程中的各种诉讼事件提出索赔。法院认为：尽管日本可能自愿采取某些措施来满足特定要求，但根据《旧金山和约》，所有此类索赔都得到了实际豁免。法院还坚持认为，各国均有权通过行使主权的方式，如签订双边协定来处置个别主体的索赔申诉。

---

① Ko_Hanako et al. v. Japan, Supreme Court of Japan (1st Petty Bench), Case No. 2005(Ju)1735, Judgment, 27 April, 2007, available at http://www.courts.go.jp/app/files/hanrei_jp/591/034591_hanrei.pdf (in Japanese).

② Nishimatsu Construction co. v. Song Jixiao et al., Supreme Court of Japan (2d Petty Bench), Case No. 2004(Ju)1658, Judgement, 27 April, 2007, available at http://www.courts.go.jp/app/hanrei_en/detail?id=893 (in English).

日本法院指出：《中日联合声明》与《旧金山和约》框架的唯一区别在于，前者第 5 段的措辞并未明确规定个人作为主体是否具有索赔权。法院认定《中日联合声明》是中国的单方宣言，根据国际法的规定符合法律规范，具有法律效力。法院裁定：《中日联合声明》双方意图在于宣布放弃在战争诉讼中涉及的所有索赔权，包括个人索赔权。此后，《中日联合声明》的第 5 段纳入了 1978 年《中日和平友好条约》，意味着该段内容在日本也成了合法的条约款项。

总之，日本法院裁定：中国公民不具有向日本政府、公民或法人提出索赔的合法地位，因为根据《中日联合声明》第 5 段，他们无权向日本法院提出赔偿要求。日本最高法院在 2007 年做出的判决实际上剥夺了慰安妇问题受害者采取法律程序提请赔偿的权利，无论这些受害者国籍如何。

四、个人索赔权的处置：韩国视角

如前所述，韩日之间关于如何解读《1965 年协定》的争论在 2011 年由韩国宪法法院作出裁定。日本拒绝对慰安妇问题韩国受害者遭受的痛苦负任何法律责任，并坚称韩国受害者提出的赔偿要求毫无根据，因为在 1910 年朝鲜半岛成为日本国领土的一部分后，韩日之间不存在所谓的战争状态。日本还强调：其接管对朝鲜半岛主权，是遵照了 1910 年基于平等与和平原则签署的吞并条约。总之，日本最高法院表示：在 1951 年《旧金山和约》生效之前，朝鲜半岛一直是日本不可分割的一部分。[①] 但是，正如条约题目所示："吞并"显然是日本长期支配韩国的结果。因此，韩国宪法法院和韩国大法院无法接受日本最高法院作出的以"1910—1945 年间日本合法控制韩国"为基础的裁定。

（一）《1965 年协定》解决的问题或索赔的范围

《旧金山和约》第 4 条第 a 款经引用而被纳入《1965 年协定》。这两份条约都未提及"因日本政府及其国民任何行为起诉战争时所涉及的"索赔权。如果如日本所称：韩日之间从未存在战争状态，那么，《1965 年协定》第 2 条第 1 款解决了慰安妇问题受害者的索赔权事宜这一说法就存疑了。

日本认为《1965 年协定》解决了一切慰安妇问题受害者的赔偿要求，这与"日韩之间从未存在战争状态"的论点自相矛盾。只有当战争状态确实存在，且因战争诉讼而起的索赔落入《1965 年协定》第 2 条第 1 款解决的问题或索赔

---

① Kanda v. The State, Supreme Court of Japan (Grand Bench), Case No. 1955(O)890, Judgment, 5 April, 1961, available at http://www.courts.go.jp/app/hanrei_en/detail? id=17.

范围,上述论证才能成立。

此外,韩国向日本在谈判中就外交关系正常化提出的"八项要求"是否涵盖慰安妇问题,也仍然存疑。与《旧金山和约》不同,"八项要求"并未以法律文书的形式留存。尽管韩国大法院就强征劳工受害者的索赔问题对"八项要求"进行了分析,但"八项要求"的细节并未出现在《1965年协定》的定稿中。① 韩国大法院最终裁定"八项要求"未解决上述索赔问题。

韩国大法院的判决提到,所谓"八项要求"的第5条第 iii 款规定:日本政府需向韩国被征劳工支付赔偿金,款项包括解雇费、奖金、延长工期补偿等。第5条第 iv 款则规定:应对第二次中日战争和太平洋战争殃及的死伤被征劳工、日本军人和平民雇员进行赔偿。

《1965年协定》第一次协议记录拟定了"八项要求"这一名称,据此推断,起草者明确预见到战争赔偿问题应在《1965年协定》中得到解决。"八项要求"详细内容的缺失表明:此类问题很难以法律文书的形式阐明,在法律上仍然悬而未决。

(二)《1965年协定》的宗旨与目的

《1965年协定》的序言中写道:该协定关乎解决财产和索赔问题,以及促进日韩间的经济合作。《1965年协定》及其包括草案、协议记录、换文及具体执行规则在内各项文书的文本,都明确指出该协定更多的是旨在促进经济合作,而非解决财产和索赔问题。

根据《1965年协定》第1条第1款 a 项和 b 项的规定,双方的经济合作基于官方发展援助(ODA)展开。据此协定,日本政府应在10年间分期向韩国支付共计价值3亿美元的赠款和2亿美元的 ODA 贷款。由于韩国此前仍拖欠日本约4750万美元的未偿款项,此款项计划从《1965年协定》第1条第1款 a 项规定的赠款中扣除,因此,上述赠款的金额从3亿美元减至略高于2.5亿美元。一切形式的经济合作都旨在增强韩国购买日本产品和服务的能力,以促进这一百废待兴的国家建设其社会基础设施。《1965年协定》为达成该目标搭建了完美平台。

(三)经济合作计划的实施

《1965年协定》为执行日本产品和服务的采购合同规定了一个十分详细的机制。起初,日朝协商决定,为促使韩国更多购买日本产品和服务,日本将向

---

① The Supreme Court of Korea, Case No. 2009Da22549, Judgment, 24 May, 2012.

韩国拨款。日本外务省经济合作局有权审批韩国驻日本代表团提出的采购申请,并监督采购合同的履行情况。作为合同的一方,韩国代表团或韩国政府授权的承包商将承担相应日本方的合同义务。合同内一切争端都应转交给在争议答复国设立的仲裁机构解决,这一国家通常为日本。在 1980 年大韩商事仲裁院成立之前,韩国一直没有任何仲裁机构。

韩国驻日本代表团负责向日本政府提交实施计划,代表韩国政府签订和履行采购合同,以及将采购合同提交给日本政府进行审批。它与外交使团和代理机构享有相似的特权。在合同内争端未能通过仲裁解决的情况下,代表团将在日本主管法院受到起诉,但代表团可免于执行此类诉讼作出的最终判决。

《1965 年协定》设想成立由韩国和日本的国家代表组成的联合委员会,包含两个独立的部门,负责赠款和贷款的相关事宜。联合委员会将设在日本东京,其职能主要如下:就如何根据《1965 年协定》制定年度实施计划进行磋商,并提出建议;审批和支付合同;为项目提供贷款及制定年度实施计划;和平解决贷款协议内的索赔问题;审计已付赠款和贷款;处理双方协定议程上的其他问题。

根据《1965 年协定》规定的贷款协议,日本海外经济协力基金(OECF)将向韩国提供总额为 2 亿美元的贷款,10 年分期支付,年利率为 3.5%。逾期还款的利率设为 5.5%。根据贷款协议,OECF 有权单方面暂停或终止支付贷款,在此情况下,使用贷款的采购合同适用日本法。

在《1965 年协定》生效的同一天,韩国与 OECF 就贷款协议商定了仲裁规则。仲裁规则被视为贷款协议的组成部分,并将用于临时仲裁程序。仲裁规则的条款适用于韩国作为采购合同买方所涉及的商业仲裁。它还规定了关于贷款协议的主张或意见出现分歧时,以及一方未按联合委员会指示履行贷款协议时,何方享有实质管辖权。根据仲裁规则,仲裁庭会议设在日本东京,也就是说,对仲裁裁决的任何判决,都将由日本东京的主管法院作出。

(四)《1965 年协定》下的争端解决机制

一般而言,要解决因阐释和应用《1965 年协定》而产生的争端,仲裁是首选方式,正如该协定的第 3 条所规定,解决争端的第一阶段应是通过外交途径促成和解。如果和解未达成,可将此争端提交至由 3 名成员组成的仲裁庭。

除《1965 年协定》第 3 条设想的国与国仲裁办法以外,韩国政府和 OECF 还可根据贷款协定内的仲裁规则进行混合仲裁。但实际上,《1965 年协定》下的争端解决机制与混合仲裁显得格格不入。首先,尽管贷款协议内的仲裁规则本质上是用于临时仲裁的,但《1965 年协定》初稿的第 3 条规定:任何合同内争端都应提交至仲裁机构。此时,仲裁规则将与采购内合同应适用的机构规则发生冲突。其次,韩国政府与 OECF 间的混合仲裁裁决则毫无意义,因为韩国驻日本代表团虽然不能免除合同义务,但可以免于执行对仲裁裁决作出的判决。

(五) 韩国宪法法院的裁决

根据韩国宪法,宪法法院与包括韩国大法院在内的普通法院分开设立。尽管韩国宪法法院并未享有高于大法院的权力,但在宪法条款的阐释上,后者尊重前者作出的裁决。2012 年 5 月 24 日韩国大法院作出的判决即是如此:当时,韩国宪法法院裁定《1965 年协定》未能解决慰安妇问题与核爆受害者的索赔权事宜,大法院沿袭此裁决,驳回了日本法院的既定判决。

在慰安妇问题受害者依据《1965 年协定》第 3 条起诉韩国政府不作为一案中,韩国大法院承袭了宪法法院作出裁决时的论证办法。宪法法院认为:关于慰安妇问题受害者的索赔权事宜是否属于《1965 年协定》第 2 条第 1 款完全且最终解决的问题类别,日韩之间仍存在争议。

上诉人在宪法诉讼中声称:韩国政府没有采取行动以解决因《1965 年协定》第 2 条第 1 款的阐释而引起的争端,这一不作为侵犯了上诉人根据韩国宪法享有的基本权利。宪法法院认为,根据韩国宪法第 2 条第 2 款与第 10 条的有关规定,答辩人有义务遵照《1965 年协定》第 3 条启动争端解决程序。此外,法院还裁定,答辩人对《1965 年协定》的签署负有责任,该协定未包含其涵盖索赔权的细节,只提及了"一切索赔权",而未对其定义作出明确界定。宪法法院指出,答辩人应为对日索赔者提供帮助,并维护其基本宪法权利。

总之,宪法法院认定受害者的人权遭到了日本的侵犯,他们的对日索赔权并未因《1965 年协定》而消失,且应被视为受宪法保护的一种财产权。而答辩人的不作为侵犯了上诉人的此种权利。鉴于上诉人年事已高,尊严、价值和人身自由有必要且亟待补偿,因此,需要答辩人尽快参与此类补偿工作,因为有效的司法补偿离不开韩国政府的协助。

五、结语

日本在第二次世界大战期间强征年轻女性作为性奴隶的做法,需要得到日本政府的正式承认和道歉。长期以来,日本或承认存在此做法,但否认政府参与其中;或坚称不存在此做法,但这些说辞丝毫无法挽救日本在国际社会中的声誉。

根据《旧金山和约》的规定,由于协约国的弃权,韩国的慰安妇问题未得到解决,强征劳工受害者也丧失了对日索赔权。这很难让人理解,因为韩国并非《旧金山和约》的缔约国。为了在国内执行《1965 年协定》,日本制定专门法规,以确保《1965 年协定》第 2 条提及的索赔权已丧失法律效力,明确表明此类索赔权问题已不具备诉至日本法院的资格。

日本一边试图将日版《旧金山和约》的框架强加给韩国受害者;一边在各种场合坚称:由于日韩间从未存在战争状态,《1965 年协定》并非针对战争赔偿事宜而制定。正如前文所示,《1965 年协定》更多地是旨在促进经济合作,而非解决问题。在《1965 年协定》的文本中,经济合作和解决问题这两个宗旨或目的很难相互协调。正如韩国大法院 2012 年 5 月 24 日对强征劳工受害者的索赔权作出的历史性裁决所认为的那样:《1965 年协定》中关于解决索赔权问题的条款具有十足的政治导向性,协定所解决问题的法律范畴始终且依然存在讨论的余地。

《1965 年协定》生效 50 多年以来,韩国和日本的经济都取得了巨大成功。利用日本根据《1965 年协定》提供的赠款和 ODA 贷款,韩国成了日本产品和服务的一个宝贵市场;而后,韩国成功偿还贷款及利息,并从受援国转为捐助国。从经济角度看,《1965 年协定》完成了其使命。

尽管如此,因《1965 年协定》的问题范围而引发的法律争议仍愈演愈烈,远甚于以往。可以说,索赔权问题并非《1965 年协定》起草者的主要关注点,起草者也无法在该协定中妥善处理这一问题。为了在东北亚建设一个和平、繁荣的未来,日韩两国相关各方必须重新审视上述问题,既不歪曲事实,也不搞政治化。

The Historical Legacy of the Rok Japan Relations and the Korean Court's Ruling on the Young Girls as Sex-slaves Isscces.

Pyoung-Keun Kang

Abstract: The practice of conscripting young girls as sex-slaves for the Japanese Imperial Army during World War Ⅱ requires a formal acknowledgement and apology from the Japanese government. Japan's long-running practice of accepting the existence of such practices but denying the government's involvement, or of asserting the non-existence of such practices altogether irreparably stains the reputation of Japan in the international community. The meaning of the settlement of claims in the 1965 Agreement was very much politically oriented. The legal scope of problems subject to settlement has been and is still left open. The problems of claims were not main concerns of the drafters of the 1965 Agreement and that the drafters were not able to deal with such problems properly in the 1965 Agreement. The future of the peace and prosperity in the North-East Asia depends very much upon the way how such problems should be revisited without being distorted or politicized by the interested parties including victims of forced sexual slavery.

Keywords: forced sexual slaves; The 1965 Agreement; legal controversies

上海交通大学海洋法研究基地简介

上海交通大学海洋法研究基地(简称"本基地")是以上海交通大学凯原法学院为依托、整合校内涉海优势学科研究资源而形成的,以海洋法律、政策、战略等为主要研究内容的高水平、综合性研究机构。本基地由四个各具特色的研究平台构成。

2009年10月,在国家海洋事业整体发展、上海市国际航运中心建设的大背景下,上海交通大学凯原法学院成立了海洋法律与政策研究中心。2013年6月,在整合校内涉海相关院系的研究平台及优势学科的基础上,上海交通大学成立了极地与深海发展战略研究中心,以极地与深海大洋等相关问题的研究为特色,着力打造集海洋人文与社会科学研究、航运技术与管理、海洋工程与技术等多学科结合的综合性学术研究与政策咨询机构。2013年7月,成立上海交通大学国家海洋战略与权益研究基地,是首批十家上海高校智库中唯一的海洋类智库,本基地成功入选"上海高校智库";2015年12月,上海交通大学国家海洋战略与权益研究基地获批上海市社会科学创新研究基地。2016年1月,随着国际海洋法治事业的发展,在整合校内外已有研究资源的基础上,上海交通大学海洋法律与政策研究中心更名为上海交通大学海洋法治研究中心,专注于海洋法学基本理论及实践问题的研究,在开展理论研究的同时,注重培养海洋法律、政策、管理等方面的专门人才,提高我国海洋法学的基础理论水平,促进海洋事业的发展。

2017年,本基地迎来了迅速发展的一年。2017年8月,本基地代表上海交通大学成功申请到国际海底管理局观察员席位,实现了我国在国际组织观察员"零"的突破。教育部来函要求本基地"深入探索非政府组织参与专业领域全球治理的有效路径和方式"。2017年9月,由外交部组织中国大洋事务管理局等涉海单位在北京召开会议,统筹协调我国参与国际海底区域治理相关的国际事务,会议决定以本基地为牵头单位成立法律工作组,将本基地作为我国深海新疆域外交和法律政策制定的依托单位,标志着本基地成为国家深海战略、政策与法律研究的核心机构,直接为政府提供决策支撑。

　　本基地在开展理论研究和人才培养工作的同时,对接国家决策咨询重大任务,为国家海洋法律体系的完善、海洋权益的维护与拓展、海洋争端的妥善处理以及为我国最终掌握国际海洋事务的话语权提供政策建议和法理支撑。目前,本基地已经形成以极地与深海为特色的研究领域和以海洋争端的解决、海洋强国战略等为基础的基础研究领域。

　　本基地自始至终聚焦于国际海洋法治热点问题,致力于推动我国海洋法治事业的发展,积极承担国家决策咨询任务,多次组织召开国内和国际海洋法学术研讨会,为重大海洋法律问题的解决贡献学理智慧。除此之外,本基地还邀请国内外知名专家学者来我校举办海洋法专题讲座,并与兄弟院校共同主办海洋法专题的学术沙龙活动,取得了丰硕的理论研究成果,具有较高的学术影响力。

　　近年来,本基地连续利用暑假期间举办"海洋法理论与实践"高级研修班,吸引国内外学者、学生参与,形成特色品牌。2017 年高级研修班获得国际海底管理局"捐赠基金"支持及其高级法律事务官的亲自授课,代为培养发展中国家深海人才,在国内外产生良好影响。2017 年,本基地主办的刊物《海洋法学研究》创刊,获得了海洋法学界的好评。

　　在国际海洋法治事业飞速发展、我国大力建设海洋强国的背景下,上海交通大学海洋法研究基地一定会再接再厉,精益求精,为我国海洋强国建设以及最终掌握国际海洋事务话语权贡献自己的力量!

[征稿启事]

《海洋法学研究》(英文名 Law of the Sea Review)是由上海交通大学海洋法治研究中心、极地与深海发展战略研究中心主办的专注于海洋法理论与实践问题研究的法学理论出版物,由《海洋法学研究》编委会组织和编辑,上海交通大学出版社出版。主要反映国内外海洋法律与政策研究的最新成果和最新动态,以推动中国海洋法学、海洋法理论与实践、海洋法律与政策研究的繁荣和发展,为国家海洋法治的发展和处理涉海事务及海洋外交提供理论支撑和学术参考。

《海洋法学研究》以"海洋理念、对策分析;中国问题、国际视野"为宗旨,瞄准海洋法学理论研究和国际海洋法实践的前沿动态,对中国面对的各种重大的、具体的海洋法律问题进行深入探讨。设有"海洋法理论与实践""深海研究""极地动态""南海聚焦"等固定栏目,此外,灵活设置如"书评""跨学科研究""专题介绍""学会综述""研究动态""重要资料"等栏目作为补充。热诚欢迎海内外法学研究者惠赐佳作,稿件一经录用,即奉稿酬。

来稿要求:

一、《海洋法学研究》以学术质量取舍稿件。对具有真知灼见,说理充分,逻辑严密,语言规范的稿件优先采用。来稿字数控制在 10 000 字左右,特优稿件可适当放宽。所有稿件文责自负。

二、稿件应附有作者简介,例如:张某某(1975—),男,汉族,×××大学法学院副院长、教授、博士生导师,法学博士,主要研究方向:国际海洋法,所在城市:浙江杭州,邮编:×××,联系电话:×××,邮箱:×××。如有基金资助,应写清基金名称、编号。稿件应包含不超过 300 字的内容摘要及 3—5 个关键词,文章的题目、摘要、关键词应翻译成英文。

三、来稿或咨询相关事项,请发邮件:oceanlaw@sjtu.edu.cn.投稿文档请统一存为 word 格式,文稿标题和邮件标题请以"投稿日期、作者、文章标题"的格式发送。

四、作者应保证对其作品无一稿两投,其内容未曾在其他任何刊物和媒体发表过,具有著作权并不侵犯其他个人或组织的版权、严禁剽窃、抄袭行为。任何来稿视为作者、译者已经阅读或知悉并同意本声明。责任(通讯)作者已阅读全文,并在文章的形成过程中做出了显著的贡献,能承担今后有关本文发表方面的责任。所有作者均仔细阅读过全文并同意论文的内容及结论,所在的工作单位也已明确认可文章内容,对作者排序及作者单位排序均无异议。

五、版权转让。征得作者同意所投送的稿件在《海洋法学研究》发表后,该文的著作权专有许可使用权和独家代理权授予本编辑部。编辑部对来稿具有以下专有使用权:汇编权(文章的部分或全部)、印刷权和电子版的复制权、翻译权、网络传播权、展览权、发行权及许可文献检索系统或数据库收录权。未经本编辑部书面许可,对于论文的任何部分,他人不得以任何形式汇编、转载、出版。论文发表后,作者有权使用该文章进行展览、汇编或展示在自己的网站上,仍可享有非专有使用权。

六、作者在投稿后一个月内未接到编辑部通知的,作者或译者可以邮件询问录用情况。作者在投稿后一个月内知悉来稿已为或将为其他公开出版物刊登的,应立即通知本编辑部。编辑部有权在尊重作者观点的前提下对来稿进行文字上的修改、删节。作者不同意的,请在来稿时声明。

七、来稿请严格遵照《海洋法学研究》的注释规范等要求,具体参见附件"投稿指南"。

编辑部联系电话:021-34207499/62933947;传真号码:021-34207499。

附件:投稿指南

一、文中注释一律采用页下注,每页重新标码。注码置于引文结束的标点符号之后右上方,样式为:①、②、③等。

二、注释规范

1. 中文资料

(1) 著作类

王泽鉴:《民法总则》,中国政法大学出版社 2001 年版,第 106—107 页。

(2) 期刊类

薛桂芳:《〈联合国海洋法公约〉体制下维护我国海洋权益的对策建议》,载《中国海洋大学学报》(社会科学版)2005 年第 6 期,第 14 页。

(3) 文集类

郑成良:《法律思维是一种职业的思考方式》,载葛洪义主编:《法律思维与法律方法》(第 1 辑),中国政法大学出版社 2002 年版,第 75 页。

(4) 译著类

[英] J.G.斯塔克著:《国际法导论》,赵维田译,法律出版社 1977 年版,第 74 页。

（5）网络资源类

吴建民："南海问题要沉住气、全面看、有信心"，来源于 http://opinion.
huanqiu.com/1152/2016 - 04/8801699.html，最后访问日期：2016 年 4 月
8 日。

（6）报纸类

吴黎明：《是"航行自由"还是"横行自由"》，载《法制日报》2016 年 3 月 11
日，第 4 版。

（7）文件类

例如：财政部《关于国债代保管凭证（单）应严格执行国债兑付政策的通
知》，财国债字[1995]第 25 号，1995 年 7 月 17 日。

2. 英文资料

（1）书籍

Charmian Edwards Toussaint, *The Trusteeship System of the United
Nations*, Connecticut: Greenwood Press, 1976.

（2）期刊

Aggarwal, A.P., 'Conciliation and Arbitration of Labour Disputes in
Australia', *Journal of Indian Law Institute* 8, No. 1 (January-March
1966), 42.

（3）书中章节

Fokkema, D.C., A.S. Hartkamp, 'Law of Obligations', in: Chorus,
Gerver, Hondius, Koekoek (eds.), *Introduction to Dutch Law for Foreign
Lawyers*, Deventer, Kluwer Law and Taxation, 1993.

（4）案例

East Timor (Portugal v. Australia), Judgment, I.C.J. Reports 1995,
paras.197 - 198.

（5）英文网络资源

Egill Thor Nielsson and Bjarni Mar Magnusson, "The Arctic Five Strike
Again", available at http://arcticjournal. com/opinion/1732/arctic-five-
strike-again, last visited on 30 Jan, 2017.

3. 其他外文资料

从该文种注释习惯。